ESCATOLOGÍA

LA ESPERANZA CRISTIANA

Leopoldo A. Sánchez M.

BIBLIOTECA TEOLÓGICA CONCORDIA

EDITORIAL CONCORDIA • SAINT LOUIS

Propiedad literaria © 2020 Editorial Concordia
3558 South Jefferson Avenue, Saint Louis, Missouri, 63118-3968 U.S.A.
1-800-325-3040 • cph.org

Editor: Rev. Héctor E. Hoppe

Imagen de la tapa: Gustave Doré. La Nueva Jerusalén. Dominio público.

Editorial Concordia es la división hispana de Concordia Publishing House.

Impreso en los Estados Unidos de América.

1 2 3 4 5 6 7 8 9 10 29 28 27 26 25 24 23 22 21 20

SOBRE EL AUTOR

Leopoldo A. Sánchez M. nació en Chile, se crio en Panamá, y realizó estudios de teología en los Estados Unidos de América. Se graduó como Bachiller en Teología en Concordia University Wisconsin, Mequon, Wisconsin; realizó su Maestría en Divinidad en Concordia Theological Seminary, Fort Wayne, Indiana; y se hizo acreedor al Doctorado (PhD) en Teología en Concordia Seminary, Saint Louis, Missouri. Durante su ministerio el Dr. Sánchez ha tenido el honor de convivir y trabajar con iglesias y misiones hispanas luteranas en Venezuela y en California, y de enseñar en varios países de América Latina y otras partes del mundo. Ha publicado *Pneumatología* (2005) y *Teología de la santificación* (2013) con Editorial Concordia. Actualmente forma parte de la facultad de Teología Sistemática de Concordia Seminary, Saint Louis, y es Director de su Centro de Estudios Hispanos. Vive con su esposa Tracy Lynn y sus hijos Lucas Antonio y Ana Victoria en Saint Louis.

DEDICATORIA

A mis colegas y estudiantes
a través de los años,
por darme el gozo de colaborar y servir
en el ministerio de la enseñanza.

CONTENIDO

ABREVIATURAS

CD	Francis Pieper. *Christian Dogmatics.* 3 vols. St. Louis, Missouri: Concordia, 1950-53.
CJ	*Concordia Journal*
CTQ	*Concordia Theological Quarterly*
DC	Juan T. Mueller. *Doctrina Cristiana.* 3ra ed. St. Louis, Missouri: Editorial Concordia, 1978.
DLE	*Diccionario de la Lengua Española.* Vigésima segunda edición. Madrid: Real Academia Española, 2001.
LC	*Libro de Concordia: Las Confesiones de la Iglesia Evangélica Luterana.* Editado por Andrés A. Meléndez. St. Louis: Editorial Concordia, 1989.
	Apol. — *Apología de la Confesión de Augsburgo*
	CA — *Confesión de Augsburgo*
	Cat. Mayor — *Catecismo Mayor*
	Cat. Menor — *Catecismo Menor*
	Decl. Sól. — *Declaración Sólida de la Fórmula de Concordia*
	Epít. — *Epítome de la Fórmula de Concordia*
	Esmalcalda — *Artículos de Esmalcalda*
	FC — *Fórmula de Concordia*
	Tratado — *Tratado sobre el poder y la primacía del papa*
LW	*Luther's Works.* American Edition (Edición en inglés de las obras de Lutero). 55 vols. Editado por Jaroslav Pelikan y Helmut T. Lehmann. Philadelphia: Muhlenberg y Fortress Press, St. Louis: Concordia, 1955–.
TDNT	*Theological Dictionary of the New Testament (TDNT).* Grand Rapids, Michigan: Eerdmans, 1964–.
TE	Teología de la esperanza
TL	Teología de la liberación
Obras	*Obras de Martín Lutero.* 9 tomos. Editado por Carlos Witthaus y otros. Buenos Aires: Paidós/La Aurora, 1967–1983.
WA	*Weimarer Ausgabe* (Edición Weimar de las obras de Lutero). *D. Martin Luthers Werke: Kritisch Gesammtausgabe.* 121 vols. Editado por Hermann Böhlau. Weimar/H. Böhlaus Nachfolger, 1883–2009.

Introducción

"Ahora bien, tener fe es estar seguro de lo que se espera; es estar convencido de lo que no se ve." (Heb 11:1)

En una de esas fantásticas aventuras junto a su fiel acompañante, Sancho Panza, quien siendo realista prefiere aferrarse a lo que se ve más que a lo que no se ve, Don Quijote de la Mancha, en uno de sus momentos más lúcidos, le dice a su escudero:

> ...y como no estás experimentado en las cosas del mundo, todas las cosas que tienen algo de dificultad te parecen imposibles; pero andará el tiempo... y yo te contaré algunas [cosas] de las que allá abajo he visto, que te harán creer las que aquí he contado, cuya verdad no admite réplica ni disputa.[1]

El ingenioso hidalgo le contaba a Sancho de un mundo encantado que había descubierto en la profundidad de la cueva de un tal Montesinos. Como recién despierto de un sueño, allí se vio Don Quijote en medio de un prado bonito y ameno. Se deleitaba al ver un gran palacio con muros transparentes que parecían de cristal. La cueva era como el cielo en la tierra y aun más cuando se percató el caballero andante de la presencia de su preciosa Dulcinea del Toboso, quien saltaba por los bellos campos. Así relataba el Quijote las maravillas de aquella fantástica cueva.

Al oírlo, Sancho piensa que su amigo está hablando disparates, que perdió el buen juicio, quizás por el hechizo de algún encantador. Si Sancho pone su esperanza en el presente que se ve, Quijote, el soñador, la pone en lo que aún no ve con toda claridad, en la esperanza de un mundo encantador. De realista o idealista, de Sancho o de Quijote, algo tenemos. Algunos ponen su esperanza en lo que se puede comprobar, y lo que no, les parece imposible; otros la ponen en lo que se espera y están seguros de que, con el pasar del tiempo, todo se aclarará y el escéptico finalmente creerá.

1 Don Quijote de la Mancha, Segunda Parte, XXIII, 465.

Cristo, nuestra esperanza

El término *escatología* se deriva de las palabras griegas *esjatos* (último) y *logia* (de *logos*, palabra). Trata de las palabras o la enseñanza acerca de las "últimas cosas", o sea, las cosas que se *esperan*, ya sea en el futuro o en el presente. La escatología tiene que ver con la *esperanza*. De hecho, todo ser humano tiene algo que decir en torno al tema. De "escatólogo" todos tenemos un poco. Al igual que Sancho y el Quijote, el ser humano es un ser escatológico, un ser esperanzado porque pone su confianza en algo que espera. No falta alguien que proclame un "¡ojalá!", deseando que lo esperado ocurra en algún futuro no muy lejano; ni otro que entone un "no dejes para mañana lo que puedes hacer hoy", apostando más al presente que a lo que pueda o no venir en un futuro incierto. Uno se abre, ya sea con cierta cautela o con atrevida certeza, a la posibilidad de algo mejor en el futuro; otro busca su felicidad en el aquí y ahora.

La escatología cristiana no toma solo una de estas posiciones en torno a la esperanza. Se orienta al futuro y al presente. De hecho, se sitúa entre el desde ya y el todavía no. Pero más que *algo* en lo que se espera, la escatología pone su esperanza en *alguien*: en Cristo y su reinado entre nosotros. Por un lado, el cristiano pone su esperanza en lo que aún ha de venir, en lo que todavía se espera según el plan de Dios, lo que a menudo se llama la manifestación *plena* del reino de Cristo sobre todas las cosas, y por ende el fin del pecado, el mal, y la muerte en los nuevos cielos y la nueva tierra. A la vez, la escatología cristiana afirma que la novedad de este reino futuro, de la nueva creación, ya se ha adentrado de forma *anticipada* en la era presente por la persona y obra de Cristo, y por medio de él, en las vidas de sus discípulos. Se trata de un reino inaugurado, aunque no consumado, entre nosotros. O sea que la escatología trata no solo de las "últimas cosas" en el futuro, sino de "las últimas cosas" que ya operan entre nosotros hoy.

> "De modo que si alguno está en Cristo, ya es una nueva creación; atrás ha quedado lo viejo: ¡ahora ya todo es nuevo!" (2 Co 5:17).

Porque lo nuevo que ha de venir en su plenitud ya ha llegado en parte por adelantado, el cristiano vive el presente a la luz del futuro y no bajo la sombra del pasado de la vieja creación. Asume entonces una doble actitud ante el mundo. Por un lado, desde su pasado en Adán, ve el tiempo presente con disconformidad, frustración, y dolor, pues lo ve aún bajo la corrupción del pecado, la muerte y el mal. Gime y se lamenta por este mundo, clamando un "¡hasta cuándo!" Por otro lado, desde el futuro, ve el tiempo presente con fe, esperanza, y amor, pues lo ve como el tiempo en el que Dios preserva y ya va restaurando su creación en Cristo hasta que al fin de los tiempos su cosecha dé frutos y Dios sea todo en todos.

El cristiano es realista, como Sancho, porque el mundo presente nos pone trabas. Es un mundo trágico, lleno de dolor y sufrimiento. A la luz del pasado, de la vieja creación, toda novedad nos parece imposible. Pero a diferencia de Sancho, el que está en Cristo no se queda estancado, sin esperanza de un mundo mejor y maravilloso. Como un Quijote, el cristiano ve la realidad desde la perspectiva de una nueva creación, aunque parezca locura, y confía en que el pasar del tiempo revelará la verdad de las cosas. Todo parece posible. Pero a diferencia del hidalgo, la esperanza del que está en Cristo no es un mero sueño, ni menos una vana ilusión, sino una certera confianza anclada en promesas divinas de nueva creación, nuevo éxodo, de la manifestación final del señorío de Cristo sobre su iglesia de todas las naciones y sobre todas las cosas.

En definitiva, la esperanza cristiana nos dirige no al más allá ni al más acá, sino a Cristo. Nos invita a la confesión de Jesús como "Señor" de la historia y la creación; del pasado, el presente, y el futuro; de nuestras vidas en la iglesia y el mundo. Esta confesión la hacemos no por lo que vemos en el mundo, sino por la fe en las promesas de Dios de su revelación del reinado de Cristo sobre toda autoridad y poder en los cielos y en la tierra. La hacemos por la fe de que Dios en su tiempo, al dar validez a sus promesas en Cristo, dará salida a muchas amargas dificultades. Por la misma fe, confesamos que Cristo reina entre nosotros y con nosotros por su Palabra y los sacramentos, revelando su salvación y animando la misión de su iglesia y las vocaciones de sus miembros en el mundo. En Cristo, el cielo y la eternidad han llegado a la tierra, dándonos un anticipo de la plenitud de la vida en comunión con él en una nueva tierra.

Bosquejo de la obra

Nuestro tratado de escatología se divide en tres partes. En la primera parte ofrecemos una introducción a la escatología que incluye su dimensión futura e inaugurada. En la segunda parte proponemos dos maneras de expresar la esperanza cristiana: la primera en un marco trinitario y la segunda en un marco catequético. En la tercera y ultima parte entramos en un diálogo con voces de la escatología en el mundo hispano, dando respuesta a sus inquietudes desde una perspectiva evangélica luterana. A continuación, detallamos el argumento y contenido de los capítulos que se desarrollan en cada una de las tres partes de la obra.

El primer capítulo introduce la tesis de la obra, situando la escatología en su centro y trayectoria *cristológica*. Se argumenta que la esperanza cristiana no se ha de buscar ni en el allá de la unión del alma con Dios ni en el aquí de nuestra construcción de un reino de Dios en la tierra, sino en nuestra relación con un "aquel", a saber, la persona de Cristo. El segundo capítulo expande esta tesis, mostrando en qué sentido la esperanza cristiana se relaciona con el estado del *alma* después de la muerte y con la manifestación del *reino* de Dios en la tierra. Lo hacemos sin perder el enfoque cristológico de las narrativas bíblicas, respectivamente, en el *cuerpo* como buena creación de Dios y la *resurrección* corporal como fin de su restauración, y en la venida *anticipada pero no total* del reino de Dios en Cristo en el presente por la Palabra y sus frutos en nuestras vidas. En estos capítulos se introduce además el marco escatológico del *tiempo* y el *espacio* en el que situamos nuestra relación con Cristo, a saber, la esperanza como una realidad que nos dirige al "todavía no" del futuro de Dios para su creación, pero a la vez nos apunta a la inauguración de sus promesas en el "desde ya" del presente. Algunos temas significativos que se tratan en estos dos capítulos incluyen la relación entre la *eternidad* y el *señorío* de Cristo, el *estado intermedio* de las almas entre la muerte y la resurrección, y aportes de la teología luterana a la cuestión del *purgatorio*, el *milenarismo*, y la venida del *reino* de Dios.

En el tercer capítulo, situamos la esperanza cristiana en su marco *trinitario*. Tratamos la escatología desde la perspectiva de los *tiempos* de Dios en su economía o plan de nueva creación y salvación. Como en una sinfonía, desarrollamos estas secuencias de tiempo en tres *movimientos*, a saber, conciliativo, corporativo y anticipativo, cada uno con su enfoque respectivamente en el Padre, el Hijo, y el Espíritu Santo. En el movimiento *conciliativo*, Dios Padre quiere de vuelta su creación, la cual se ha separado de él (como *Adán*, o el hijo pródigo), y se propone restaurarla hasta llevarla a la reconciliación con él por medio de su Hijo. En el movimiento *corporativo*, de trayectoria misiológica-universal, el Hijo obediente de Dios, quien es *Israel* representado en su persona, quiere incorporar a su cuerpo a todas las naciones para hacer de ellas un nuevo Israel espiritual, el pueblo de Dios. Finalmente, en el movimiento *anticipativo*, el Espíritu Santo quiere *inaugurar* el reino futuro de Dios entre nosotros. Lo hace en la vida y obra de Cristo, y mediante Cristo en nuestras vidas, de tal forma que nos hace partícipes desde ya de las bendiciones del reino que este establecerá en su plenitud en el día final. Tales bendiciones se manifiestan hoy con cada descenso del Espíritu Santo en la proclamación de la Palabra y los frutos que esta produce en nuestra lucha diaria contra el pecado y el mal en todas sus manifestaciones. En este capítulo interactuamos con acentos escatológicos de varios teólogos contemporáneos, como

R. Bauckham, O. Cullmann y J. Moltmann, sin perder de vista nuestra propuesta trinitaria.

Los capítulos cuatro y cinco presentan la esperanza cristiana no tanto en términos del tiempo sino más bien del *espacio*, usando imágenes bíblicas que nos ayudan a visualizar lo que implica recibir las promesas escatológicas o bendiciones celestiales de Dios en el todavía no del futuro y en el desde ya del presente. Situamos tales imágenes en el marco *catequético* de la redención de Cristo como Señor sobre los poderes del antireino, a saber, el pecado, el diablo, y la muerte. En el capítulo cuatro, se trata el triunfo del señorío de Cristo sobre el *pecado* y el *diablo*. Lo hacemos usando la imagen redentora de la *apertura de los cielos* como signo del favor de Dios, que nos da un anticipo de una creación en la que el pecado será vencido y luego la imagen de la *batalla celestial* entre el arcángel Miguel y el Dragón, que nos sirve como signo de la victoria de Dios en Cristo sobre el poder del maligno y todo mal. Otras imágenes que acompañan la visión de Dios como el protector de su pueblo contra el maligno y en toda tribulación y persecución incluyen la del hombre fuerte (Cristo) que le roba sus posesiones al ladrón (Beelzebú) y la de la lucha entre el Espíritu de la verdad y el espíritu del anticristo. En este capítulo, tratamos la relación entre el reino de los cielos y el *bautismo* y la *absolución*; la interpretación de la atadura de Satanás con relación al *milenio*; y la cuestión del significado del misterio del *anticristo*.

En el capítulo cinco, se trata el triunfo del señorío de Cristo sobre la *muerte*, y su promesa divina de la *vida* perdurable. Nos enfocamos en imágenes que nos remiten al cielo como la esfera tanto del *juicio* como del *gozo* de Dios. Así pues, por un lado, tocamos el problema de la muerte en todos sus sentidos, incluyendo la muerte eterna, el terror del infierno, y el juicio final. Por otro lado, nos adentramos en la respuesta de Dios a la muerte por medio de la pasión y resurrección de su Hijo y reflexionamos acerca de la conexión entre nuestra resurrección en él y la liberación del resto de la creación de la corrupción del pecado y de la muerte. Al describir los signos de la vida perdurable en la consumación de los tiempos, usamos imágenes que resaltan la visión del Dios que *habita* con su pueblo en los nuevos cielos y la nueva tierra, en la nueva Jerusalén y su templo, en un nuevo paraíso o Edén. En su maravillosa ciudad, tenemos ciudadanía y mansiones celestiales. Es el lugar del descanso o sabático de los seres humanos y toda la creación con Dios, la consumación del nuevo éxodo y la llegada a la Tierra prometida. Allí nos espera el gozo de las bodas del Cordero con su iglesia mestiza de todas las naciones, la gran fiesta escatológica con el Señor y sus santos a su mesa, y el culto o adoración al

Dios Trino en las lenguas de todos los pueblos. Tema de particular interés en este capítulo es nuestro análisis, el cual iniciamos en el capítulo anterior, de diversos aspectos de la escatología *dispensacionalista*: el milenio, el rapto, la lectura literal (no tipológica) de la Escritura, y la distinción entre Israel y los gentiles en el plan de Dios.

Los últimos dos capítulos ofrecen un conjunto de voces del mundo hispano que tratan la escatología desde la perspectiva de distintas escuelas de pensamiento. El capítulo seis introduce y resume las propuestas de Juan José Tamayo Acosta (católico de España), Miguel A. De la Torre (cubano de EE. UU., de trasfondo católico protestante), Antonio Bentué (católico de Chile) y Alberto F. Roldán (evangélico de Argentina). Escogimos a estos autores no tanto por el contenido completo de sus obras sino por algunos problemas o cuestiones que sus obras resaltan y que consideramos pueden beneficiarse de un diálogo con la tradición teológica luterana. El propósito del sexto capítulo es *escuchar* las problemáticas y propuestas que éstos plantean al discurso de la esperanza cristiana. Tamayo Acosta señala la necesidad de ver la esperanza desde la perspectiva del ser humano como persona utópica y, desde este *horizonte antropológico*, toca el tema de la relación entre la *esperanza* y la *liberación*. De la Torre critica toda *teodicea* o defensa teológica de Dios ante el problema del mal, prefiriendo abrazar la *desesperanza* en la forma de *lamento* y *praxis* en solidaridad con los marginados. Bentué se enfoca en los mitos cruentos e incruentos que a través de los tiempos distintas religiones antiguas han propuesto como *historias de inmortalidad* para superar el problema de la muerte, y nos presenta cómo el misterio de Cristo posee su propia *originalidad* y *narrativa* que responde a la muerte. Roldán nos invita a reflexionar acerca de una escatología *integral* que no cae en dicotomías entre lo espiritual y lo material y en torno a la relación entre el *reino* de Dios en Cristo y la misión de la *iglesia* en la historia.

Finalmente, el capítulo siete presenta nuestra *respuesta* crítica y constructiva a la problemática señalada por cada autor, respectivamente, desde la perspectiva de la distinción y relación entre los dos tipos de *justicia* (en diálogo con Tamayo Acosta); las distintas formas en que operan el *teólogo de la cruz* y el teólogo de la gloria (en diálogo con De la Torre); la teología de la *palabra* de Dios como promesa y mandato (Bentué); y la distinción y relación entre los dos *reinos* (Roldán). Nuestra meta es ilustrar cómo estos marcos teológicos de la confesión evangélica luterana nos invitan a formular maneras en que la escatología cristiana responde a lo que significa *ser humano* ante Dios y el mundo (dos tipos de justicia); las formas en la que ha de *operar* el teólogo en relación a la revelación de Dios en la cruz y la creación (dos tipos de teólogos); las maneras en que Dios nos *habla* en sus narrativas bíblicas (palabra como promesa y mandato); y las esferas en las que Dios *reina* o gobierna en el mundo para bienestar de su creación (dos reinos).

Nuestra oración es que, al masticar y digerir cada capítulo de esta obra, el lector crezca en su fe en Cristo para que así se sienta más seguro de lo que espera y más convencido de lo que no ve. Que este estudio de escatología también lo inspire a usted a compartir la bella historia de "la esperanza que hay en ustedes" (1 P 3:15) con esperanzados y desesperanzados por igual, para que, así como el Quijote lo hiciera, usted también le diga a algún Sancho en su vida: "Y yo te contaré algunas [cosas] de las que... he visto, que te harán creer las que aquí he contado, cuya verdad no admite réplica ni disputa".

Leopoldo A. Sánchez M.
Cristo Rey

PRIMERA PARTE - INTRODUCCIÓN A LA ESCATOLOGÍA

Capítulo uno

NI AQUÍ NI ALLÁ, SINO AQUEL: EN BÚSQUEDA DE LA ESPERANZA

"¡Ahí está el detalle! Que no es ni lo uno ni lo otro, sino todo lo contrario". Con esta jocosa expresión en su película *Ahí está el detalle*, el famoso cómico Cantinflas proclamó el que pasaría a ser uno de los dichos más célebres y conocidos en la historia de la era dorada del cine mexicano. Aunque el diccionario de la Real Academia de la Lengua Española define el "cantinflear" como "hablar de forma disparatada e incongruente y sin decir nada",[1] no cabe duda de que en lo que concierne a la esperanza, no hay manera más acertada de describir cómo se distingue la escatología bíblica de otras opciones. La esperanza cristiana no se encuentra "ni aquí ni allá", sino en "todo lo contrario".

¿Dónde entonces radica la esperanza del ser humano? Unos dicen que en el mundo de las ideas celestiales, que transciende el mundo de la materia. Otros dicen que en el mundo material, que transciende el de las ideas. La primera postura podría llamarse una escatología del "más allá"; la segunda, una del "aquí y ahora". En términos de espacio, la postura del "más allá" se nos presenta en línea vertical, y nos dirige a buscar la felicidad "arriba", es decir, en realidades celestiales que se encuentran más allá del plano de los sentidos, aunque estas se aprehendan de algún modo mediante los sentidos. Por otro lado, la escatología del "aquí y ahora" se sitúa en línea horizontal, y nos llama a encontrar la felicidad "abajo", es decir, en lo que el mundo o la creación nos ofrece "aquí y ahora". En términos temporales, el primer tipo de escatología contempla una esperanza que radica fuera del tiempo, aunque pueda revelarse en el tiempo. El segundo tipo propone una esperanza que se busca o construye en el tiempo, generalmente con vistas a establecer un futuro más promisorio en el mundo presente.

¿Y qué de la esperanza cristiana? Aunque a primera vista esta pareciera ser semejante a las visiones anteriores en algunos aspectos, en realidad

1 DLE, 430.

no encaja finalmente en ninguna de estas posturas. "No es ni lo uno ni lo otro, sino todo lo contrario". La esperanza del cristiano no encaja en ese espacio dualista que contrasta entre las ideas espirituales y los sentidos materiales. No se sitúa tampoco fuera del tiempo en alguna eternidad ahistórica que tiene poco o nada que ver con la acción de Dios en la historia. La esperanza tampoco se construye ni cimienta dentro del tiempo, si con esto se quiere decir que la esperanza cristiana se reduce a un proyecto humano que no toma en cuenta adecuadamente la acción gratuita de Dios en Cristo. Como lo veremos en este y el próximo capítulo, ninguno de estos marcos conceptuales da en el blanco.

Ni aquí ni allá, sino aquel

Ni en el "más allá" ni en el "aquí y ahora"; nuestra propuesta es que la esperanza cristiana radica en un "aquel", es decir, en la *persona* de Jesucristo, el Hijo de Dios y el receptor y dador de su Espíritu. Las categorías de espacio y tiempo son *penúltimas* en la escatología cristiana, y no pueden preceder, sino que han de someterse a esta realidad cristológica-trinitaria más fundamental. En términos bíblicos, la escatología cristiana nos dirige a las *promesas* de Dios Padre que llegan a su *cumplimiento* en la vida y obra de su Hijo por el poder del Espíritu Santo. Por eso, Pablo anima a los santos en Corinto a que anclen su esperanza en la fidelidad de Dios, sus certeras promesas en Cristo, y la garantía de las mismas por la unción o presencia del Espíritu Santo en sus vidas.

> "Porque todas las promesas de Dios en él son 'Sí'. Por eso, por medio de él también nosotros decimos 'Amén', para la gloria de Dios. Y es Dios el que nos confirma con ustedes en Cristo, y es Dios el que nos ha ungido, y es Dios el que también nos ha marcado con su sello, y el que, como garantía, ha puesto al Espíritu en nuestros corazones" (2 Co 1:20-22).

Cuando nos aproximamos a la escatología desde ese "aquel" personal, Jesucristo pasa a ser el punto de partida, la constante y el fin de la felicidad del ser humano. Se sitúa la esperanza cristiana entonces en un plano cristológico-trinitario, a saber, la historia de la inauguración y consumación de las promesas de Dios en Cristo y su don del Espíritu Santo. Solo desde este horizonte que nos dirige a Cristo como el objeto o la meta de la felicidad del ser humano, podemos centrarnos en una visión propiamente *cristiana* de la esperanza. Esta visión tendrá la capacidad, en un segundo plano, de interactuar crítica, pero también constructivamente con el lenguaje ontológico más abstracto de lo espiritual y lo material, o el lenguaje de lo eterno (entendido como atemporalidad) y lo temporal.

A continuación, profundizamos en tres tipos de escatología: 1) la del "más allá", vertical, o ahistórica; 2) la del "aquí y ahora", horizontal, o temporal; y 3) la cristológica-trinitaria que se despliega en la economía de la salvación. A esta última a menudo se le denomina una escatología bíblica que se sitúa entre el "desde ya" y el "todavía no", es decir, entre la recepción inicial por la fe de las promesas de Dios en Cristo en la era presente y la consumación o cumplimiento final de estas promesas con el retorno de Cristo en la era que aún ha de venir. Después de definir los modelos del "más allá" y el "aquí y ahora", ilustrando sus visiones de la esperanza en algunas instancias representativas de la historia, procederemos a analizar estas propuestas a la luz de la escatología bíblica y su visión cristológica de la esperanza.

Escatología del más allá

La escatología del más allá busca la esperanza "fuera del tiempo" (*fuga temporis*). Entre varios modelos de escatología que evaden el tiempo, el teólogo chileno Juan Noemí (1942-2017) señala el "eternismo fundamentalista" y "el escapismo místico". El primer tipo lo asocia con una visión popular del antiguo pensamiento filosófico griego que define la eternidad como "atemporalidad, como negación del tiempo", y que pretende encontrar la "verdad" en un plano que "niega la historia".[2] Partiendo de la tendencia de ver al ser humano y a la historia de forma negativa, el segundo tipo (el escapismo místico) lo asocia con el intento de buscar la esperanza fuera del plano histórico por medio de una "doxología del otro", es decir, enfocando al creyente en la devoción al Dios que está por encima de nosotros.[3] Ninguna de estas opciones piensa adecuadamente acerca de la esperanza dentro del plan de Dios en la historia o economía de la salvación.

En ambos casos, la persona busca respuesta a sus problemas y aspiraciones en el Dios que se sitúa *fuera* de la historia porque no se puede confiar en la misma. Sometida a las vicisitudes e incertidumbres propias del proceso histórico, la historia no es confiable. Es objeto de sospecha. En el pensamiento clásico griego, se prefiere el pasado como era dorada y el presente solo se entiende a partir de ese glorioso pasado. Pasar del presente al futuro implica atrofia, deterioro y, en fin, la muerte. A consecuencia de ello, "el futuro no aporta algo positivo sino que amenaza al

2 Noemí, *Esperanza*, 46-47.
3 Ibíd., 48.

presente".[4] Se desecha la historia (y el futuro en particular) como ancla de la verdad inmovible y segura y toma su lugar la eternidad o lo eterno (es decir, lo atemporal). Se piensa entonces que mejor es no tratar la esperanza desde el plano del tiempo sino ir directo a un plano por encima del tiempo (véase Fig 1).

Fig 1
El espíritu humano se fuga del tiempo, el espacio, y la creación para llegar a Dios y alcanzar la felicidad.

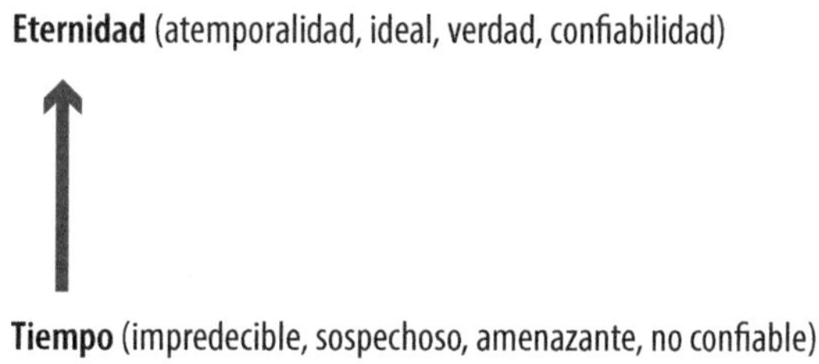

El pensamiento griego platónico y neo-platónico, con su dualismo ontológico entre el espíritu y la materia, influye en la propuesta gnóstica, según la cual la creación y el cuerpo son irredimibles por ser inferiores al mundo de las ideas y al alma/espíritu. Según los gnósticos, el mundo material es la prisión del espíritu, el cuerpo la prisión del alma. La salvación no consiste en la redención de la creación sino en escaparse de la misma.[5] En su apologética contra los gnósticos, grupo heterodoxo que interpreta la confesión cristiana desde un ángulo neo-platónico, Ireneo de Lyon (c 130-c 202) argumenta que la "regla de la fe" (*regula fidei*, *traditio*) de la iglesia confiesa a la creación como la buena obra de Dios y la restauración de la misma a la imagen de Dios por la encarnación y resurrección corporal del Hijo.[6] En el pensamiento bíblico de Ireneo, no hay redención "espiritual" que no incluya la *creación* que el Hijo mismo ha asumido en su persona en el misterio de la encarnación y que el Padre ha ungido con su Espíritu Santo para así restaurar la raza humana a la imagen de Dios perdida en el Edén por el pecado de Adán.[7]

---

4 Ibíd., 23.

5 Por ejemplo, *La Hipóstasis de los Arcontes* nos presenta una lectura gnóstica del relato de la creación en Génesis. Interpreta la creación de Adán no como la buena obra de Dios, sino como la obra de las potestades ("los arcontes") del mundo de las tinieblas (véase Ef 6:12) cuya meta es mantener a Adán sometido al mundo. Además, atribuye a la serpiente el rol positivo de mediador de la instrucción espiritual, cuya meta es darle a Adán y a su raza el conocimiento espiritual que le permita transcender las cosas del mundo para enfocarse en las cosas del Espíritu.

6 Para un ejemplo de la regla de la fe, véase Ireneo, *Contra los herejes*, 3.4, 2.

7 Refiriéndose al bautismo de Cristo, Ireneo observa: "Por eso también descendió [el Espíritu] sobre el Hijo de Dios hecho Hijo del Hombre, para acostumbrarse a habitar con él en el género humano, a descansar en los hombres y a morar en la criatura de Dios, obrando en ellos la voluntad del Padre y renovándolos de hombre viejo a nuevo en Cristo". *Contra los herejes*, 3.17, 1.

A diferencia del gnosticismo, el platonismo cristiano posterior de algunos teólogos de la iglesia no ve al mundo como algo malo o irredimible en sí mismo, aunque mantiene la superioridad del alma o el espíritu humano sobre el cuerpo y los sentidos. Por la influencia platónica, algunos tienden a asociar la felicidad del ser humano primordialmente con la comunión de su alma con Dios en el estado de contemplación. San Agustín (354-430) nos presenta un ejemplo de esta tendencia. Por un lado, el teólogo de occidente observa correctamente que el alma es la creación de Dios, que tanto el cuerpo como el alma han sido corrompidos por el pecado, y que la salvación incluye la resurrección del cuerpo. Pero a la vez, reflexiona no tan acertadamente acerca de la purificación progresiva del alma en términos de siete grados de crecimiento espiritual que equivalen a niveles de separación del mundo y el cuerpo. La esencia y meta del alma consisten en su tendencia espiritual hacia Dios, la cual la lleva a contemplar la verdad y sabiduría divinas de tal manera que "llega a desear, como supremo beneficio, la muerte, que antes temía, es decir, la fuga y la evasión completa de este cuerpo".[8] Este énfasis agustiniano en la grandeza del alma que, con la ayuda de la gracia divina, tiende hacia Dios desemboca no solo en una visión romántica del potencial salvífico del alma sino también en un romanticismo de la muerte y una escatología que abraza la noción problemática de "la fuga y la evasión" del cuerpo.[9]

Más antigua que la filosofía griega es la religión hindú, cuya cosmovisión es de corte espiritualista y, por ende, entiende el mundo material como una ilusión (*maya*). La realidad espiritual suprema es *Brahma*, la esencia del ser humano es ser espíritu (*atmán*), y su meta es la liberación (*moksha*) de este ser de su apego al ciclo de nacimiento y muerte (*samsara*) que lo mantiene atado al mundo material. Se alcanza la liberación de este ciclo, también llamado

---

8 San Agustín, *La dimensión del alma*, 33.76.

9 En el oriente cristiano, Gregorio de Nisa (c 335-c 394) se plantea la cuestión del estado del alma después de la muerte en su obra *Diálogo sobre el alma y la resurrección*, donde trata la enseñanza cristiana en diálogo apologético con el platonismo. A diferencia de algunas sentencias agustinas, el Niseno parece enfocarse más en la permanencia del alma después de la muerte, y su reunificación con el cuerpo en la resurrección, que en alguna evasión del cuerpo mediante la muerte. En su estudio de la obra, por ejemplo, Mateo-Seco observa que el Niseno parece proponer que, a la hora de la resurrección, el alma recibe las fuerzas "para atraer y dar vida de nuevo a la materia dispersa", aunque a la vez comenta que tal hipótesis no depende de la resurrección futura en sí sino del presupuesto antropológico de la unidad del alma y el cuerpo en el plan de Dios. Véase Mateo Seco, "La muerte y su más allá", 106. Por otro lado, en su introducción a la obra del Niseno, Roth menciona que Gregorio propone una "purificación" del alma del pecado aún después de la muerte, pero a la vez nota que, a diferencia de Platón, tal purificación no ocurre mediante un escape del "cuerpo" sino por una purificación de toda la persona en su calidad de "carne" o en cuanto corrompida por el pecado que culmina en la resurrección. Véase Roth en su introducción a *On the Soul and the Resurrection*, 18-19. Mateo-Seco observa que, según el Niseno, "tras la muerte el alma recibe ya el premio o el castigo" y a la vez precisa que "no se plantea el Niseno si es inmediatamente después..." (véase "La muerte y su más allá", 106).

reencarnación, mediante la acumulación de buenas acciones (*karma*) y prácticas de meditación (*yogas*) que tienen como fin llevar a la unión del *atmán* del individuo con Brahma. En esta visión monista del hinduismo, según la cual no existe el dualismo sino la unidad ontológica de Brahma con todas las cosas, la meta de la vida es despojarse de lo material para así alcanzar el conocimiento de nuestra unión con Brahma, con el Todo que acapara todo. Algunas de estas ideas orientales han cautivado la imaginación de muchos en occidente por medio de aquel conglomerado de enseñanzas denominado "Nueva Era" (*New Age*), incluyendo su énfasis en el progreso espiritual del ser humano hacia el conocimiento de su unión con la divinidad que está presente en todas las cosas.[10] A pesar de su creencia en la irrupción de una "nueva era" de paz en la tierra (la llamada "era de Acuario"), la *New Age* enfatiza más que todo, por influencia del hinduismo, la esencia espiritual del ser humano por encima del cuerpo y la materia.

En nuestros pueblos se oyen diversas versiones de la escatología del más allá. En la mente medieval, se le daba gran importancia al estado y la actividad de las almas durante el período entre la muerte temporal y el juicio final y, por ende, se minimizaba el lugar de la redención del cuerpo –o mejor dicho, de la salvación del ser humano en su *totalidad* (alma *y* cuerpo)– como evento culminante en el plan salvífico de Dios. Este aspecto del catolicismo medieval tuvo su influencia en el continente americano a partir de la Conquista. En la mitología latinoamericana, por ejemplo, abundan cuentos que tratan del estado de las almas en pena, aquellos espíritus humanos que no están ni con Dios ni con el diablo sino que andan transitando por su limbo, purgándose de los pecados cometidos en vida, saldando cuentas, buscando la posibilidad de la redención en el más allá.[11] La misma tendencia se ve en largometrajes en los que las almas de personas regresan del cielo a la tierra por algún tiempo para tratar asuntos que no pudieron resolver en esta vida. Existe también la vertiente espiritista en la que los espíritus de los muertos se comunican con sus seres vivientes en la tierra por la mediación de los médiums.[12]

---

10 Raj ofrece un estudio del hinduismo y las raíces hindús del movimiento *New Age* desde la perspectiva evangélica luterana. Véase Raj, *The Hindu Connection*, 37-61; Sánchez se refiere a la espiritualidad de la Nueva Era como un tipo de neo-gnosticismo e interactúa con una versión latinoamericana de la misma. Véase Sánchez, *Pneumatología*, 24-29.

11 Por ejemplo, el cuento "El penitente de la otra vida", en *Narraciones*, 43-51.

12 La prohibición bíblica de consultar a los muertos se encuentra en Dt. 18:11. Con base en este texto, Lutero concluye que la aparición del espíritu del profeta Samuel a Saúl en 1 S. 28:15-19 se trata de un engaño diabólico. Véase *LW* 52:180. Si es engaño diábolico, podría decirse sin embargo que Dios lo permite como juicio divino en contra de Saúl; en contra de la enseñanza espiritista, el teólogo luterano Pieper argumenta que, con base en la parábola de Lucas 16:27-31, "las almas que han partido no retornan a este mundo" y esto es "una regla permanente y arreglo divino". Pieper, *CD*, III, 515 (cf n. 26a); cf Mueller, *DC*, 388.

Haciendo uso creativo de este aspecto espiritualista de la cosmovisión de muchos en el mundo hispano-latino, el realismo mágico en la literatura latinoamericana pinta imágenes en las que el mundo de los espíritus y el de los vivos interactúan no tanto en el más allá sino en el más acá.

A pesar de las variaciones, la suposición común en todas las narrativas o prácticas anteriormente mencionadas es una cierta glorificación de la inmortalidad del alma y su esencia atemporal en contraste con la cualidad temporal y el fin mortal del cuerpo. En el plano de la iglesia, escuchamos la versión más común de este tipo de escatología vertical cuando el cristiano piadoso se refiere a la muerte de personas como algo esencialmente bueno porque el alma inmortal finalmente puede superar el mundo sufriente y disfrutar de los frutos del paraíso y el gozo celestial. En el próximo capítulo consideraremos si este tipo de expresión encaja con una escatología propiamente cristiana.

Escatología del aquí y ahora

La escatología del aquí y ahora busca la esperanza de un mejor futuro enfocándose en el presente y, en particular, en la construcción de algún reino de Dios temporal en la tierra. Si la escatología del "más allá" sospecha de la confiabilidad de la historia, la del "aquí y ahora" tiende a poner su confianza en la experiencia interna o externa del progreso del reino de Dios en la historia (véase Fig 2). Visiones apocalípticas a veces acompañan esta escatología. El teólogo francés Yves Congar (1904-1995) se refiere a esta propuesta como la "historización de la escatología y la apocalíptica"[13] y ve su más influyente expresión occidental en el joaquinismo medieval. Según Joaquín de Fiore (c 1135-1202), la historia se compone de tres edades que corresponden a las tres personas de la Trinidad y mueven la historia hacia una "inteligencia espiritual" más plena, la cual se identifica con la sabiduría del Espíritu o edad de "los contemplativos... poseídos plenamente por el Espíritu".[14] Joaquín estaba convencido de que esta era del Espíritu, de la plena madurez espiritual, había llegado en sus días. Otros han compartido el legado de esta visión espiritual, enfocándose en una "escatología caracterizada por la novedad de un régimen de interioridad y de libertad",[15] que a la vez puede manifestarse externamente en intentos de inaugurar reinos milenaristas en la tierra.[16] En sus rasgos generales, el milenarismo (o milenialismo) propone la revelación y el establecimiento en la tierra de un reinado de Cristo con sus santos

13 Congar, *El Espíritu Santo*, 161.
14 Ibíd., 154-155.
15 Ibíd., 159.
16 Ibíd., 161.

–designado por los "mil años" de Apocalipsis 20:4– que se caracteriza en parte por la restricción del pecado y el mal, y la promoción de la paz y la conversión de muchos a los valores éticos o espirituales del cristianismo.

Fig 2
El ser humano consigue la felicidad estableciendo el reino de Dios en la historia.

Eternidad (ahistórica, esotérica, no se mide ni experimenta)

→

Tiempo (empírico, medible, posibilidad de progreso histórico)

Reflejo interesante del espíritu milenarista tenemos en la escatología del *Libro de las profecías* de Cristóbal Colón (1451-1506), donde el almirante argumenta ante los Reyes de España que su providencial llegada a tierras desconocidas y la evangelización de los indígenas han de inaugurar la conquista de Jerusalén, la reconstrucción de su templo, y el fin del anticristo (el cual asocia con el Islam).[17] Colón está convencido de que vive en medio de acontecimientos que traerán consigo, con el debido apoyo de la Corona Española, el fin del mundo. En su lectura de la Biblia, Colón considera ser "el varón de mi consejo" a quien Jehová llama "de tierra lejana" (véase Is 46:11) para librar a la "Casa Santa" (Jerusalén) de la presencia de los musulmanes, así como David en su tiempo conquistó Jerusalén al derrotar a los jebuseos.[18] Con base en Mateo 24:14, Colón toma como preámbulo y señal divina del cumplimiento de tal profecía la predicación del evangelio a los indígenas "en tan poco tiempo".[19] El designio de Dios se lleva a cabo mediante un proceso en el cual la evangelización y la colonización van de la mano y sirven como preámbulo a "la inauguración del reino de Jehová en Jerusalén, que ha de reemplazar los reinos terrestres".[20]

17 Lockward, *Algunas cruces altas*, 165-170; Colón hereda una tradición interpretativa que ya existía. McGinn observa que en España, donde hubo presencia musulmana desde el año 712, vemos la identificación del anticristo con el Islam desde el siglo VIII. *El antricristo*, 101-103.

18 Brigham, *Cristobal Colón*, 49, 51, 107; Colón escribe a los Reyes en su castellano aportuguesado: "Ya dise que para la hesecuçión de la inpresa de las Indias no me aprovechó razón ni matemática ni mapamundos; llanamente se complió lo que diso Isaías. Y esto es lo que deseo de escrevir aquí por le reducir a Vuestras Altezas a memoria, y porque se alegren del otro que yo diré de Jherusalen por las mesmas autoridades, de la cual inpresa, si fee ay, tengan por muy cierto la vitoria" (87); Brighman nota cómo Colón ve paralelos entre su persona y la persona del rey David (141-144).

19 "Yo dise arriba que quedaba mucho por complir de las prophetías, y digo que son cosas grandes en el mundo, y digo que la señal es que Nuestro Señor da priessa en ello: el predicar del Evangelio en tantas tierras de tan poco tiempo acá me lo diçe". *Cristobal Colón*, 87.

20 Ibíd., 108; el historiador Justo González observa que, aunque la sinceridad y misión cristiana de Colón y otros conquistadores no ha de negarse, tampoco puede negarse su trato inhumano de los indígenas en distintas ocasiones. González, *La era de los conquistadores*, 49-51, 69-72.

Con el advenimiento del siglo XVIII y la llamada "edad de la razón", llena de avances científicos y optimismo acerca del potencial del ser humano, se hace posible pensar en la posibilidad de crear el cielo en la tierra mediante el progreso científico y moral. El romanticismo del siglo XIX, al resaltar la importancia del héroe cultural que con sus dotes contribuye al desarrollo de la civilización, sitúa el progreso en la proeza del ser humano, su fuerza interna para domar la naturaleza o el mundo externo. Según el teólogo alemán Friedrich Schleiermacher (1768-1834), tal fuerza radica en la naturaleza religiosa del ser humano en sí, es decir, en la intuición, la realización, o el "sentimiento" (*Gefühl*) de su unión espiritual como ser finito con el Dios infinito y el resto de las cosas finitas. La fe cristiana es solo una instancia particular de una realización religiosa más amplia que aplica a todo ser humano en toda cultura. Por otro lado, bajo la influencia del filósofo alemán Immanuel Kant (1724-1804), quien reduce la esencia del cristianismo a la práctica de la ética o moral, el teólogo Albrecht Ritschl (1822-1889) argumenta que el propósito de la religión en general, y el cristianismo en particular, es el desarrollo del ser humano mediante la construcción en su comunidad del "reino de Dios".[21] A diferencia de Schleiermacher, quien entiende la religión en términos de una apropiación individual de una experiencia espiritual universal, Ritschl ve la importancia de la religión no tanto en la conciencia religiosa del individuo acerca de su relación con Dios sino en su proyección comunitaria y producción ética.

El filósofo alemán G.W.F. Hegel (1770-1831) también se opone al subjetivismo de los románticos que expresa Schleiermacher, argumentando que toda la historia se debe entender en términos del progreso histórico hacia el pleno conocimiento de la "verdad" objetiva o el "Espíritu" (*Geist*) absoluto. Todo campo del conocimiento tiene su absoluta verdad, y esto aplica también al campo de la religión. En el plano religioso, se nota una tendencia joaquinista en el uso hegeliano del término "Espíritu" para referirse no precisamente al Espíritu Santo sino a aquella verdad a la que la historia nos acerca cada vez más mediante un proceso o una dialéctica de tesis (acción) y antítesis (reacción) que culmina en una síntesis (resolución).

Esta secularización histórica del "Espíritu" al plano del progreso histórico influye en el pensamiento del filósofo alemán Karl Marx (1818-1883), quien, a diferencia de Hegel, deja a un lado el concepto

---

21 Congar explica que Kant "interpretaba la historia del cristianismo como una aproximación progresiva hacia una religión de la razón, por la que el reino de Dios se realizaría sobre la tierra bajo la forma de una comunidad ética". *El Espíritu Santo*, 162.

idealista o transcendental del "Espíritu" y lo reemplaza con una interpretación plenamente materialista o económica de la historia como el conflicto de clases. La reacción de la clase obrera (antítesis) a la explotación de la clase gobernante (tesis) se resuelve en la creación de una sociedad sin distinción de clases (síntesis). Se presenta el comunismo como la "verdad" absoluta que se puede construir en la historia, un tipo de paraíso en la tierra, la esperanza de las clases oprimidas. Se ancla la esperanza en un proyecto humano de corte utópico.[22] Antes de la caída del muro de Berlín y la disolución de la Unión Soviética, la historia de América Latina fue testigo de innumerables movimientos de revolución comunista o propuestas de gobierno socialista ante el problema de las dictaduras militares y los gobiernos oligarcas.

En la iglesia existen diversas manifestaciones de la escatología horizontal. En América Latina, algunos teólogos de liberación han sido criticados por adoptar un análisis marxista de la historia en su reflexión y praxis en torno al reino de Dios. Se teme que una asociación causal, aunque parcial, del reino de Dios principalmente con la liberación socioeconómica (manifestada particularmente en gobiernos de izquierda) reduce la esperanza cristiana al plano político o a un proyecto humano. Las iglesias protestantes liberales en América del Norte han sido criticadas por adoptar el mantra del progreso secular en su teología, poniendo más énfasis en causas sociales (eco en algunos casos del llamado *social gospel*) que en la evangelización o interpretando esta última solamente en términos de progreso socioeconómico o político. Existe además la vertiente posmilenaria de la escatología, según la cual Cristo volverá a la tierra después ("pos") de un período simbólico de mil años que se caracterizará por la cristianización del mundo y un tiempo de progreso moral impulsado por los valores del evangelio.[23]

Por otro lado, iglesias llamadas *megachurches* (iglesias súper grandes) han sido criticadas por asumir valores capitalistas del mundo de los negocios y el *marketing* en su identidad eclesial, incluyendo elementos del llamado "evangelio de la prosperidad" en su visión "cristiana" del mundo. Estas ideas se han propagado en el mundo hispano-latino mediante iglesias que, asociando el reino de Dios con la abundancia material, prometen una vida sin sufrimiento en el presente. Existen además iglesias que,

---

22 Acerca de la secularización del Espíritu como un tipo de espiritualidad en el mundo hispano-latino, en el contexto del diálogo con la teología de la liberación, véase Sánchez, *Pneumatología*, 30-37.

23 Como ejemplos de posmilenialismo, véase Boettner, *The Millennium*, y "Postmillennialism", en Clouse, ed. *The Meaning of the Millennium*, 117-41; para entender la diferencia entre el posmilenarismo y visiones evolutivas del progreso de la historia, el *social gospel*, y otras corrientes de tipo escatológica, véase Davis, *Christ's Victorious Kingdom*.

adoptando ciertas posturas milenaristas de corte apocalíptico, prestan singular y hasta fanática atención a las "señales del fin" que prometen acercarnos cada vez más a la venida de Cristo y su establecimiento de un reino político en la tierra. En el caso del premilenarismo dispensacionalista, cuya interpretación bíblica entiende el cumplimiento de las promesas de Dios a Israel no como bendiciones espirituales a toda la iglesia sino como bendiciones terrenales a la nación judía, el reinado milenial lo ejercitará Cristo desde un templo reconstruido en la ciudad de Jerusalén.[24]

Aunque muy diversos, los ejemplos dados enfatizan la horizontalidad de la esperanza cristiana a expensas de una sólida visión cristológica-trinitaria de la escatología. Más adelante veremos hasta qué punto el lenguaje de realizar o construir el reino encaja con una escatología propiamente cristiana.

Escatología del "desde ya" y el "todavía no"

Hemos argumentado que la esperanza cristiana no se enfoca ni en el "más allá" ni en el "aquí y ahora", sino en "aquel" Cristo, en quien Dios Padre cumple sus promesas que aún han de venir, garantizándolas desde ya por la presencia del Espíritu en las vidas de sus hijos e hijas. En una segunda instancia, esta propuesta cristológica-trinitaria de la esperanza podría describirse en términos del tiempo y el espacio como una escatología del "desde ya" de la *promesa* anunciada y recibida en Cristo por la fe y el "todavía no" de su *cumplimiento* final en la parusía o retorno de Cristo.

Este esquema asume que el cumplimiento de las promesas de Dios a su pueblo llega a su plenitud en Cristo. Con el libre descenso del Hijo de Dios a la historia en el misterio de la encarnación, el Verbo eterno se ha hecho uno de nosotros. Asume una naturaleza e historia humanas y en su misión comunica la palabra definitiva de Dios a la humanidad, dándonos por esta misma palabra vida eterna y resurrección. Desde ya gozamos de estas bendiciones. "El que viene de arriba... el enviado de Dios habla las palabras de Dios" porque Dios le ha dado su Espíritu sin medida (Jn 3:31, 34); y "el que cree en el Hijo *tiene vida eterna*" (*éjei zōēn aiōnion*, v 36, cf 6:63).[25] De forma similar, le dice Jesús a los judíos: "El que oye mi

---

24 Aunque el premilenarismo histórico también promueve el retorno de Cristo antes de ("pre") su reinado de mil años, difiere en muchos aspectos del premilenarismo dispensacional. Más adelante, trataremos la visión dispensacionalista más a fondo. Basta por ahora mencionar la observación de Roldán: "En cuanto a la comprensión que el premilenarismo histórico tiene del milenio literal, sus adherentes afirman simplemente que este es una especie de extensión actual del reinado de Jesucristo –sin entrar en detalles o pormenores acerca de cómo será ese milenio– y, obviamente, rechazan su carácter judaico". *Escatología*, 104, n. 30.

25 Todas las citas del Nuevo Testamento en griego en esta obra son de Kurt Aland et al., *Novum Testamentum Graece*, 28th edition (Stuttgart: Deustche Bibelgesellschaft, 2012).

palabra, y cree al que me envió, *tiene vida eterna* (*éjei zōēn aiōnion*); y no será condenado, sino que *ha pasado de muerte a vida* (*metabébēken ek toū zanátou eis tēn zōēn*)... La hora *viene* (*érjetai*), *y ya llegó* (*kaì nūn estiv*, "¡y es ahora!"), cuando los muertos oirán la voz del Hijo de Dios; y los que la oigan vivirán" (Jn 5:24-25). Por la palabra o voz de su Hijo que lleva a la fe en él, la vida eterna y la resurrección ya han llegado a nosotros en forma *anticipada*. Los verbos en el tiempo presente ("*tiene* vida eterna", "la hora *viene*", "y *es* ahora") resaltan el recibimiento "desde ya" de tales bendiciones escatológicas. El verbo perfecto ("*ha pasado* de muerte a vida") enfatiza el gozo en el presente que resulta de beneficios ya recibidos. Con la llegada de Cristo al mundo, la esperanza realmente ha llegado.

La cristología descendente nos lleva a la ascendente: "Nadie subió al cielo, sino el que descendió del cielo, que es el Hijo del Hombre" (Jn 3:13). El libre descenso del Hijo a la historia en su encarnación culmina con su ascenso al Padre luego de terminada su misión, y su ascenso luego nos pone a la espera de su retorno final: "¿Por qué están mirando al cielo? Este mismo Jesús, que ustedes han visto irse al cielo, *vendrá* (*eleúsetai*) de la misma manera que lo vieron desaparecer" (Hch 1:11). Juan proclama que viene la hora (*hōra*) "cuando todos los que están en los sepulcros *oirán* (*akoúsousin*) su voz; y los que hicieron lo bueno, *saldrán a resurrección de vida* (*ekporeúsontai... eis anástasin kriseōs*, Jn 5:28-29a). Los verbos futuros en estos pasajes ("vendrá", "oirán", "saldrán") indican el tiempo o la hora que "todavía no" ha llegado. Esa hora incluye la resurrección que ha de venir. Como el maná que en tiempos de Moisés descendió del cielo sobre el pueblo de Israel para darles vida, el Hijo de Dios descendió del cielo como nuestro pan de vida para "que todo aquel que ve al Hijo, y cree en él, tenga vida eterna; *y yo lo resucitaré en el día final* (*kaì anastēsō autòn egō en tēi esjátēi hēmérai*)" (Jn 6:40, cf v 54). El verbo futuro "resucitaré" nos dirige a la resurrección que ocurrirá en el día postrero o *esjaton* (cf Jn 11:24). Con la próxima llegada de Cristo al mundo en ese día final, la esperanza llegará también a su pleno cumplimiento.

En los pasajes anteriores, vemos cómo las promesas de Dios se cumplen en la historia por medio de su Hijo "desde ya" a partir de su descenso y ascenso, aunque "todavía no" en todo sentido sino hasta su retorno. Por eso primero nos dice el evangelista que la hora de la vida eterna es "ahora" (5:25) y luego que la misma hora todavía está por venir (v 28). Los que oyen y creen la Palabra ya han pasado de muerte a vida y, por ende, tienen la vida eterna desde ya (5:25; 6:47), pero a la vez esperan todavía vivir con Cristo por siempre y ser beneficiarios de su resurrección (5:29; 6:40, 58).

La resurrección de vida se nos presenta entonces como un evento presente y futuro.

En su marco cristológico-trinitario, el tiempo y el espacio son el escenario en el que el Hijo enviado de Dios se encarna, comunica la palabra (promesa) de Dios en el Espíritu, asciende a Dios una vez concluida su obra por nosotros y retorna para restaurar de forma definitiva una creación corrompida y agobiada por el diablo, el pecado y la muerte. El movimiento de descenso, ascenso y retorno asume la iniciativa divina en el misterio de la salvación. En este sentido, la eternidad es el plano que *distingue* al Hijo de su creación y por ende resalta su iniciativa de actuar en la misma libremente y por amor (y por ende no por necesidad ontológica). Sin embargo, desde el punto de vista de la presencia del Hijo en su *relación* al mundo, la eternidad no es atemporalidad sino más bien la realidad de la *presencia constante* del Hijo con nosotros en todo tiempo y lugar, sea presente o futuro, para nuestro beneficio.

Tal presencia constante implica que el eterno Hijo *reina* desde ya sobre sus santos –y, de hecho, sobre todos (Hch 10:36, "el Señor de todos")– aunque todavía no de forma definitiva. A partir de su resurrección, el Cristo del "linaje" de David se ha revelado como aquel que "se sentaría en su trono" (Hch 2:30). El ascenso del Hijo resucitado lo pone entonces en el plano de su *sesión* a la mano derecha del Padre, lo cual indica su reinado no sólo sobre David sino sobre todo lo creado. En particular, el uso del salmo 110 por parte del evangelista Lucas atribuye a Jesús el título de "señor" (*kyrios*) de David, atribución que solo le pertenece a *Adonai* (cf Hch 7:49), nombre pronunciable de Yahvé en el Antiguo Testamento:

> Dijo el Señor a mi señor: Siéntate a mi derecha, hasta que yo ponga a tus enemigos por estrado de tus pies (Hch 2:34-35).

Antes de su martirio, Esteban, viendo a Jesús a la diestra del Padre (Hch 7:55-56), lo hace objeto de oración, honor que solo se le atribuye a Yahvé en el culto de su pueblo: "Señor Jesús, recibe mi espíritu... Señor, no les tomes en cuenta este pecado" (vv 59-60). No cabe duda, entonces, de que el Señor Jesús reina desde ya y su constante presencia es una realidad ineludible en la vida de la iglesia. A la vez, y sin dejar a un lado el señorío presente del Señor a la mano derecha del Padre, su ascensión al cielo también nos pone *a la espera* de aquel "tiempo de la restauración de todas las cosas" (*jrónōn apokatastáseōs pántōn*) que aún ha de venir (Hch 3:21). Así pues, llegará un "día" (*heméran*) que Dios ha establecido en que su varón escogido "juzgará al mundo con justicia" (Hch 17:31), atribución que nuevamente solo se le asigna a Yahvé en el Antiguo Testamento. En su conjunto, estos textos nos indican que el reino de Cristo ya es una realidad entre nosotros, aunque también es venidero.

Fig 3
El reino de Dios en Cristo ha llegado y sus promesas se cumplen "desde ya" con su descenso, ascenso, y sesión, pero "todavía no" se cumplen en su plenitud sino hasta su retorno.

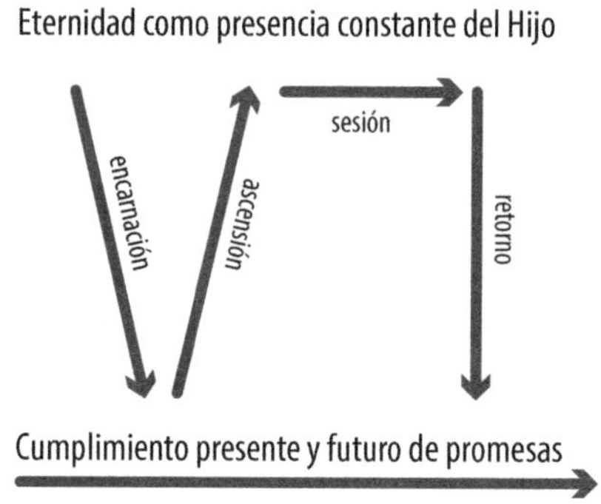

El Hijo que ha descendido, ascendido, está sentado a la diestra del Padre, y vendrá de nuevo para juzgar a los vivos y a los muertos nos comunica su vida eterna ahora en el presente y plenamente en el futuro (véase Fig 3). Ciertamente, se puede distinguir la eternidad del tiempo y del espacio como se distingue el Creador de su creación, la *naturaleza* divina de la humana en el misterio de la persona del Hijo o la persona divina del Espíritu de su inhabitación por adopción en el creyente. Tales distinciones, aunque importantes, han de ser *penúltimas* en la escatología cristiana. Más fundamental es la realidad de la *persona* del Hijo encarnado que por su *reinado constante* entre nosotros por el Espíritu y la Palabra nos manifiesta la eternidad, eternidad vista ahora no como temporalidad ahistórica, sino como la fiel presencia del Hijo de Dios con nosotros en todo momento. Así pues, no es una esperanza en el "más allá" ni en el "aquí y ahora" la que nos interesa en sí, sino una esperanza en "aquel" que en su persona divina asume nuestro cuerpo y pecado en el tiempo y el espacio, para así comunicarnos su perdón y vida en abundancia, haciéndose presente entre nosotros según sus promesas divinas.

Preguntas de reflexión

1. Defina y dé un ejemplo de una "escatología del más allá". En su respuesta, explique en qué objeto o meta pone su esperanza alguien que se adhiere a una escatología vertical.

2. Defina y dé un ejemplo de una "escatología del aquí y ahora". En su respuesta, explique en qué objeto o meta pone su esperanza alguien que se adhiere a una escatología horizontal.
3. Defina y dé un ejemplo de una "escatología del 'desde ya' y el 'todavía no'". En su respuesta, explique en qué sentido alguien que se adhiere a una escatología inaugurada y futura pone su esperanza en la *persona* de Cristo y en una *relación* con él.
4. Defina los dos significados del término "eternidad". En su explicación, muestre cómo estos dos significados resaltan ya sea la *distinción* entre Dios y su creación o la *relación* entre Dios y su creación. En particular, ¿qué contribución aporta a la escatología cristiana el enfoque en la "eternidad" como la "presencia constante" de Cristo en todo tiempo y lugar?

Capítulo dos

ENTRE EL "DESDE YA" Y EL "TODAVÍA NO": RESPONDIENDO A LAS OTRAS ESCATOLOGÍAS DESDE LA ESCATOLOGÍA INAUGURADA Y FUTURA

Después de haber situado la escatología en su trayectoria cristológica dentro del marco del "desde ya" de la promesa y el "todavía no" de su pleno cumplimiento, nos conviene resumir en breve y luego evaluar más a fondo las escatologías del "más allá" y del "aquí y ahora" a la luz de la esperanza cristiana. Antes de iniciar nuestro análisis, se debe reconocer que, a pesar de no dar en el clavo, las escatologías vertical y horizontal tienen algo de cierto. Se podría decir que combinan lo dulce con lo agrio.

En el campo de la metáfora, lo "agridulce" se asocia con experiencias que son a la vez agradables y desagradables; en el mundo del arte culinario, son delicias que deleitan al paladar. Cuando uno se adapta al sabor agridulce, se va acostumbrando al mismo y lo puede disfrutar cada vez más. Podría decirse que el bocado agridulce tiene suficiente de dulce como para comérselo. De forma similar, no es difícil adaptarse con el tiempo a la dulce miel que contienen las escatologías del "más allá" y del "aquí y ahora" sin percatarse del "agrio" sabor en sus propuestas.

En este capítulo, intentamos discernir lo bueno, lo malo, y lo feo lo dulce y lo agrio– en las recetas escatológicas del "más allá" y del "aquí y ahora". Al hacerlo, ofrecemos un bosquejo bíblico y evangélico de la esperanza cristiana que, aunque difiere de estas propuestas, busca atender a sus inquietudes y anhelos más importantes. Nuestro bosquejo ilustrará algunas formas como la palabra de Dios y la teología de los primeros evangélicos del siglo XVI expresan la dinámica entre el "desde ya" y el "todavía no" de la escatología bíblica.

Como toda posición heterodoxa, las escatologías vertical y horizontal tienen algo de verdad. Enfatizan un elemento positivo de la enseñanza bíblica, pero lo llevan a un extremo, terminando así con una alternativa reduccionista y falsa. El granito de verdad de la escatología vertical es su intuición de que la esperanza cristiana nos debe enfocar más allá del presente mundo corrompido por el pecado y azotado por la maldad y la muerte. En su búsqueda de la felicidad del alma, sin embargo, la escatología vertical rechaza crasa o sutilmente el mundo y el cuerpo como creación de Dios. La idea certera de la escatología horizontal es su afirmación de la acción esperanzadora de Dios en el mundo presente y su inquietud con las implicaciones para la vida diaria del reinado de Dios en Cristo. En casos extremos, tal visión lleva al rechazo formal o práctico de la esperanza en la consumación futura de las promesas de Dios en Cristo, reduciendo la felicidad a la construcción de algún reino de Dios en el mundo presente. ¿Cómo responde y atiende nuestra escatología a estas intuiciones hasta cierto punto válidas sin reducir la esperanza a las mismas?

Problemática de la escatología del "más allá"

La escatología del más allá ofrece una salvación fuera del tiempo y el espacio. La meta de la salvación es la presencia del alma inmaterial con Dios. Dentro de la historia de la iglesia, hemos señalado varias versiones de esta posición. Vimos que el gnosticismo heterodoxo no es lo mismo que el platonismo cristiano de algunos padres de la iglesia. El gnóstico ve al mundo y al cuerpo como materia irredimible, prisión del espíritu humano; el cristiano platónico tiende a ver el mundo de forma negativa, mas no irredimible, por la corrupción del pecado. Si bien el gnosticismo habla del pecado como parte esencial de la naturaleza humana, el cristianismo platónico lo ve más apropiadamente como parte de la corrupción de tal naturaleza. A pesar de ello, el enfoque en la esperanza como fuga o evasión del tiempo predomina en ambas escuelas, enfatizándose una afinidad natural del alma (o espíritu) del ser humano con Dios por la supuesta superioridad de la misma sobre el cuerpo y los sentidos.[1] Estos últimos se consideran obstáculos al espíritu humano en su búsqueda natural (o sobrenatural, si Dios le presta alguna gracia) de las cosas espirituales.

En el mundo hispano estadounidense, el teólogo cubano Justo González ha criticado la teología que sitúa el reino de Dios "allá arriba" o "más allá" del plano de lo material y propone en vez una visión en la que el reino siempre va "delante de" nosotros en la historia.[2] Ve las raíces de la idea del reino de Dios como una realidad fuera de la historia presente y futura en el dualismo platónico ontológico entre el espíritu y la materia. El autor

1 Por ejemplo, el teólogo luterano danés Regin Prenter estima que la antropología agustina-escolástica interpreta la distinción espíritu-carne (*spiritus-caro*) en términos de la superioridad ontológica del espíritu humano sobre su carne (cuerpo) y no en términos de la distinción escatológica entre toda la persona, cuerpo y alma (*totus homo*), ya sea en su rebelión contra Dios (*caro*) o en su vida en el Espíritu de Cristo (*spiritus*). Prenter, *Spiritus Creator*, 5-6.

2 González, *Mañana*, 161 (traducción mía). Los términos en inglés son "up there" ("allá arriba"), "beyond" ("más allá) y "out ahead" ("delante de").

prefiere pensar en el mundo como la esfera de la acción del Espíritu Santo en la que este da fin a la vieja naturaleza para crear de nuevo y hacer de las cosas presentes lo que aun no son.[3] Habla de una esperanza orientada no a la eternidad sino al tiempo, tanto al *mañana* futuro de la nueva creación como a la entrada influyente de tal *mañana* en el tiempo presente. González teme que, sin una orientación de la esperanza al tiempo, tanto futuro como presente, el dualismo platónico terminará promoviendo una espiritualidad que "de algún modo incorpora el rechazo a lo material, o deja a un lado aquellos problemas que tienen que ver con cuestiones materiales".[4]

Una respuesta a la escatología del más allá desde la escatología bíblica

La escatología vertical parte de un descontento con el mundo presente, un mundo lleno de tragedias, enfermedades, maldad, y muerte. Ante tal situación, tiene sentido querer escaparse del mundo, no buscar la felicidad en el mismo. Debe haber algo más allá de lo que vemos y sufrimos ahora. Aquí radica la intuición válida de la escatología del "más allá". Nos toca ver si la escatología bíblica da lugar a algún tipo de esperanza en el más allá que está por encima de nosotros sin negar la trayectoria futura de la esperanza que va delante de nosotros. En particular, ¿existe fundamento bíblico para hablar de la esperanza cristiana en términos de la presencia del alma o espíritu del ser humano con Dios después de la muerte? La respuesta es sí y no. Es cierto que la Escritura enseña la presencia de los justos con Cristo después de la muerte y antes de la resurrección del cuerpo, pero a la vez no se nos presenta tal estado como la *meta* de la esperanza cristiana.

El "desde ya" del estar con Cristo después de la muerte (el estado intermedio)

Consideremos al apóstol Pablo, quien desde su prisión le dice a los Filipenses: "Tengo el deseo de partir y estar con Cristo, lo cual es muchísimo mejor; pero quedarme en la carne es más necesario por causa de ustedes" (Flp 1:23-24). Aunque estar con Cristo después de la muerte es "muchísimo mejor" que padecer sufrimientos por causa del evangelio, Pablo a la vez afirma que en su apostolado "Cristo es anunciado. Y en esto me gozo, y me gozaré aún" (v 18). Ya que es "más necesario" anunciar a Cristo entre los santos, le cuesta algo al apóstol resolver el "dilema" de partir o quedarse (vv 23-24).

---

3 Ibíd., 158-60.

4 Ibíd., 161 (traducción mía).

No es la muerte en sí lo que desea Pablo como meta de su apostolado, sino el "beneficio de la obra" entre los santos y luego también el "estar con Cristo" (vv 22-23). La muerte del apóstol no es "ganancia" (v 21) porque sea el camino para que el alma goce de Dios, sino porque *testifica* de la fidelidad del apóstol a la proclamación de Cristo. Por ello le dice a los filipenses que "mi esperanza" (*elpída mou*) es que "Cristo será magnificado 'en mi cuerpo' (*en tōi sōmatí mou*), ya sea por vida o por muerte" (v 20). La esperanza cristiana no propone entonces el escape del alma del cuerpo, sino que el "cuerpo" sea testigo de Cristo ya sea en vida –o "según la carne" (*en tēi sarkì*, v 24)– o, si fuera necesario, mediante la muerte. Por ende, el texto paulino no justifica una visión romántica de la muerte o un escapismo místico del espíritu al plano de la eternidad. Al contrario, el texto nos lleva a una visión de la esperanza anclada en la persona de Cristo que es magnificado en sus santos.

Aun cuando Cristo es glorificado y su mensaje anunciado por la muerte de sus heraldos, la muerte en sí no se nos pinta como algo deseable. Recordemos que, según Pablo, "el último enemigo que será destruido es la muerte" (1 Co 15:26). Así pues, no es la muerte lo que es "muchísimo mejor", sino el "estar con Cristo", es decir, vivir en plena comunión con él después de la muerte. No es la fuga del tiempo y el espacio lo importante, sino la *relación* con Cristo ya sea en la vida o en la muerte. En este sentido cristológico, se incluye en la escatología cristiana la comunión del alma o el espíritu de los santos con Cristo después de la muerte. Cabe mencionar que a veces se ha asociado el "estar con Cristo" después de la muerte con la visión beatífica de Dios.[5] Si la visión beatífica es una forma de expresar el misterio de la *comunión* del justo con Dios, entonces su uso no presenta gran problema cuando se refiere al estado intermedio. Pero si esta comunión no se expresa más estrechamente con la anticipación de la *resurrección* de los muertos, puede llevar a la errónea conclusión de que la resurrección no ofrece nada más al justo que lo que su alma ya ha alcanzado en la visión beatífica.[6] La fe de la iglesia no dice: "creo en la vida perdurable y en la resurrección de la carne", sino "creo en la resurrección de la carne y la vida perdurable". El orden es clave para no pensar que la vida perdurable ya la tenemos en la visión beatífica del alma aun

5 Véase Léon-Dufour, *Jesús y Pablo ante la muerte*, 283-84. El autor cita como ejemplo Flp 1:21, pero principalmente la bula papal *Benedictus Deus* de Benedicto XII (1285-1342), en la que se afirma que "los justos, en el momento de su muerte, entran en posesión de la visión beatífica sin aguardar a la resurrección" (283).

6 Léon-Dufour reconoce esta problemática al observar que "para Benedicto XII y para el catecismo que vino a continuación lo esencial ya queda concedido con el destino del alma del justo que va al cielo en el momento de la muerte. ¿Se sigue de ahí que la resurrección sea sólo un complemento accidental de la bienaventuranza esencial?" Ibíd., 284.

antes de –o peor aun, sin– la resurrección. Por lo tanto, conviene concebir la visión beatífica en términos de la bienaventuranza de *toda* la persona ante la presencia de Dios. Se podría hablar de una visión beatífica anticipada o inaugurada del justo o bienaventurado después de su muerte, pero siempre *en espera* de la plenitud de tal visión en la resurrección cuando en la parusía veamos "la gloria de Dios en el rostro de Cristo" (2 Co 4:6; cf 1 Co 13:12; Mt 5:8; Ap 1:7). La tercera estrofa del himno *Yo sólo espero ese día* describe esta plena visión de Cristo en su parusía:

> Entonces allí triunfante y victorioso estaré,
> a mi Señor Jesucristo cara a cara le veré.
> Allí no habrá más tristezas, ni trabajos para mí,
> con los redimidos al Cordero alabaré.[7]

El "todavía no" de la resurrección el cuerpo

Debemos afirmar que Pablo habla siempre de un estar con Cristo *en espera de* la resurrección corporal que todavía ha de venir. La esperanza cristiana no tiene como meta final la felicidad del alma inmortal por sí sola, sino la felicidad de *toda* la persona íntegra –alma *y* cuerpo– con Cristo en el día postrero. Es precisamente esta dimensión corporal de la esperanza expresada en las palabras del Credo, "creo en la resurrección de la carne", la que distingue a la escatología cristiana de la propuesta dualista de la filosofía griega, ya sea en sus versiones platónicas, neoplatónicas, gnósticas o en algunas manifestaciones platónico-cristiana posteriores.[8]

El evangelio de la salvación que Pablo le ha "enseñado" y "predicado" a los corintios se resume en "que, conforme a las Escrituras, Cristo murió por nuestros pecados, que también... fue sepultado y resucitó al tercer día" (1 Co 15:2-4). Ser testigo fiel del evangelio es promover la proclamación de la resurrección de Cristo, "primicias de los que murieron" (15:20), sin la cual "nuestra predicación no tiene sentido, y tampoco tiene sentido la fe de ustedes" (v 14), "y ustedes todavía están en sus pecados" (v 17). La resurrección corporal en Cristo, y no precisamente el estar con Cristo *fuera* del cuerpo, es aquello en lo que "estamos teniendo esperanza" (*ēlpikótes esmèn*, v 19), ya que sin la resurrección no hay salvación de la muerte o del pecado que la trajo al mundo. Aunque los que mueren en Cristo están con él "desde ya", la escatología cristiana culmina en el "todavía no"

7 "Yo sólo espero ese día", en *Cantad al Señor*, 101.

8 "La concepción descarnada y espiritualista del cielo no es cristiana. Ante todo conviene recordar que la fe cristiana no tiene por objeto la inmortalidad del alma, sino muy concretamente la resurrección de la carne". Cabodevilla, *El cielo en palabras terrenas*, 35.

de la resurrección en Cristo, por la cual este vencerá definitivamente a la muerte enemiga.

En tiempos de la Reforma Protestante del siglo XVI, los confesores evangélicos luteranos afirmaron la enseñanza bíblica de la resurrección juntamente con la enseñanza de la venida de Cristo y su juicio sobre los vivos y los muertos. Se acepta tal doctrina bíblica como esta se resume en los credos apostólico, niceno, y de Atanasio.[9] Asimismo, la *Confesión de Augsburgo* (1530) "enseña que nuestro Señor Jesucristo vendrá en el día postrero para juzgar y que resucitará a todos los muertos".[10] En su *Catecismo Mayor* (1529), Martín Lutero (1483-1546) sitúa la enseñanza de la resurrección de los muertos bajo el tercer artículo del Credo, viéndola como la consumación de la acción y obra santificadora del Espíritu Santo en el creyente. Ya el Padre y el Hijo han llevado a cabo la creación y la redención respectivamente, pero "el Espíritu Santo proseguirá su obra sin cesar hasta el día del juicio".[11] Ya que todavía la carne pecaminosa se arraiga a los creyentes en el presente, el Espíritu sigue santificándolos a diario por el perdón de los pecados mediante la proclamación de la iglesia "hasta aquella vida en que ya no habrá más perdón, sino hombres enteramente puros y santos, llenos de piedad y de justicia, sacados y libertados del pecado, la muerte y toda desdicha, en cuerpo nuevo, inmortal y transfigurado".[12] Si bien el bautismo inicia al creyente desde ya en su diario morir y vivir con Cristo, la culminación de este ciclo de vida no ocurre sino hasta que este resucite con Cristo en el cuerpo (Ro 6:3-5).[13]

Al distinguir entre la *naturaleza* humana en sí misma creada por Dios y la *corrupción* del pecado inherente en tal naturaleza por la caída de Adán,

---

9 "Creo... en Jesucristo... al tercer día resucitó de entre los muertos; subió a los cielos, y está sentado a la diestra de Dios Padre todopoderoso, y desde allí ha de venir a juzgar a los vivos y a los muertos. Creo en... la resurrección de la carne; y la vida perdurable". Credo Apostólico, en *LC*, 18; "Y creo en un solo Señor Jesucristo... resucitó al tercer día según las Escrituras; y ascendió a los cielos, y está sentado a la diestra del Padre y vendrá otra vez en gloria a juzgar a los vivos y a los muertos, y su reino no tendrá fin... y espero la resurrección de los muertos y la vida del mundo venidero". Credo Niceno, en *LC*, 18-19; "...al tercer día resucitó de los muertos; Subió al cielo; está sentado a la diestra de Dios Padre todopoderoso; De donde ha de venir para juzgar a los vivos y a los muertos; En cuya venida todos los hombres han de resucitar con sus cuerpos; y han de dar cuentas de sus propias obras". Credo de Atanasio, 36-38, en *LC*, 20-21.

10 CA XVII, 1-2, en *LC*, 33; asimismo, en la *Apología de la Confesión de Augsburgo* (1531), el texto declara "que en la consumación del mundo, Cristo retornará y resucitará a todos los muertos, y a los piadosos les dará vida eterna y gozo eterno; a los impíos empero los condenará... " *Apol.* XVII, 1, en *LC*, 218.

11 Cat. Mayor, El Credo, III, 61, en *LC*, 447; asimismo, "el Espíritu Santo permanecerá con la santa comunidad o cristiandad hasta el juicio final" (El Credo, III, 53, en *LC*, 445).

12 Ibíd., 58-59, en *LC*, 446.

13 En su lectura de Romanos 6, Lutero nota el significado presente y futuro del bautismo: "Significa que el viejo Adán en nosotros debe ser ahogado por pesar y arrepentimientos diarios, y que debe morir con todos sus pecados y malos deseos; asimismo, también cada día debe surgir y resucitar el hombre nuevo, que ha de vivir eternamente delante de Dios en justicia y pureza. *Cat. Menor*, 11-12, en *LC*, 364.

los teólogos evangélicos que vinieron después de Lutero rechazan además la idea maniquea, de corte gnóstico, de que el cuerpo es irredimible por ser esencialmente pecaminoso.[14] En contra de esta posición gnóstica, se afirma tanto la redención del alma como del cuerpo, aunque pecaminosos, y a la vez se niega la idea de "que en la vida eterna no tendremos la esencia actual de nuestro cuerpo y alma, sino otra substancia (u otra alma), porque no tendríamos pecado".[15] Por acabar con el pecado en el ser humano, la resurrección no cambia su *naturaleza* sino que la transfigura, purificándola de pecado y haciéndola inmortal. Al transfigurarla, no destruye el Espíritu de Dios la naturaleza humana, sino la corrupción que la asecha. Nótese que en los textos ya mencionados se evita hablar de la redención del alma, y de su incorruptibilidad e inmortalidad, *aparte* de la resurrección y transfiguración del cuerpo a imagen de Cristo.[16]

Acerca de las penas de las almas y el purgatorio: Aportes de los primeros evangélicos

La literatura y la leyenda latinoamericana está repleta de cuentos de almas en pena que, después de morir en pecado, vagan por el mundo sin descanso como castigo divino por sus transgresiones en el mundo. Estos mitos nacen en parte de una fascinación inmemorial por la cuestión del estado de las almas o ánimas después de la muerte. Su función en el pueblo es la de infundir terror, advertir acerca del pecado. "No sea que te mueras, y seas condenado a la ira divina. No sea que tu espíritu vague por el mundo de los espíritus sin encontrar descanso en los brazos de Dios".

En tiempos de la Reforma, la cuestión del estado de las almas después de la muerte recibe atención en discusiones acerca de la teología y práctica del arrepentimiento (es decir, la contrición y el perdón de pecados) y la misa (o sea, el culto divino con Santa Cena). Observan los teólogos evangélicos luteranos que la teología del purgatorio o la purificación de las almas imperfectas en el período entre la muerte y la resurrección se

---

14 "Por otra parte rechazamos también la doctrina falsa de los maniqueos, quienes enseñan que el pecado original ha sido infundido por Satanás en la naturaleza humana como algo esencial y substancial, y mezclado con ella así como se mezclan el veneno y el vino". *FC, Epít.* I, 17, en *LC*, 502 (véase ibíd., 19, 22, en *LC*, 502-3).

15 FC, *Decl. Sól.*, I, 47, en *LC*, 556.

16 Es común ver en la escatología cristiana la distinción entre el concepto griego del alma como inmortal por naturaleza y el concepto bíblico del alma como creación a la que solo Dios otorga inmortalidad por gracia. También se evita hablar de la inmortalidad del alma sin referencia al cuerpo resucitado. Así pues, Hoekema observa que la inmortalidad de la que Pablo habla en 1 Co 15:13-14 se presenta como "una dádiva que se dará en la parusía" y nos refiere no al alma sino a "la persona entera". *La Biblia y el futuro*, 72. De manera similar, un tratado de la iglesia luterana rechaza "la enseñanza de que el alma es inmortal por naturaleza y por virtud de una cualidad inherente a ella" porque tal énfasis "niega el evangelio cristiano de la resurrección de nuestro Señor y la resurrección de los creyentes por medio de él". *A Statement on Death, Resurrection, and Immortality*, III (traducción mía).

estaba abusando a favor de una teología de la salvación por las obras. En términos de la práctica del arrepentimiento, no era suficiente confesar los pecados y recibir el perdón por los mismos, sino que la iglesia de Roma enfatizaba la necesidad de hacer satisfacción por estos pecados mediante peregrinaciones, rosarios, y otras prácticas.[17] Los luteranos no se pronuncian en contra de "los frutos del arrepentimiento... el cambio de vida" que nacen del perdón de los pecados,[18] pero sí se oponen a la enseñanza de que el perdón depende de los frutos de amor.[19] Si la absolución no depende de las obras o los frutos que Dios demanda, mucho menos de las prácticas de satisfacción que no demanda. De ser absueltos de pecado por nuestras obras humanas (sean demandadas o inventadas), oscureceríamos la justificación ante Dios por los méritos de Cristo.[20]

Ahora bien, resulta que en tiempos de la Reforma, la iglesia de Roma promovía toda una teología muy complicada del purgatorio que animaba a los vivos a interceder por los muertos, saldando la cuenta por sus pecados, por medio de la práctica de obras de satisfacción. Entre las opiniones teológicas, unos decían que parte de "las penas del purgatorio" se remiten "por el poder de las llaves" (o sea, por el perdón de los pecados), pero que la otra "parte tiene que redimirse mediante las satisfacciones".[21] Otra versión especulaba que "las satisfacciones no aprovechan para obtener el perdón de la culpa", pero "sí aprovechan para redimir de las penas del purgatorio".[22] Para asegurarse de que "las almas son liberadas del purgatorio", los vivos podían comprar perdones especiales o "indulgencias".[23] Todo este "invento de creación reciente"[24] o "vanas especulaciones"[25] creó un negocio del perdón a favor de las almas difuntas que atentaba contra el consuelo del evangelio.[26]

---

17 Apol. XII, 14-15, en *LC*, 170.

18 Ibíd., 28, en *LC*, 171.

19 "Y aunque hagamos alguna obra buena, debemos creer sin embargo que no es en virtud de esas obras que obtenemos el perdón de pecados, sino por causa de Cristo, el mediador y propiciador". Ibíd., 76, en *LC*, 180.

20 En contra de la práctica de la satisfacción, la *Apología* enseña: "Se ha de conservar pues la doctrina acerca de la fe, es decir, que conseguimos remisión de pecados por la fe, por causa de Cristo, y no en virtud de obras nuestras que preceden o que siguen. El motivo primordial por qué discutimos acerca de las satisfacciones, fue impedir que se las use para obscurecer la justicia de la fe, y evitar que los hombres piensen que en virtud de estas obras consiguen remisión de pecados". Ibíd., 116, en *LC*, 187.

21 Ibíd., 13-14, en *LC*, 170.

22 Ibíd., 118, en *LC*, 187.

23 Ibíd., 26, en *LC*, 171.

24 Ibíd., 119, en *LC*, 188.

25 Ibíd., 147, en *LC*, 194.

26 Acerca del mercado de indulgencias y de años especiales para promover su compra y venta, Lutero observa que tal abuso "irrumpió hasta en el purgatorio, entre los muertos, primero con fundaciones de misas y de vigilias, después con su indulgencia con bulas y con su jubileo y por fin las almas bajaron tanto de precio que liberaba a una por un céntimo". *Esmalcalda*, Tercera Parte, Sobre el falso arrepentimiento de los papistas, 26, en *LC*, 318.

Por su rechazo de la muerte de Cristo como "la satisfacción por la muerte eterna", los confesores luteranos afirman "con toda certeza que las satisfacciones canónicas no son necesarias por ley divina para la remisión de la culpa o de la pena eterna o del castigo del purgatorio".[27] Por confundir el evangelio con las obras, se condena también la práctica de misas para librar a difuntos del purgatorio no solo porque Dios no las demanda en su palabra, sino también porque hace de la Cena del Señor no un medio de gracia por causa del sacrificio de Cristo sino un sacrificio del cristiano para conseguir el favor divino.[28] Lo que justifica ante Dios es el sacrificio y la satisfacción de Cristo por nosotros que se recibe por la fe en él y no el sacrificio y satisfacción del cristiano (por sí mismo o a favor de otros) que ejerce por sus obras. Así pues, los confesores se pronuncian en contra de la teología del purgatorio y los abusos a los que esta lleva.

> Misas para los difuntos... se ha relacionado con el purgatorio, de modo que la misa se usa casi exclusivamente para los muertos, mientras que Cristo instituyó el sacramento sólo para los vivos. Por eso hay que considerar el purgatorio con todas sus ceremonias, cultos y maquinaciones como un puro fantasma diabólico, pues nuevamente está contra el artículo principal, según el cual sólo Cristo y no las obras del hombre pueden ayudar a las almas. Además, nada se nos ha mandado u ordenado en relación con los muertos; por ello, se haría bien si se dejase de lado todo esto, aun cuando no fuera error o idolatría.[29]

Aunque en la teología oficial del magisterio de la Iglesia Católica no está claro si el purgatorio es un lugar o una transición, o si ocurre inmediatamente o por un período extenso, el purgatorio sigue siendo parte de la devoción del católico a nivel popular.[30] Lo que sí está claro es que se sigue enseñando en el catolicismo la purificación del alma de los vestigios del pecado durante el estado intermedio, y se sigue fomentando la oración por las almas en el purgatorio y el uso de los méritos de los "santos" en la forma de indulgencias para reducir el tiempo de castigo o purificación en el purgatorio.[31] La vigencia de estos acentos en la escatología de la Iglesia Católica presenta a las iglesias protestantes un importante reto ecuménico. Para tal propósito, es notable que los confesores luteranos sugieren una forma diferente de pensar acerca del purgatorio.

27 Apol. XII, 147, en *LC*, 194.
28 Apol. XXIV, 90, en *LC*, 269.
29 Esmalcalda, Segunda Parte, Art. II, 12, en *LC*, 303-304.
30 Véase Allen Jr., *The Catholic Church*, 135.
31 Ibíd.

Obviamente, no ven el purgatorio como un proceso de castigo de purificación del alma que ocurre después del estado intermedio, ni como una limpieza de almas de los difuntos que depende de las obras de satisfacción de los vivos o de las indulgencias adquiridas por ellos con base en los méritos de los "santos" que ya han alcanzado la perfección del alma. ¿Cómo reinterpretan entonces la idea de purgatorio? Lo hacen al señalar que Dios castiga el pecado que se aferra a sus hijos e hijas, mortificándolos por medio de la ley para aterrar a la conciencia de sus pecados y llevarla al arrepentimiento.[32] Esto es un tipo de purificación del pecado que ocurre desde ya, en esta vida y, por ende, antes de la muerte. El purgatorio equivale al arrepentimiento diario del cristiano, su diario morir y ser resucitado con Cristo. Es la obra de renovación diaria del Espíritu Santo en el creyente.[33] Dios también castiga a sus hijos e hijas con otras "aflicciones" cuyo propósito es "la de ejercitarlos para que en medio de las tentaciones aprendan a buscar el auxilio de Dios, y reconozcan la falta de confianza que habita en sus corazones".[34] Sin embargo, aclaran los luteranos que estos castigos cuyo propósito es llevar a la contrición y morir al pecado "no tienen que ver con el poder de las llaves".[35] Deben verse "como medidas para mortificar el pecado presente, y no como compensaciones por la muerte eterna, o como precio por la muerte eterna".[36] Para ello ya tenemos los méritos de Cristo, quien "es el vencedor del pecado y la muerte", por cuya causa "la remisión de pecados se consigue gratuitamente".[37] En la apropiación evangélica del purgatorio, las penas o castigos del alma no se imponen en el más allá sino en el aquí y ahora. No ameritan el perdón de los pecados, sino que mortifican la carne por la contrición y otras aflicciones para hacer al pecador receptivo al consuelo del evangelio.

Problemática de la escatología del "aquí y ahora"

A diferencia de la escatología del más allá, la cual carece de una mediación histórica adecuada de la esperanza cristiana, la escatología del aquí y ahora sitúa la esperanza decisivamente en el plano temporal. Los antiguos griegos solían poner su confianza en la nostalgia del pasado, en aquellas eras doradas con héroes inmemoriales que habían de ser venerados e imitados en el presente. La esperanza se situaba en una visión romántica del ayer y el futuro se veía con temor. En el contexto latinoamericano, el filósofo y educador brasileño Paulo

32 Apol., XII, 150, en *LC*, 195.
33 Ibíd., 152, en *LC*, 195.
34 Ibíd., 151, en *LC*, 195.
35 Ibíd., 156, en *LC*, 196.
36 Ibíd., 157, en *LC*, 196-97.
37 Ibíd., 157, en *LC*, 196.

Freire (1921-1997) señaló el problema de una fijación acrítica y fatalista ante el pasado como factor promotor de una "conciencia pre-crítica" entre los pobres y oprimidos que les impide imaginar un futuro mejor y cambiar su presente situación. Citando a Freire, el teólogo peruano Gustavo Gutiérrez observa entre los pobres "una fijación al tiempo pasado que los lleva a sobrevalorarlo" de tal manera que el pasado pasa a obstaculizar la formación de "un hombre que analiza críticamente la actual situación, asume su destino y se proyecta hacia el futuro".[38] El fatalismo en torno al pasado se pinta como el enemigo tanto del futuro como del presente.

En la historia de la iglesia, hemos visto expresiones de lo que el teólogo Congar llama "historización de la escatología y apocalíptica", cada una con el deseo de realizar en el presente alguna visión utópica del futuro, de construir en alguna medida el reino de Dios en la tierra. Para el idealista, se realiza la perfecta sociedad por una renovación interna de tipo espiritual o moral; para el materialista, mediante el progreso científico, político, social o económico. En el occidente moderno, a partir del siglo XVIII, se ha unido la esperanza no tanto a la emulación de un pasado "primitivo", sino a la inevitabilidad del "progreso" histórico.[39]

A diferencia de la escatología del más allá, la del aquí y ahora se enfoca mucho más en la expresión y trayectoria histórica de la esperanza. Los ejemplos que hemos visto en occidente oscilan entre la idea de una inauguración en el presente de un milenio o era dorada futura en la que los valores del reino de Cristo predominan, y la noción de una construcción de tal reino y sus valores éticos en el presente (con o sin referencia al futuro). La visión joaquinista medieval ve la irrupción del reino futuro en la aparición de una clase más espiritual de cristianos (los monásticos) que transformarán el mundo. Colón busca tal irrupción en la conquista y evangelización de las Indias que a su vez llevará a la conquista de Jerusalén y con esta al fin del mundo. Como veremos más adelante, los primeros teólogos evangélicos de la Reforma sospechan de intentos de establecer o apurar la llegada de un reino temporal cristiano en el presente, ya sea por la vía de la perfección monástica o por la vía de la fuerza y la espada.

En el ambiente anti-dogmático de la era del Racionalismo, la teología de Ritschl, de corte kantiano, se enfoca no en una esperanza anclada en

---

38 Gutiérrez, *Teología de la liberación*, 276.

39 Reconocemos, sin embargo, que esta suposición moderna ha sido cuestionada por la sociedad posmoderna y poscolonial y su sospecha general de la fe en el "progreso" en un mundo lleno de desigualdades y conflictos. En su teología de la esperanza, por ejemplo, Rubem Alves critica las pretensiones mesiánicas de la tecnología que conquista a los seres humanos mediante la conquista de la ciencia, haciéndolos personas pasivas y conformistas y por ende incapaces de reflexión crítica acerca de su rol como sujetos en la humanización de la sociedad. Véase Alves, *Human Hope*, 17-27.

algún evento futuro como el retorno de Cristo (pues tal tipo de evento, según Kant, no puede probarse por la experiencia), sino en la expresión *moral* del reino por parte de la comunidad cristiana en el presente. Ya que la esperanza se construye en el presente, escatología y ética son realidades sinónimas. En la filosofía de Hegel notamos una vía media que oscila entre el conocimiento de la verdad ideal del "Espíritu" (o *Geist*) que trasciende el presente, pero a la vez se alcanza mediante el progreso histórico que avanza hacia el futuro. En todo su conjunto, las ideas que surgen del pensamiento occidental moderno interpretan el concepto del reino de Dios en términos del progreso moral.

La escatología latinoamericana ha sido consciente de la tensión entre la trayectoria futura de la esperanza y la realización de la misma en el presente de la historia. Por ejemplo, Gustavo Gutiérrez advierte acerca del peligro de "reemplazar un cristianismo del más allá, por un cristianismo del futuro; si el uno olvidaba este mundo, el otro corre el peligro de descuidar un presente de miseria e injusticia, y de lucha por la liberación".[40] En su advertencia Gutiérrez sigue la crítica del teólogo brasileño Rubem Alves, quien estima que la *Teología de la esperanza* del teólogo alemán Jürgen Moltmann invita a una negación sutil "de la crisis del presente que da luz a la esperanza de un futuro promisorio".[41] Aunque Gutiérrez nota que el término "liberación" tiene "diversos niveles de significación", que incluyen tanto la liberación de la opresión de estructuras socioeconómicas en el presente como la "liberación del pecado y entrada en comunión con Dios y con todos los hombres" en el reino venidero, su énfasis radica en la solución estructural de los efectos sistémicos del pecado en el presente.[42]

No niega Gutiérrez el reino como don divino ni su pleno advenimiento futuro, pero critica la incapacidad de escatologías del futuro de tomar en serio las implicaciones del reino de Dios para la liberación en el presente. En su reflexión acerca de la esperanza, y siguiendo la crítica de Gutiérrez, Noemí también ve la propuesta moltmanniana como un tipo de escatología que evade el tiempo. Denomina tal tendencia de no relacionar el futuro apropiadamente con el presente un "futurismo alternativo", definiéndolo negativamente como "una yuxtaposición entre tiempo intrahistórico y el *eschaton*".[43] En otra parte de nuestra obra evaluaremos aspectos de la escatología moltmanniana. Por ahora, solo observamos una

---

40 Teología de la liberación, 284. Vimos una preocupación similar en la obra de Justo González.

41 Alves, *Human Hope*, 59 (traducción mía); para una crítica similar de Moltmann, véase De la Torre, *Embracing Hopelessness*, 24-25, 139, 142.

42 Teología de la liberación, 315; dentro de la ética liberacionista, vemos una preocupación similar en De la Torre, *Embracing Hopelessness*, 136-43.

43 Noemí, *Esperanza*, 47.

preocupación en la escatología latinoamericana por pensar la esperanza en términos de la relación entre el tiempo presente y el tiempo futuro, con especial atención al presente. Para responder a esta válida inquietud, debemos preguntarnos cómo la esperanza se manifiesta en el presente sin ser reducida al presente.

Una respuesta a la escatología del aquí y ahora desde la escatología bíblica

Tanto la escatología vertical como la horizontal muestran un descontento con el estado del mundo presente. Si bien la opción vertical resuelve este descontento buscando la felicidad fuera del mundo, la opción horizontal lo resuelve buscando la felicidad en la *transformación* del mundo. Es loable el deseo de orar y laborar por un mundo mejor. A través de los tiempos, las iglesias cristianas han enseñado de diversas formas el mandato divino de amar al prójimo como a uno mismo y sus implicaciones no solo para la vida personal sino también la colectiva en el mundo. Nos queda entonces la inquietud de ver cómo la escatología cristiana afirma el reinado de Cristo en el mundo presente y los frutos de su reino en la iglesia y en el cristiano para bien de este mundo sin reducir la esperanza cristiana a una visión muy idealista de la transformación de la sociedad.

No vivir el presente a la luz del pasado en Adán

Nos preguntamos: ¿existe fundamento bíblico para hablar de la esperanza cristiana en términos del aquí y ahora? La respuesta es sí y no. Comencemos con el no. En Corinto, el apóstol Pablo tiene que responder a la creencia de algunos de "que los muertos no resucitan" (1 Co 15:12). Esto los lleva a concluir que es mejor aprovechar el presente en vez de anclar la esperanza en un futuro incierto. Detrás de esta actitud notamos aquella sospecha típica entre los griegos de despreciar el futuro por ser impredecible y no confiable. Prefiriendo no dejar para un mañana inseguro lo que se puede hacer hoy, los corintios caen en el libertinaje moral: "Si los muertos no resucitan, ¡entonces 'comamos y bebamos, que mañana moriremos'!" (v 32). Para los griegos, así como para los corintios, el futuro equivale a la muerte. El futuro es el fin, la terminación de la vida. No queda otra opción que resignarse a comer y beber ahora, sacarle provecho a la vida justificando todo tipo de pecado.

Pablo ve en tal posición fatalista no solo una sospecha acerca del futuro, sino una *resignación* al pasado que compartimos con Adán y, por lo tanto, un retorno a la muerte que vino a nosotros por su pecado (1 Co 15:21-22). Vivir con la fijación en el pasado es vivir el presente "en Adán", es decir, según el pecado que lleva a la muerte y por ella a la corrupción, deshonra, y debilidad del cuerpo (cf vv 33-34, 42-43) que hemos heredado del "primer hombre" (v 45). Vivir en Adán es vivir atado a la vieja creación. Equivale a una negación de la novedad de la resurrección de Cristo "como primicias de los que murieron" (v 20), de la enseñanza de que "en Cristo todos serán vivificados" (v 22). Se vive el hoy fijándose en el pasado, no a la luz del futuro.

Según Pablo, la esperanza no nos orienta a una fijación en el presente con nuestro pasado "en Adán", sino que nos llama a vivir el presente desde nuestro futuro "en Cristo". Este futuro de vida abundante lo ha inaugurado Cristo por su resurrección. Por eso dice el apóstol que "si Cristo no resucitó, la fe de ustedes no tiene sentido, y ustedes todavía están en sus pecados" (v 17), y además que "si nuestra 'esperanza' (*ēlpikótes*) en Cristo fuera únicamente para esta vida, seríamos los más desdichados de todos los hombres" (v 19). Por eso es necesario que las primicias den lugar a la cosecha, que Cristo resucite primero y luego "los que son de él" (v 23). En la resurrección del cuerpo "llevaremos la imagen" de Cristo, "el postrer Adán", "el segundo hombre", "el celestial", y entonces la corrupción del cuerpo dará lugar a su incorrupción, su deshonra a la gloria y su debilidad al poder (vv 42-43, 45, 46-47, 49).

Queda claro entonces que la esperanza no se construye en el presente si con esto nos referimos a un fatalismo o resignación a vivir libertinamente o según la carne, de acuerdo al pasado que tenemos en común con el viejo Adán. Por eso Pablo les recuerda a los corintios: "No se dejen engañar: las malas compañías corrompen las buenas costumbres; así que vuelvan en sí y vivan con rectitud, y no pequen..." (1 Co 15:33-34a). En un presente desdichado, resignarse a vivir en pecado viene a ser la manifestación externa de un problema interno más profundo, a saber, la pérdida de la esperanza en la buena nueva de la resurrección de Cristo como primicias de la nuestra.

El "todavía no" de la resurrección en el reino de Cristo

¿Cómo entonces vivimos el hoy no "en Adán", sino "en Cristo" y por ende bajo su reinado? ¿Qué podemos decir de ese vivir en el presente bajo el reino de Dios que todavía ha de ser revelado plenamente con el retorno de Cristo? Al llamarnos como nueva creación a no vivir según la carne pecaminosa que hemos heredado de Adán, Pablo nos invita a vivir según el fruto del Espíritu Santo que habita en nosotros como garantía de nuestra resurrección en Cristo. Este tipo de exhortación apostólica nos lleva a indagar en qué sentido la proyección hacia el futuro de la esperanza cristiana influye de algún modo en el presente. Pero antes de adentrarnos en esta cuestión, veamos en breve en qué consiste la dimensión futura del vivir "en Cristo".

Anclar la esperanza en la resurrección venidera implica que Dios todavía tiene que cumplir sus promesas de vida en Cristo. En el presente, la muerte, producto del pecado, todavía reina. No se nos ofrece en la Escritura una teodicea que intente justificar cómo aquel que es Señor sobre la muerte aún no la destruye de forma definitiva. De hecho, pareciera que Dios ha roto su promesa. Cristo resucitó, pero la muerte sigue haciendo estragos. En el plan de Dios, sin embargo, existe un *orden* de la resurrección y por ende dos manifestaciones del señorío de Dios sobre la muerte: "Pero cada uno en su debido orden: en primer lugar, Cristo; y después, cuando Cristo venga, los que son de él" (1 Co 15:23). Se nos dirige entonces no al presente sino al futuro de la venida del Señor y su destrucción de la muerte enemiga. Solo entonces se manifestará el reino de Dios entre nosotros en toda su plenitud.

Ciertamente, Cristo ha manifestado su reinado o señorío sobre la muerte a partir de su propia resurrección, ascensión, y sesión a la diestra del Padre (véase Hch 2:34-35), de tal manera que la muerte no tiene dominio sobre él. Al levantarlo de los muertos, Dios lo libró "de los lazos de la muerte, porque era imposible que la muerte lo venciera" (Hch 2:24). Sin embargo, en lo que concierne a *nuestra* resurrección en Cristo, no será sino hasta que venga "el fin" (*tò télos*), y Cristo "entregue 'el reino' (*tēn basileían*) al Dios y Padre, y haya puesto fin a todo dominio, autoridad y poder" que "el último enemigo será destruido" (1 Co 15:24, 26). En el orden de Dios, "es necesario (*deī*)" que Cristo "*reine* (*basileúein*) hasta que haya puesto a todos sus enemigos debajo de sus pies" (v 25).

Como herederos de Adán, llevando en nosotros su imagen corrompida, "ni la carne ni la sangre pueden heredar el reino de Dios, y tampoco la corrupción puede heredar la incorrupción" (v 50). Aquellos que mueren en Cristo llevarán su imagen celestial (v 49), y por ende "'es necesario' (*deī*) que lo corruptible se vista de incorrupción, y lo mortal se vista de inmortalidad" (v 53). Entonces el *orden* de Dios llegará a su *télos*, su reino sobre la muerte se manifestará en su totalidad, y "entonces se cumplirá la palabra escrita: 'Devorada será la muerte por la victoria'" (v 54). En los textos anteriores, el advenimiento del reino de Dios entre nosotros no es una tarea humana que se construye en el presente sino una realidad futura que Dios lleva a su fin con el retorno de Cristo.

El "desde ya" del vivir en el reino de Cristo

Ya que Cristo ha resucitado y reina entre nosotros a partir de su ascensión y sesión, podemos también hablar de manifestaciones anticipadas o prolépticas del reino de Dios que de cierta forma lo *inauguran* entre nosotros en el presente. Tales signos del reino pueden entenderse de manera pasiva o activa, es decir, como un *don* que se recibe por la acción de Dios o como una *respuesta* al don por parte de sus hijos e hijas.

Por ejemplo, al referirse a nuestro cuerpo como una casa y tienda terrenal susceptible a la muerte, y por lo tanto al anhelo de "ser revestidos de nuestra casa celestial... para que lo mortal sea absorbido por la vida" (2 Co 5:2, 4), Pablo pone en su boca la fe de la iglesia sufriente y perseguida que confiesa su deseo de ausentarse del cuerpo mortal para ver al Señor cara a cara (vv 6-8). Les recuerda a los corintios que, por ahora, mientras esperan la visión beatífica de su Señor, Dios les ha otorgado "la garantía del Espíritu" (*tòn arrabōna toū pneúmatos*, v 5) como un tipo de promesa anticipada de su futura resurrección por el poder del mismo Espíritu de Dios que resucitó a su Hijo Jesucristo de entre los muertos (véase Ro 8:11). Ser revestidos en una nueva tienda es un *don* de Dios que se recibe, puesto que "en los cielos tenemos de Dios un edificio, una casa eterna, la cual no fue hecha por manos humanas" (2 Co 5:1). Con esta garantía del Espíritu que mora en él, el creyente goza desde ya de un anticipo de su futura resurrección por la acción del mismo Espíritu. Al habernos sellado "para el día de la redención" (Ef 4:30), el *Espíritu* mismo es signo del reino de Cristo entre nosotros.

Pablo enseña que "si alguno está en Cristo, ya es una nueva creación; atrás ha quedado lo viejo: ¡ahora ya todo es nuevo!" (2 Co 5:17). Se refiere al presente. Por la obra de Cristo, quien tomó sobre sí nuestros pecados, Dios se ha reconciliado con nosotros por el perdón de los pecados (vv 19, 21). Al recibir la justicia de Dios en Cristo por *la palabra del perdón* –que es, juntamente con el Espíritu Santo, signo del reino de Cristo entre nosotros (véase Ef 1:13-14)– pasamos desde ya a ser una nueva criatura. Esto tiene consecuencias para la vida diaria. Cristo resucitó de entre los muertos "para que los que viven ya no vivan para sí, sino para aquel que murió y resucitó por ellos" (2 Co 5:15). Por lo tanto, el apóstol exhorta a sus colaboradores en el ministerio de la reconciliación a "que no reciban la gracia de Dios en vano" (6:1). Les recuerda que su trabajo "en el Señor" no es en vano (1 Co 15:58).

A los efesios les dice: "nosotros somos hechura suya; hemos sido creados en Cristo Jesús para realizar buenas obras, las cuales Dios preparó de antemano para que vivamos de acuerdo con ellas" (Ef 2:10). El don divino de la nueva creación resulta en las *buenas obras* que por la fe pasan también a ser signos del reino de Cristo en el presente. Ahora bien, para vivir no para sí mismo sino para otros es necesario morir y vivir con Cristo desde ya. Esta es la obra santificadora del Espíritu en nuestras vidas, conformarnos a la muerte y resurrección de Cristo desde ahora. Por ello, el despojarse de la vieja naturaleza y el revestirse de la nueva naturaleza no es solamente cuestión del futuro. Pasa a ser también un ciclo o ritmo de vida en el presente (Ef 4:22-24; cf Col 3:9-10). El Espíritu nos conforma a Cristo y a la vez nos llama a vivir como nueva creación en Cristo. Por eso, el apóstol exhorta a la nueva criatura con verbos imperativos, animando la respuesta del cristiano a la acción del Espíritu en él. "*No entristezcan* (*mē lupeīte*) al Espíritu Santo de Dios, con el cual fueron sellados para el día de la redención" (4:30). "Por lo tanto, sean imitadores de Dios" (*gìnesze oūn mimētaì toū zeoū)* y "*vivan* (*peripateīte*) en amor, como también Cristo nos amó y se entregó a sí mismo por nosotros" (Ef 5:1-2).

Nadie que viva según las obras de las tinieblas (v 11) tiene herencia en "el reino de Cristo y de Dios" (v 5), solamente aquel que viva según "el fruto del Espíritu" que se "manifiesta en toda bondad, justicia y verdad" (v 9; cf Gl 4:19-24; cf Ro 14:17: "porque el reino de Dios no es cuestión de comida y bebida, sino de justicia, paz y gozo en el Espíritu Santo"). Vemos nuevamente que el fruto del Espíritu es un anticipo del reino de Dios entre nosotros. Es fruto recibido y vivido por los hijos y las hijas de Dios: "Si vivimos por el Espíritu, vivamos también según el Espíritu" (Gl 4:25). Se une de nuevo el indicativo de la acción del Espíritu en nosotros a la exhortación de vivir según su fruto.

En los textos anteriores, notamos entonces que el reino de Dios no es solamente una realidad futura sino también una realidad presente. Aprendemos que la escatología cristiana, por un lado, evita un futurismo sin implicaciones presentes; por otro lado, rechaza una reducción del reino de Dios al presente. Por un lado, la escatología cristiana resalta la iniciativa divina en el advenimiento del reino, y por ende no es el ser humano quien lo construye. Por otro lado, exhorta al cristiano a vivir por la fe en Cristo según los valores de su reino, es decir, muriendo a las obras de la carne y viviendo según el fruto del Espíritu en toda buena obra para bien del prójimo.

Acerca del reino de Dios: Aportes de los primeros evangélicos

Los confesores evangélicos luteranos de la Reforma sospechan de intentos de establecer un reino de Dios temporal en el mundo presente, sobre todo si este reino se entiende como un gobierno de tipo político. Se rechaza la doctrina de que "antes de la resurrección de los muertos, sólo los santos y piadosos ocuparán un reino mundano y aniquilarán a todos los impíos".[44] En tiempos de Martín Lutero, algunos elementos radicales de la Reforma Protestante intentaron establecer tal reino en Münster en

[44] CA XVII, 5, *LC*, 33.

1535; anteriormente, en 1525, durante la revolución de los campesinos alemanes (1524-1525), el predicador Thomas Müntzer (1489-1525) había proclamado la aniquilación de los incrédulos.[45] En 1530, Agustín de Bader fue ejecutado en Stuttgart por predecir la llegada del milenio durante la Pascua de Resurrección.[46] El fervor de la Reforma llevó en algunos casos al fanatismo religioso manifestado en intentos violentos de establecer un reino de Dios en el presente, reinos temporales llenos de santos y libres de pecadores.

En parte, a consecuencia de estos intentos de establecer reinos "cristianos" no por la palabra sino por la espada, los confesores luteranos distinguen entre los dos reinos, gobiernos, poderes o autoridades espiritual y temporal.[47] El gobierno espiritual o del Espíritu Santo viene a nosotros por la palabra de Dios, transformando el corazón del ser humano con el evangelio de la justificación ante Dios por la fe en Cristo.[48] El gobierno temporal promueve la justicia civil entre los seres humanos por medio del uso de la razón y las leyes.[49] Ambos poderes han sido instituidos por Dios para bien de su creación.[50] Pero no deben confundirse. La mezcolanza o confusión de los dos poderes se manifiesta, en primer lugar, en el uso de la espada para establecer un reino espiritual, aboliéndose así el don del evangelio para la justificación ante Dios; y en segundo lugar, en el supuesto uso del evangelio para establecer un reino temporal que reemplaza o abole el don de la autoridad civil y otros estados instituidos por Dios (por ejemplo, el matrimonio, la economía, la educación) cuya función es promover las relaciones justas y rectas entre los seres humanos.

---

45 Ibíd., n. 93, *The Book of Concord* (*BC*), 50.

46 Ibíd., n. 39, en *LC*, 33.

47 La autoridad temporal "tiene que ver con cosas muy distintas del evangelio: el poder temporal no protege el alma, sino que mediante la espada y penas temporales protege el cuerpo y los bienes contra la violencia externa. Por esta razón, las dos autoridades, la espiritual y la temporal no deben confundirse ni mezclarse, pues el poder espiritual tiene su mandato de predicar el evangelio y de administrar los sacramentos". *CA* XXVIII, 10-12, en *LC*, 54.

48 "El evangelio no enseña una justicia externa ni temporal, sino un ser y justicia interiores y eternos del corazón". *CA* XVI, 4, en *LC*, 33; "...el evangelio no da leyes sobre la organización civil, sino que es remisión de pecados y principio de vida eterna en los corazones de los creyentes". *Apol.* XVI, 6, en *LC*, 216.

49 "Dios quiere sujetar a los [hombres] carnales a esta disciplina civil, y para mantenerla les ha dado leyes, conocimiento, doctrina, magistrados y penas. En cierto modo, la razón puede producir esta justicia por sus propias fuerzas, si bien fracasa a menudo por su flaqueza natural, y el diablo la incita a cometer delitos manifiestos. Mas a pesar de que de buena gana tributamos a esta justicia de la razón las alabanzas que merece... y que Dios aun la honra con recompensas físicas, aun así no debe ser ensalzada en perjuicio de Cristo". *Apol.* IV, 22-24, en *LC*, 81-82.

50 "Los nuestros han enseñado que a causa del mandamiento de Dios se deben honrar con toda reverencia ambos poderes y autoridades y que deben estimarse como los dos dones divinos más nobles en este mundo". *CA* XXVIII, 4, en *LC*, 54.

Hemos mencionado que los teólogos luteranos entienden el primer tipo de confusión como una reducción de la esperanza cristiana a la construcción de un reino temporal. No solo critican visiones milenaristas por parte de reformadores radicales, sino también la idea de que "el pontífice romano... por derecho divino tiene dos espadas, esto es, la autoridad de conferir y transferir reinos".[51] Cristo solamente les dio a sus discípulos el poder de la palabra, pero no el de la espada. Les otorgó "el mandato de predicar el evangelio, anunciar el perdón de los pecados, administrar los sacramentos y excomulgar a los impíos sin violencia física", pero "no les dio el poder de la espada o el derecho de establecer, ocupar o transferir los reinos del mundo".[52] Se teme que la fascinación eclesiástica con el poder temporal lleve a la falta de fervor evangélico. Tal mezcolanza de los dos reinos ha dado como resultado que el evangelio sea desatendido, el reino espiritual extinguido, y en que se justifiquen guerras en nombre de Cristo, y no se honre a aquellas autoridades civiles cuya función es gobernar (aunque no sin fallas) los reinos del mundo.[53]

El segundo tipo de confusión de los reinos, a saber, el uso del evangelio en perjuicio del gobierno temporal o como reemplazo del mismo tiene el curioso efecto de rechazar los estados que Dios ha establecido en la creación para el bien de la humanidad. Contra esta idea, los teólogos de la *Confesión de Augsburgo* observan que "el evangelio no destruye el gobierno secular, el estado y el matrimonio. Al contrario, su intento es que todo se considere como verdadero orden divino y que cada uno, de acuerdo a su vocación, manifieste en estos estados el amor cristiano y verdaderas buenas obras".[54] En su crítica a la enseñanza de que los votos monásticos eran santidad más perfecta que las buenas obras y vocaciones cotidianas de los laicos, los luteranos rechazan la "santidad inventada" que no se adhiere al cumplimiento de los mandatos de Dios en el contexto de los estados que ha instituido en su creación para ejercer tales vocaciones.[55] La perfección cristiana no consiste en santidad pomposa ante los ojos del mundo sino en aquellas obras "caseras, cotidianas, comunes, que cada cual puede hacer con su propio vecino... que no gozan de lucimiento".[56] No reducir el reino espiritual a uno temporal permite al cristiano tomar

51 Tratado, 1-3, en *LC*, 332.

52 Ibíd., 31, en *LC*, 338-39.

53 Ibíd., 34-36, en *LC*, 339.

54 CA XVI, 5-6, en *LC*, 33.

55 "Se sostenía también que mediante la vida monástica se conseguía más mérito que por medio de todos los demás estados de vida ordenados por Dios, como los de pastor y predicador, de gobernador, príncipe, señor y de otros similares, todos los cuales sirven en su vocación conforme al mandamiento, palabra y precepto de Dios y sin santidad inventada". *CA* XXVII, 13, en *LC*, 49; véase Ibíd., 55-58, en *LC*, 53.

56 Cat. Mayor, Conclusión de los Diez Mandamientos, 313-14, en *LC*, 433.

en serio su contribución a la promoción de la justicia civil en el mundo mediante las buenas obras y la vocación en el aquí y ahora. La vocación puede además tomar forma colectiva cuando grupos de personas interesadas en la promoción de la justicia en pro de prójimos vulnerables trabajan en conjunto para transformar las condiciones que no les permiten vivir plena y dignamente.[57]

Anteriormente notamos cómo el apóstol Pablo asocia el reino de Dios en Cristo con la fe y sus frutos que vienen a nosotros por el Espíritu y la Palabra. De manera similar, en su explicación a la segunda petición del Padrenuestro, "Venga tu reino", en su *Catecismo Menor*, Lutero nos da un bosquejo de una escatología del "reino" de Dios que se nos anticipa en el presente por la proclamación de la Palabra y los frutos de santidad que el cristiano produce en el mundo por la fe.

> *¿Qué quiere decir esto?*
> El reino de Dios viene en verdad por sí solo, aun sin nuestra oración. Pero rogamos con esta petición que venga también a nosotros.
> *¿Cómo sucede esto?*
> Cuando el Padre celestial nos da su Espíritu Santo, para que, por su gracia, creamos su santa palabra y llevemos una vida de piedad, tanto aquí en el mundo temporal como allá en el otro, eternamente.[58]

Con la expresión "por sí solo, aun sin nuestra oración", Lutero resalta que el reino es un don divino y no una obra humana.[59] Aunque el reino nos refiere en primer lugar a Dios en su señorío, la oración pide por la venida de tal reino "a nosotros". Se afirma la distinción entre Dios y su creación, pero se enfatiza su *relación* con nosotros en Cristo, quien por su señorío nos libera del poder del anti-reino, a saber, el diablo, el pecado, y la muerte.[60]

El advenimiento del reino de Cristo viene por el don del Espíritu Santo mediante la Palabra y tiene como propósito la creación de la fe y las obras de piedad, así como la incorporación de otros en el reino.[61] Se trata de un reino espiritual, de la "gracia", de la fe, y por ende no un

57 Acerca del concepto de vocación colectiva en una definición de la justicia activa, véase Sánchez, "The Human Face of Justice", *CJ*, 126-27.

58 Cat. Menor, III, El Padrenuestro, Segunda Petición, 6-8, en *LC*, 361.

59 "...su reino viene de por sí". *Cat. Mayor*, Segunda Petición, 50, en *LC*, 455.

60 Ibíd., 51.

61 El descenso del Espíritu cumple además una función misiológica en la iglesia. La venida del reino por la Palabra en nuestras vidas ocurre "para que entre otras personas obtenga aplauso y adhesión y se extienda poderosamente por el mundo, a fin de que muchos vengan al reino de la gracia y sean partícipes de la redención conducidos por el Espíritu Santo..." Ibíd., 52.

reino temporal, pero a la vez Lutero recalca que es un reino que produce una vida piadosa "aquí en el mundo temporal". Con el uso de la expresión "allá en el otro, eternamente", Lutero además nos orienta a la futura consumación del reino que se manifestará en una vida de piedad diferente a la que actualmente se ve azotada por los poderes del anti-reino. Así pues, el reino es eterno pero "ha comenzado ahora".[62] En el presente, se caracteriza el reino de Dios en nuestras vidas por la lucha constante contra "el reino del diablo"; al fin de los tiempos, por la destrucción definitiva del "pecado, la muerte y el infierno".[63] Nótese que al hablar de "eternidad" Lutero no se refiere a un plano atemporal o ahistórico, sino más bien a la futura "revelación" de Cristo en su segunda venida.[64]

La catequesis de Lutero contiene pues, acerca del reino, los elementos fundamentales de la escatología bíblica que hemos delineado en este capítulo y el anterior, a saber, su proyección futura sin perder su inicio o inauguración en el presente. Es una catequesis que nos habla del establecimiento anticipado del reino de Dios en el presente por el descenso del Espíritu de Cristo entre nosotros. El reinado de Cristo se manifiesta desde ya por la fe y la vida piadosa que fomenta la palabra de Dios en los corazones, y se describe en términos del diario morir y vivir del creyente con Cristo, su lucha contra el anti-reino, su rol en la propagación del evangelio, y sus buenas obras y vocaciones de servicio al prójimo en la familia y la sociedad.

Preguntas de reflexión

1. Hemos dicho que las escatologías vertical y horizontal propuestas en algunos círculos cristianos son "agridulces", es decir, mezclan algún elemento de la dulce verdad bíblica con algún condimento agrio que no sabe a enseñanza bíblica. ¿Qué intuiciones válidas o verdades acerca de la esperanza intentan expresar las escatologías del "más allá" y del "aquí y ahora"? Por otro lado, ¿qué elementos reduccionistas o problemáticos contienen estas escatologías?
2. A la luz de la enseñanza bíblica, ¿qué se debe decir acerca del estado intermedio, es decir, del estado del alma o espíritu del cristiano después de la muerte? Por otro lado, ¿qué no se debe decir para evitar reemplazar una escatología bíblica por una vertical?

---

62 Ibíd.

63 Ibíd., 54, en *LC*, 456.

64 "'La venida del reino de Dios hacia nosotros' se realiza de dos maneras: Primero aquí, temporalmente, por la palabra y la fe; segundo, eternamente por la revelación... para lo futuro en la vida eterna." Ibíd., 53-54, en *LC*, 455-56.

3. ¿Qué razones dan los confesores luteranos por su rechazo de la enseñanza acerca del purgatorio? ¿Cómo reinterpretan los luteranos la realidad del purgatorio?
4. Pablo le advierte a la iglesia en Corinto: "Si los muertos no resucitan, ¡entonces 'comamos y bebamos, que mañana moriremos'!" (1 Co 15:32). ¿Qué tipo de filosofía está enfrentando el apóstol con esta amonestación? ¿Ha escuchado usted ideas similares en su entorno cultural o de misión? ¿Cómo respondería usted a este tipo de pensamiento o actitud a la luz de la enseñanza bíblica?
5. Mencione algunas de las razones por las cuales los teólogos evangélicos luteranos sospechan de los intentos de algunos de establecer un reino moral o político de Dios en la tierra (milenarismo). Según los luteranos, ¿cómo puede afectar negativamente la escatología horizontal la promoción de la justificación por la fe mediante el evangelio? ¿En qué sentido pudiera la escatología horizontal afectar negativamente la promoción de la justicia civil por medio de los estados y las vocaciones?
6. Se ha argumentado que la escatología bíblica tiene una proyección futura, pero a la vez una dimensión proléptica, anticipada o inaugurada que se introduce en el presente. Según la Escritura o la catequesis de Lutero (en particular, su explicación a la segunda petición del Padrenuestro, "Venga tu reino"), ¿cuáles son algunas de las manifestaciones o signos del reino de Dios entre nosotros?

SEGUNDA PARTE – EXPRESIONES DE LA ESPERANZA CRISTIANA

Capítulo tres

LOS TIEMPOS DE DIOS: HACIA UNA VISIÓN TRINITARIA DE LA ESPERANZA

Hemos situado la escatología cristiana en su trayectoria cristológica. En primer lugar, vimos que la esperanza cristiana no se reduce a un escapismo espiritual del mundo (escatología del "más allá") ni al progreso secular, moral o científico (escatología del "aquí y ahora"), sino que se enfoca en la *persona* de Cristo, su *reinado* en la creación, y su *relación* con la misma. Observamos que, aunque en parte la noción de eternidad se ha asociado en la teología cristiana con la atemporalidad para distinguir a Dios de su creación, la realidad escatológica más profunda consiste en que en el marco del tiempo el Hijo eterno ha asumido en su persona nuestra naturaleza e historia humana, y mediante su muerte y resurrección ha inaugurado su reinado o señorío sobre todas las cosas.

En segundo lugar, dentro del marco escatológico del "desde ya" de las promesas de Dios en Cristo y el "todavía no" de su pleno cumplimiento, reconocimos que, a pesar de no dar en el clavo en todo aspecto, las escatologías vertical y horizontal tienen algo de cierto (algo de dulce, por decirlo así) en sus propuestas. Hemos argumentado, sin embargo, que no es la inmortalidad del alma con Dios y su desasocio del cuerpo lo que define la esperanza (como lo plantea lógicamente una escatología vertical), sino la situación de *toda* la persona en relación a Cristo. Esto incluye el estado del alma después de la muerte, pero siempre en su *espera* de la redención de *toda* la persona (alma y cuerpo) que Cristo promete restaurar en su próxima venida o parusía.[1] No se concibe entonces la inmortalidad y la incorruptibilidad del que está en Cristo aparte de una participación humana en la resurrección corporal que Dios inauguró al

1 Esta concepción de la esperanza presupone una soteriología cristológica de tipo integral, según la cual Cristo asume en su persona una *total* humanidad (cuerpo y alma) para salvar a toda la persona humana. En su respuesta a los gnósticos, quienes enseñaban una salvación "espiritual", Ireneo asume esta soteriología al afirmar que el Verbo se hace carne para que el ser humano sea restaurado a la imagen y semejanza de Dios perdida por Adán al caer en pecado. Más adelante, en respuesta a la herejía de Apolinar de Laodicea (c 310-c 390), quien por asociar el alma con la voluntad pecaminosa de Adán negó que el Hijo la hubiera asumido en su persona, Gregorio Nacianceno (329-390) afirma que "lo que no ha sido asumido, no ha sido curado". En ambos casos, la lógica es que Cristo asume una total humanidad para salvarla totalmente.

resucitar a su Hijo de entre los muertos por el poder el Espíritu como primicias de nuestra resurrección.

Por otro lado, hemos dicho que la esperanza cristiana no se reduce a la construcción humana de un reino religioso o secular en el presente (como lo propone lógicamente una escatología horizontal), sino que, asumiendo la iniciativa divina en la inauguración del reinado de Dios en Cristo, asocia la llegada y los efectos del reino en la creación con la acción del Espíritu Santo en la iglesia y por ella en el mundo. Como diría Lutero, el reino se hace presente con la venida del Espíritu por la Palabra, se extiende en los corazones por su proclamación, y luego esta da frutos de justicia en el mundo. Si bien el reino no se construye propiamente –lo establece Dios– el cristiano, sin embargo, vive bajo el reinado de Dios en Cristo, o según el reino en el Espíritu, por la fe y en amor al prójimo.

En los próximos capítulos, seguimos la línea cristológica que nos hemos trazado, ofreciendo dos maneras de narrar la esperanza, anclándola siempre en la persona de Cristo, su reinado en la creación, y su relación con ella. Si pensáramos en la esperanza cristiana como una narrativa, ¿qué secuencias o imágenes usaríamos para explicar lo que esta incluye o proyecta? En el presente capítulo, nos enfocamos en el uso de *secuencias de tiempo* para describir la escatología cristiana. Proponemos tres "tiempos de Dios" en la Escritura que sugieren una estructura trinitaria de la esperanza. Dicho de otra manera, veremos cómo cada expresión de estos tiempos escatológicos, según una secuencia o trayectoria diferente en cada caso, muestra afinidad con la acción de las personas de la Trinidad en el mundo.

En los capítulos cuatro y cinco, contaremos la esperanza en un marco catequético, haciendo uso de *imágenes* que nos refieren a distintos significados del cielo (o los cielos) en la Escritura. Estas imágenes celestiales resumen tres formas como el reinado de Dios en Cristo se manifiesta de forma futura e inaugurada en su pugna contra los poderes del pecado, el diablo, y la muerte. Si bien en los capítulos cuatro y cinco el enfoque en la realidad de nuestra comunión con Dios nos dará una visión multidimensional de nuestra relación con Cristo desde la perspectiva del *espacio*, la óptica de secuencias que desarrollamos en este capítulo nos expresa tal relación desde la perspectiva del *tiempo*.

Los tiempos de Dios: Una sinfonía en tres movimientos

En el pensamiento hebreo, el tiempo le pertenece a Dios como su creación y en este sentido Dios está por encima del tiempo. Pero decir que Dios es eterno porque no está atado al tiempo no quiere decir que la eternidad se reduce a lo atemporal, sino más bien que Dios, a su manera, está presente en "tiempo ilimitado".[2] La eternidad es la constante, pero a la vez libre, presencia de Dios en pro de su creación y entre su pueblo. Por eso, al referirse a Dios, el hebreo *olam* (eternidad) "sugiere solo tiempo ilimitado y no se refiere a su ser más allá del tiempo".[3] Aunque la trascendencia de Dios, su santidad, lo distingue de su creación, su eternidad se ve primordialmente en términos de su acción fidedigna en la historia, de su relación con y fidelidad para con Israel.[4] Por eso, su "amor eterno" es sinónimo de su prolongada e inagotable "misericordia" (cf Jer 31:3). Aunque no negamos la distinción entre Dios y su creación, la pregunta clave de la escatología no es cómo el Dios eterno está por encima de su creación de tal forma que no está presente en la misma, sino cómo su señorío sin límite sobre la creación se hace presente o se manifiesta de forma constante en la misma por iniciativa propia y a favor de los seres humanos.

Esta presencia constante de Dios en la historia puede describirse como si fuera una gran sinfonía en tres movimientos. Así como el género de la sinfonía clásica desarrolla una sola temática en tres fases o escenas, las tres secuencias que presentamos a continuación comparten una temática escatológica, a saber, que la historia tiene una orientación hacia el futuro con un propósito, fin o *télos* divino.[5]

> La historia es un movimiento hacia una meta establecida por Dios; con su promesa o su bendición da inicio a este movimiento, lo supervisa e interviene activamente cuando lo considera necesario... Si Dios se revela a la nación de Israel y a la humanidad en acciones religiosas y morales por las que las guía hacia un propósito, entonces la vida de la humanidad debe tener un gran fin en el que los grandes pensamientos y propósitos de Dios han de cumplirse.[6]

El primer movimiento de la sinfonía tiene una orientación hacia el futuro que va desde inicio de la humanidad hasta el fin (*télos*) de la misma en el plan de

2 Gerhard Delling, "Χρόνος", en *TDNT*, 591.

3 Boman, *Hebrew Thought*, 151-52.

4 "El verdadero Dios no es eterno porque carece de tiempo, sino porque se toma el tiempo [para estar con nosotros]... La eternidad del Dios de Israel es su fidelidad. Él no es eterno en cuanto se protege a sí mismo del tiempo, sino en cuanto él es fiel a sus compromisos dentro del tiempo... La eternidad de Dios es su infinidad temporal... Dios es eterno e infinito, en el sentido que a él le parezca, *porque* él es trino; *nosotros* debemos tener esto bien claro". Jenson, *The Triune God*, 217-18 (traducción mía).

5 Por su orientación histórica y futura, nuestra concepción de la eternidad como la constante presencia de Dios en su señorío sobre la creación se debe distinguir de la escatología asociada con Karl Barth (1886-1968), según la cual la historia se reduce a una epifanía de eternos momentos en el presente o la esperanza futura se decide en la eterna elección de Dios en Cristo que precede la historia. Para un análisis de la posición de Barth, véase Hoekema, *La Biblia y el futuro*, 341-43; Sauter, *What Dare We Hope?*, 69-79; cf Roldán, *Escatología*, 28-30.

6 Boman, *Hebrew Thought*, 171 (traducción mía).

Dios, una secuencia que va desde la primera creación hasta la nueva creación. Se plantea la historia de la esperanza en términos de tiempos sucesivos que paulatinamente se van cumpliendo hasta que Dios lleva a cabo sus propósitos para su creación, propósitos inicialmente frustrados por la intromisión del mal, el pecado, y la muerte. En términos trinitarios, se podría ver esta secuencia como el movimiento de la historia del Padre (latín: *a Patre*) al Padre (*ad Patrem*) (véase Fig 1). Esta historia empieza con la obra de la creación, la cual tiene su inicio o "salida" (*exitus*) del Padre, de su voluntad, y, después de su distanciamiento del Padre y desvío de su voluntad por la seducción del maligno y el pecado del ser humano, al fin alcanza por la sola gracia divina su acercamiento o "retorno" (*reditus*) al Padre. Tal retorno al Padre se da por medio de su Hijo, quien nos reconcilia con él por su muerte, y por el don del Espíritu de filiación nos hace partícipes de su resurrección y nos da acceso a la comunión con su Padre.

Fig 1
La creación tiene su inicio en el Padre y, después de un desvío y distanciamiento del Padre, retorna al Padre.

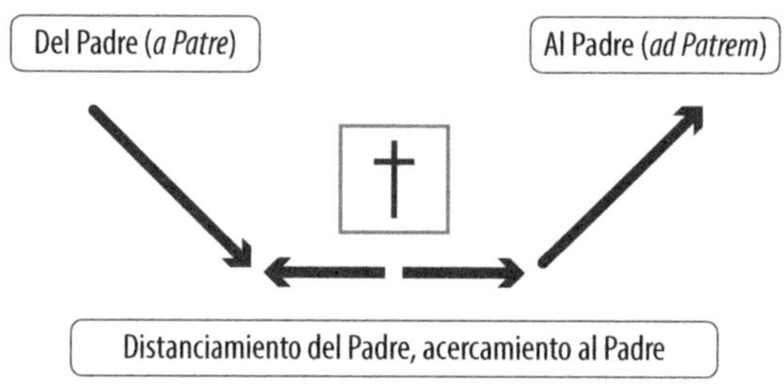

El segundo movimiento es de orientación a la vez centrípeta y centrífuga. Tiene una trayectoria hacia el centro que toma como punto de partida la historia colectiva de Israel para luego concentrarla en la persona de Cristo, en quien se suman todas las esperanzas de Israel. Luego, en una posterior trayectoria centrífuga (desde el centro hacia fuera), este movimiento incluye en la persona de Cristo, quien es centro de la historia de la salvación, a todas las naciones (véase Fig 2). Como un ángulo cuya amplitud apunta hacia su vértice y luego aumenta en amplitud desde su vértice hacia fuera, este movimiento se abre a la historia desde su centro (vértice) en Cristo, en cuya persona y misión se resume y llega a su fin la historia de Israel y desde quien se amplia esta historia para incluir en ella a las historias de otros pueblos. En la primera parte de este movimiento, el Espíritu de Dios, que según el Credo Niceno "habló por los profetas" de Israel, apunta a Cristo como el cumplimiento de las promesas de Dios a su pueblo. En la segunda parte, el mismo Espíritu permanece sobre Cristo, quien pasa a ser Israel en su persona, encarnación, y misión, para luego ser dado por Cristo glorificado a otros. Tal efusión del Espíritu desde Cristo al mundo amplifica la acción del Espíritu, quien ahora incorpora a las naciones al cuerpo de Cristo, haciéndolas un nuevo Israel y por ende heredero de las promesas de Dios a su pueblo por la palabra de los apóstoles y evangelistas.

Fig 2
La esperanza de Israel se concentra en Cristo, y desde Cristo se abre a las naciones.

El tercer movimiento tiene una orientación proléptica. Se caracteriza por una noción del tiempo en la que el futuro se adentra en el presente de forma anticipada, aunque no plenamente consumada. Escenas del futuro que Dios tiene en mente para su creación y que ha prometido llevar a cabo se inauguran o realizan anticipadamente en el presente. Esta secuencia no es de tipo estrictamente cronológica como las anteriores, sino que rompe relativamente con la sucesión de eventos para infiltrar un momento posterior de la historia (en la nueva creación) dentro del orden lineal de la misma (véase Fig 3). Con la primera venida de Cristo al mundo se ha inaugurado el reino de Dios. Por el Espíritu Santo que lo inhabita, el Hijo de Dios perdona pecados, expulsa demonios, y ofrece la resurrección para vida eterna, todas señales o signos del reino misericordioso de Dios en la historia o creación. La participación plena de los seres humanos en una creación sin la lucha contra el pecado, la seducción del diablo, y el dolor de la muerte todavía ha de cumplirse cuando Cristo vuelva en su última venida o parusía. Mientras tanto, el futuro de Dios se ha empezado a revelar y establecer en la historia por la obra del Espíritu en Cristo, y mediante Cristo, en aquellos a quienes él da su Espíritu. El Espíritu los conforma a Cristo haciéndolos instrumentos de su proclamación de buenas nuevas y su lucha contra el maligno, así como de su vivir y morir con Cristo en arrepentimiento diario, en sacrificio por el prójimo, y en espera de la resurrección y el fin del mal.

Fig 3
El Espíritu anticipa la llegada del reino de Dios en la misión de Cristo y de su cuerpo para bien del mundo.

Estos tres movimientos de la sinfonía de los tiempos de Dios han de verse no como opciones opuestas entre sí, sino como secuencias complementarias que nos ayudan a apreciar el desenvolvimiento histórico de las promesas de Dios en Cristo, el portador y dador del Espíritu, desde tres perspectivas o ángulos. A continuación, ahondamos más en las narrativas bíblicas, los énfasis teológicos, y las implicaciones prácticas de cada movimiento.

Movimiento conciliativo: El Padre quiere de vuelta a su creación

Distanciamiento y acercamiento. Con esta dinámica podemos describir ampliamente el drama humano que resume la narrativa de Adán. Esta se caracteriza por su comienzo en la iniciativa de Dios, quien crea y establece una relación con su imagen y semejanza en el jardín del Edén, lugar de su santa presencia. Esta relación entre Creador y criatura se rompe porque, al rebelarse contra la palabra de Dios ("no comerás"), Adán y Eva se niegan a vivir según su identidad como criaturas bajo su mandato y promesa. En el Nuevo Testamento, la historia cósmica de Adán se narra desde la perspectiva de sus nefastas consecuencias para toda la humanidad y finalmente desde la perspectiva de la restauración de la criatura humana por medio de un segundo Adán, Jesucristo.

Usando formas verbales del sustantivo "reino" (*basileía*), Pablo contrasta el reino de la muerte que todos heredamos por el pecado de Adán y el reino de la vida abundante y eterna que recibimos por medio de la gracia y justicia de Cristo.

> Pues si por la transgresión de uno solo "reinó la muerte" (*ho zánatos ebasíleusen*), mucho más "reinarán en vida" (*en zōēi basileúsousin*) los que reciben la abundancia de la gracia y el don de la justicia mediante un solo hombre Jesucristo (Ro 5:17).

El drama de la creación se presenta como una pugna entre dos reinos y por ende dos estados de vida. Por causa de Adán "condenación" (*katákrima*) de muerte vino "a todos los seres humanos" (*eis pántas anzrōpous*), pero por el nuevo Adán nos ha llegado a todos "justificación de vida" (*dikaíōsin zōēs*) (v 18). Por medio de Adán "el pecado *reinó* (*ebasíleusen*) para traer muerte", para que así en el Señor Jesucristo "la gracia reine (*basileúsēi*) por la justicia para darnos vida eterna" (v 21, cf 6:12, 23).

Este contraste entre dos reinos y estados de vida no solo se presenta como una tensa pugna entre la muerte y la vida, el pecado y la justificación, sino también como un traslado de la enemistad a la reconciliación con Dios que Cristo hace posible por su muerte: "Pero Dios muestra su amor por nosotros en que, cuando aún éramos pecadores, Cristo murió por nosotros" (Ro 5:8). Dios no quiere castigar y condenar a la humanidad que se ha enemistado con él, sino que quiere reconciliarse con ella por medio de su Hijo. Cristo ha tomado sobre sí nuestro pecado y muerte en Adán de forma que "hemos sido justificados en su sangre" y "salvados del castigo" (v 9). En Adán, el pecador se ha distanciado de su Creador, y por ende todos somos "enemigos" de Dios y merecedores de su ira. Pero en Cristo Jesús, Dios Padre se ha acercado nuevamente a pecadores, reconciliándose con sus enemigos (vv 10-11) y constituyendo justos a los injustos (v 19). En Cristo "hemos recibido la *reconciliación*" (*katallagēn*, v 11) y ya no hay "condenación" (*katákrima*, v 16, cf 8:1).

Al hacer pecado al que no cometió pecado, Dios se reconcilia con el mundo en Cristo y así empieza a retomar la creación que se distanció de su presencia por la transgresión y desobediencia de Adán (cf 2 Co 5:19, 21). Dios quiere de vuelta a su creación. De hecho, en Cristo, ya Dios la ha hecho nueva: "De modo que si alguno está en Cristo, ya es una *nueva creación* (*kainē ktísis*); atrás ha quedado lo viejo: ¡ahora ya todo es nuevo! Y todo esto proviene de Dios..." (2 Co 5:17-18a). Por la obra de su Hijo Jesucristo, "el primogénito de toda la creación", quien por su resurrección es "el primogénito de entre los muertos", Dios ha reconciliado "consigo todas las cosas, tanto las que están en la tierra como las que están en los cielos, haciendo la paz mediante la sangre de su cruz" (Col 1:20).

Pero la obra conciliativa de Dios ha de tener un desenlace. Aunque en Cristo nuestros pecados son perdonados, la paga del pecado –es decir, la muerte– permanece en nuestras vidas. Es cierto que "a este Jesús, a quienes ustedes crucificaron, Dios lo ha hecho Señor y Cristo" al resucitarlo de entre los muertos (Hch 2:36; cf vv 31-32). Sentado a la mano derecha del Padre, signo de su soberanía sobre todas las cosas, David lo llama "mi Señor", pero su señorío sobre toda la creación no ocurrirá plenamente sino hasta que Dios "ponga a tus enemigos por estrado de tus pies" (vv 34-35, cf Sal 110:1). Esto pasará cuando Cristo resucite a los muertos *en su venida* (*en tēi parousíāi autou*) y luego venga "el fin" (*tò télos*, 1 Co 15:23-24a).

> Entonces vendrá el fin, *cuando él entregue el reino* (*hótan paradidōi tēn basileían*) al Dios y Padre, y haya puesto fin a todo dominio, autoridad y poder. Porque es necesario que él reine hasta que haya puesto a todos sus enemigos debajo de sus pies, y *el último enemigo* (*ésjatos ejzròs*) que será destruido es la muerte (1 Co 15:24-26).

Volvemos al lenguaje del reino que describe no solo la constante presencia de Cristo resucitado por encima de la creación, sino también la cosecha futura de su presencia que inaugura como "primicias" (*aparjē*, v 23) de su resurrección y que entregará al Padre al fin de los tiempos. En el plan divino, "es necesario" (*deī*) que Cristo "reine" (*basileúein*) hasta que venza a la muerte enemiga (vv 25-26). Al vencerla, Cristo finalmente entrega "el reino" (*tēn basileían*) a su Padre, devolviéndole así una humanidad renovada en la resurrección. Manifiesta y establece así Cristo su señorío sobre todas las cosas, revelando también la soberanía de su Padre "para que Dios sea el todo en todos" (v 28).

Este movimiento conciliativo de la acción de Dios en la historia se condensa en la parábola del padre compasivo y su hijo pródigo (Lc 15:11-32). El padre le da a su hijo menor los bienes que le corresponden, su hijo se distancia de él y derrocha lo que se le ha dado en vicios para luego regresar arrepentido a su padre: "Padre, he pecado contra el cielo y contra ti, y no soy digno ya de ser llamado tu hijo" (v 21). Esta narrativa nos presenta un microcosmo del drama cósmico de la humanidad que nace del Padre (*a Patre*) y vive de sus beneficios, se distancia de él por la rebelión del pecado, y al fin retorna al Padre (*ad Patrem*) quien la recibe de nuevo en su hogar con compasión y celebración. Se personaliza este drama mostrándonos el carácter de Dios Padre, quien como el padre del pródigo "corrió entonces, se echó sobre su cuello, y lo besó" (v 20b), y dijo "comamos y hagamos fiesta, porque este hijo mío estaba muerto, y ha revivido" (vv 23-24a, 32). Podríamos decir que el padre ha trasladado a su hijo del reino de la muerte al reino de la vida.

El retorno al Padre compete también al resto de la creación, corrompida por el pecado y expuesta a la muerte que el ser humano introdujo al mundo. La creación "aguarda con gran impaciencia *la manifestación*" (*tēn apocálypsin*) de los hijos de Dios" (Ro 8:19), es decir, su adopción final en la resurrección corporal (v 23), para así poder ser "liberada de la esclavitud del pecado" (v 21). Por eso, aunque ahora la creación gime y sufre como una madre sujeta a "dolores de parto" (v 22), vive *en esperanza* (*ef' elpídi*, v 20). Pablo nos presenta al Espíritu Santo como el agente que por su morada en nosotros nos hace partícipes de la adopción del Padre y herederos de la resurrección de su Hijo (vv 11, 15-16). Así como el resto de la creación gime, los hijos de Dios "que tenemos las *primicias* (*aparjēn*) del Espíritu, gemimos dentro de nosotros mismos mientras esperamos la adopción, la redención de nuestro cuerpo" (v 23). Esa futura adopción y redención es nuestra "esperanza" (*elpídi*, v 24). Mientras esperamos ese futuro, ese retorno al Padre que nos reclamará como sus hijos e hijas adoptivos para siempre, el Espíritu intercede por nosotros cuando no sabemos cómo orar ante los retos de una creación llena de dolor, alineando nuestros clamores con la voluntad de Dios (vv 26-27). No hay retorno al Padre sino por el Espíritu del Hijo. En el Espíritu clamamos: "¡Abba Padre!" (v 15, cf Gl 4:6). Y por el amor que Dios ha derramado "en nuestro corazón por el Espíritu Santo que nos ha dado", vivimos con una esperanza que "no nos defrauda" (Ro 5:5), a saber, "la esperanza de la gloria de Dios" (v 2).

En resumen, la esperanza cristiana puede narrarse según una secuencia de la historia de la humanidad que se mueve de su salida (*exitus*) del Padre a su retorno (*reditus*) al Padre. Se trata de una humanidad pródiga que se distancia de su Padre por la desobediencia de Adán, pero también de una humanidad con la que el Padre por su gran compasión se reconcilia mediante la obra justificadora de un nuevo Adán, su Hijo Jesucristo. Es la historia de una humanidad sujeta al reino de la muerte que, mediante su adopción y participación en la resurrección de Cristo por el don del Espíritu Santo, va en camino de vuelta al Padre. Con la destrucción de la muerte como el último enemigo, y la entrega del reino al Padre por parte del Hijo en la cosecha de sus hijos e hijas resucitados, este movimiento conciliativo del tiempo de Dios apunta hacia el fin o la meta de una creación bajo el pleno señorío de Cristo y su Padre. Aunque de corte trinitario, esta forma de contar la historia de la esperanza cristiana pone de relieve la figura del *Padre* como el sujeto y el objeto, el comienzo y la meta, de la acción trinitaria en el mundo. Si bien en este movimiento sinfónico del drama humano el distanciamiento del Padre le da a la historia de Adán un tono sombrío y trágico, el acercamiento o retorno de la creación al Padre por la acción conjunta de su Hijo y Espíritu le da al drama un final brillante y feliz.

Movimiento corporativo: El Hijo quiere incorporarnos a su cuerpo

De forma similar a la narrativa de Adán, la historia de Israel puede entenderse como el continuo distanciamiento de un pueblo idólatra del Padre fiel que lo eligió su primogénito. En su revelación a Moisés, Yahvé se identifica como el único Dios que ha de recibir el culto exclusivo de su pueblo (Ex 3:12-14). Quiere y exige que el pueblo de Israel reconozca que solo aquel que los ha salvado en el éxodo de Egipto merece su adoración. Así pues, en el Antiguo Testamento, la salvación que Yahvé lleva a cabo en el éxodo, la profesión monoteísta de su pueblo, y el culto exclusivo que Yahvé le exige (monolatría) van de la mano en la descripción de la relación entre Yahvé e Israel.[7] Este nexo lo observamos tanto en el prefacio al Decálogo (los diez mandamientos) como en la inmemorial confesión de la fe monoteísta de Israel, la *Shema'*.

> Yo soy el Señor tu Dios. Yo te saqué de la tierra de Egipto, donde vivías como esclavo. No tendrás dioses ajenos delante de mí. No te harás imagen, ni semejanza alguna de lo que está arriba en el cielo, ni abajo en la tierra, ni en las aguas debajo de la tierra. No te inclinarás ante ellas, ni las honrarás, porque yo soy el Señor tu Dios, fuerte y celoso (Ex 20:2-5, cf 3:12-14).
>
> Oye [Shema'], Israel: el Señor nuestro Dios, el Señor es uno. Y amarás al Señor tu Dios con todo tu corazón, y con toda tu alma, y con todas tus fuerzas (Dt 6:4-6).

El pueblo de Israel, sin embargo, se distancia de Yahvé, cayendo en la idolatría a lo largo de su historia. Pone su corazón y confianza en los dioses de las naciones vecinas. Poco después de su éxodo de Egipto, durante su camino por el desierto de Sinaí, el pueblo adora al infame becerro de oro (Ex 32). Al entrar a la Tierra Prometida, el patrón se repite y pasa a ser característico de la historia de Israel: "Pero los israelitas hicieron lo malo a los ojos del Señor, y se olvidaron de él por adorar a las imágenes de Baal y de Asera" (Jue 3:7). Sin embargo, como lo proclama el profeta Oseas, a pesar de la infidelidad de Israel, de su prostitución a otros dioses, el amor y la fidelidad de Dios Padre por su primogénito Israel (también llamado Efraín) persiste.

> Yo amé a Israel desde que era un niño. De Egipto llamé a mi hijo. Pero mientras más los llamaba yo, más se alejaban de mí, y ofrecían sacrificios a los baales y quemaban incienso para honrar a los ídolos. Yo tomé en mis brazos a Efraín y le enseñé a caminar, pero él nunca reconoció que era yo quien lo cuidaba. Yo los atraje a mí con cuerdas humanas, ¡con cuerdas de amor! Estaban sometidos al yugo de la esclavitud, pero yo les quité ese yugo y les di de comer (Os 11:1-4).

Con imágenes maternales, Isaías describe la salvación que Dios tiene preparada para su hijo Israel (también conocido como Sión) en el día final.

---

7 Como bien lo resume Ladaria: "El nombre de Yahvé equivale por tanto a 'yo soy el que existo', no en el sentido de una definición dogmática de un monoteísmo abstracto, sino en el de un monoteísmo práctico: Yahvé es para Israel el único que existe porque es su único salvador". Ladaria, *El Dios vivo y verdadero*, 117; véase además Carrillo Alday, *El Padre en la revelación bíblica*, 22-27.

Dios es como una madre que no olvida al hijo que ha dado a luz. Al fin de los tiempos, Dios será como una madre que consolará a su hijo.

> Sión dice: "El Señor me ha abandonado. El Señor se olvidó de mí." ¿Pero acaso se olvida la mujer del hijo que dio a luz? ¿Acaso deja de compadecerse del hijo de su vientre? Tal vez ella lo olvide, pero yo nunca me olvidaré de ti (Is 49:14-15).

> Ustedes serán amamantados y llevados en brazos, y mimados en el regazo. Yo los consolaré a ustedes como consuela una madre a sus hijos, y en Jerusalén hallarán consuelo (Is 66:12b-13).

Los textos anteriores nos revelan a Yahvé como el "¡Dios misericordioso y clemente! ¡Lento para la ira, y grande en misericordia y verdad!" (Ex 34:6). Desde que lo sacó de Egipto, su amor persigue constantemente a su hijo Israel, desobediente e infiel, porque le tiene un cariño sin igual: "El Señor los quiere, y los ha escogido, no porque ustedes sean más numerosos que todos los pueblos, pues ustedes eran el pueblo más insignificante de todos, sino porque el Señor los ama..." (Dt 7:7-8a).

No cabe duda de que la historia de Israel refleja la de Adán, pero aún más la de un Padre que por amor crea a su hijo Israel (lo establece como su pueblo) y a pesar de su desobediencia lo quiere encaminar hacia él. Pero algo interesante ocurre en esta dinámica entre Yahvé e Israel. Es una historia que no termina con Israel, sino que va más allá de ella, es una narrativa que no solo revela a Yahvé como el Señor de Israel sino de todas las naciones. Se trata de un monoteísmo absoluto, pero con alcance universal, misional.

> No hay más Dios que yo, Dios justo y salvador. ¡No hay otro fuera de mí! Pongan sus ojos en mí todos los términos de la tierra, y reciban salvación, porque yo soy Dios, y no hay más... Ante mí se doblará toda rodilla, y ante mí toda lengua jurará (Is 45:21b-22).

> El Señor ha desnudado su santo brazo a la vista de todas las naciones, y todos los confines de la tierra verán la salvación de nuestro Dios (Is 52:10).

Con base en estos pasajes y otros similares, Richard Bauckham argumenta que Isaías presenta de forma contundente un monoteísmo escatológico según el cual Yahvé revelará su señorío no solo sobre Israel sino sobre todas las naciones. Refiriéndose a "las expectativas escatológicas de Israel" acerca de un "nuevo éxodo del futuro", el autor nos dice:

> En el futuro, cuando Dios cumpla la promesa hecha a su pueblo, y muestre definitivamente ser el Dios compasivo que han conocido en la Historia, desde el Éxodo en adelante, demostrará al mismo tiempo su deidad a las naciones, reivindicando su soberanía como Creador y Gobernador de todas las cosas cuando establezca su reino universal, y dé a conocer su nombre a todas las naciones, y todos le conozcan como el Dios de Israel. El nuevo Éxodo del futuro, especialmente el predicho en las profecías que llamamos deutero-Isaías (Isaías 40-55), será un acontecimiento de importancia universal precisamente porque el Dios que sacó a Israel de Egipto es también el Creador y el Gobernador de todas las cosas.[8]

Bauckham procede a demostrar cómo los escritores del Nuevo Testamento hicieron uso de textos de deutero-Isaías para identificar a Jesús con la figura del Siervo sufriente y exaltado (cf Is 52:13-53:12) mediante el cual Yahvé revelará su reinado a las naciones en el nuevo éxodo escatológico.[9] Entre los textos que examina el autor se encuentra el himno cristológico de Filipenses 2:6-12, en el cual Pablo hace referencia a pasajes en deutero-Isaías con el fin de atribuir a Jesús no solo el nombre, el señorío, y la adoración propios de Yahvé en el Antiguo Testamento (cf Is 45:23, 52:12), sino también la disposición de Yahvé de descender, humillarse, y morir para salvar a todas las naciones (cf Is 53; 57:15).[10] Notamos cómo en los últimos días la soberanía y la salvación del único Dios de Israel que se revela en el éxodo de su pueblo se ha de expandir a todas las naciones en una nueva liberación del yugo del pecado (Is 52:4-7, 10). Pero en el plan de Dios Padre, tal éxodo o liberación no ocurrirá sino por medio del sufrimiento de la figura del Siervo, Jesucristo, quien por su exaltación revelará la salvación y el señorío de Dios sobre todos los pueblos.

La historia de la esperanza cristiana puede entonces narrarse en términos de la historia de *Israel*, su consumación en *Cristo*, y luego su apertura a las *naciones*. Podemos hablar de un movimiento en dos partes: uno centrípeto que va de Israel a Cristo y otro centrífugo que va de Cristo a las naciones. La trayectoria de la salvación en su giro centrípeto va desde la creación a Israel, a quien Yahvé ha elegido y salvado como su hijo primogénito (cf Ex 4:22-23a; Dt 1:30-31), y luego de Israel a Jesús, el

---

8 Bauckham, *Dios Crucificado*, 22.

9 Ibíd., 51-55.

10 Ibíd., 55-56, 59-64.

Hijo de Dios, en cuya obra y misión se vuelve a realizar la historia fallida del primer hijo Israel. Si bien el primer hijo fue desobediente e idólatra durante sus cuarenta años en el desierto, el segundo Hijo fue obediente a su Padre en sus cuarenta días en el desierto (cf Mt 4:1-11). Como el Siervo humillado de Yahvé, Jesús es obediente hasta la cruz (Flp 2:7-8), llevando a cabo la misión para la cual el Padre lo ungió con su Espíritu Santo (Lc 3:22, cf Is 42:1).

Luego, en una proyección centrífuga, vemos que la misión del Siervo, en quien se cumplen las esperanzas de Israel, se abre para incorporar a todos los pueblos en su salvación. Por su idolatría, el primer hijo de Yahvé –es decir el Israel como nación corporativa– no es capaz de ser su siervo obediente y luz a las naciones; sin embargo, Yahvé la reemplazará con un nuevo Siervo, es decir, Israel reducida a una sola persona, quien vendrá a ser el salvador de Israel y luz a las naciones.[11] Cristo toma el lugar que Israel no pudo tomar para bien de ella y para bien de los gentiles.

> Muy poca cosa es para mí que tú seas mi siervo, y que levantes las tribus de Jacob y restaures al remanente de Israel. Te he puesto también como luz de las naciones, para que seas mi salvación hasta los confines de la tierra (Is 49:6).

Al tomar sobre sí los pecados de Israel, el Siervo de Yahvé incorpora no solo a Israel en el nuevo éxodo, sino que además extiende su salvación a otros fuera de Israel, incorporándolos a su cuerpo, la iglesia. En los oráculos del siervo, Isaías 40-55 resalta, más que cualquier otro libro del Antiguo Testamento, un monoteísmo escatológico de alcance misional que los escritores del Nuevo Testamento interpretan de forma cristológica.

Por eso, no nos debe sorprender que Isaías haya sido considerado por intérpretes antiguos como un quinto evangelio. Como Lutero mismo lo diría en su prefacio a Isaías:

> Pues así hacen todos los profetas: aleccionan y reprenden a sus contemporáneos, y anuncian además la venida y el reino de Cristo, dirigiendo y remitiendo al pueblo hacia el Salvador de todos, tanto de sus antepasados como de su posteridad. Si bien uno lo hace más

11 "El pueblo siervo necesita al individuo siervo sufriente para reconciliarlos con Yahvé y hacer lo que ellos no han podido llevar a cabo. El nuevo siervo no solo ha de 'levantar a las tribus de Jacob, y restaurar a los sobrevivientes de Israel' (49:6), sino que Yahvé también hará que él sea 'como luz de las naciones, para que seas mi salvación hasta los confines de la tierra' (49:6)". Lessing, "Isaiah's Servants in Chapters 40-55", *CJ*, 132 (traducción mía).

que otro, y uno más profusamente que el otro. Isaías empero es el que habla de estas cosas en forma más profusa que todos.[12]

En la liturgia de la iglesia, las palabras de Simeón (*Nunc Dimittis*, "Ahora despides") recopilan la esperanza, consolación, o liberación del pueblo de Israel que profetizó Isaías y se consolida con la venida de Jesús al mundo: "Señor, ahora despides a este siervo tuyo, y lo despides en paz, de acuerdo a tu palabra. Mis ojos han visto ya tu salvación, que has preparado a la vista de todos los pueblos: luz reveladora para las naciones, y gloria para tu pueblo Israel" (Lc 2:29-32, cf Is 42:6; 49:6).[13] En la oración que Jesús nos enseñó, oramos para que esta esperanza sea consumada en la victoria final de Dios sobre el pecado y la muerte y por ende en la salvación final de sus hijos e hijas. Así pues, al dirigirnos a Dios como "Padre nuestro", N.T. Wright nos recuerda que estamos orándole como su hijo primogénito, su Israel, para que así nos dé la libertad de los hijos de Dios con todo el cosmos, haciéndonos partícipes del nuevo éxodo de la esclavitud del pecado, la injusticia, el temor, y la muerte.[14] Esa primera palabrita del Padrenuestro ("Padre") lleva consigo "la esperanza de Adviento… la esperanza de la venida del Reino de Dios… contiene en ella no solo la idea de intimidad con Dios sino de revolución. No solo connota familiaridad, sino esperanza".[15]

La concepción del tiempo escatológico de Dios como un ángulo cuya amplitud apunta hacia su vértice en Cristo y luego aumenta en amplitud desde su vértice hacia fuera tiene afinidad con el marco escatológico que Oscar Cullmann (1902-1999) denomina "historia de la salvación" (*Heilsgeschichte*), a saber, la concepción cristológica de la historia bíblica como una línea que comienza con "una reducción progresiva – el pueblo de Israel – el resto de Israel – el Único, Cristo", y luego desde Cristo como centro de la historia procede "a los que creen en él… a los apóstoles, a la Iglesia que es el cuerpo del Único… hasta la humanidad redimida en el seno del reino de Dios".[16] Para ilustrar la historia de la salvación en su "doble movimiento" que va "de la pluralidad a lo Único" y "del Único a la

12 Lutero, *Prefacio al Profeta Isaías*, en *Obras* 6:80.

13 Así pues, "la consolación de Israel" que espera Simeón (Lc 2:25) y expresa en el *Nunc Dimittis* ("Ahora despides", v 29), así como "la liberación de Israel" (v 38) que espera Ana, resumen las expectativas del pueblo de Israel resumidas en el Libro de la Consolación en Isaías 40-55 (véase Is 40:1). Véase Fitzmyer, *El evangelio según Lucas II*, 246, 255-56, 266.

14 N.T. Wright, *The Lord and His Prayer*, 14-20.

15 Ibíd., 15 (traducción mía).

16 Cullmann, *Cristo y el tiempo*, 99-100.

pluralidad", el autor presenta cómo el apóstol Pablo resume la historia de Abrahán (Gl 3:6-4:7):

> Parte de la promesa hecha a Abraham. Luego muestra cómo esta promesa, que se remite a la posteridad del patriarca, se realiza en calidad de promesa hecha al Único (3, 16), quien, por su muerte substitutiva, lleva a cabo el rescate de los pecadores (4, 5). La consecuencia de este acontecimiento es que todos los hombres que creen en Cristo pueden convertirse en posteridad de Abraham (3, 26). Por el bautismo, tienen todos parte en la promesa hecha al Único. El camino que conduce a la pluralidad está ahora abierto, pero en el sentido de que "todos son uno" ... en Jesucristo (3, 28). De este modo, todos se convierten en hijos y herederos (4, 4 a 7).[17]

La propuesta de Cullmann se opone a la separación que desde la publicación de *El así llamado Jesús de la historia y el Cristo bíblico histórico* (1906) por Martin Kähler (1835-1912) se empieza a hacer entre el Jesús de la historia (*Historie*) y el Cristo de la historia bíblica (*Geschichte*) proclamada posteriormente por la iglesia. En el espíritu de Kähler y otros, Rudolf Bultmann (1884-1976), contemporáneo de Cullmann, supone la distinción entre el Jesús histórico y el Cristo de los evangelios para argumentar que la importancia de la figura de Jesús no radica en la *historicidad* de los eventos de su vida –por ejemplo, si sus milagros o resurrección en realidad ocurrieron– sino en el *impacto existencial* de su mensaje o kerigma escatológico acerca del reino para el hombre moderno.[18] Según Bultmann, este mensaje del reino ha sido expresado en el lenguaje mitológico de los evangelios, el cual ya no es entendible o necesario en la modernidad, y por ende debe desmitificarse de forma que su núcleo o mensaje central sea proclamado sin usar el lenguaje bíblico del juicio divino o la salvación eterna. Tal núcleo no-mitológico debe llevar, por la predicación, al reconocimiento de "la finitud del mundo y del hombre, frente al poder trascendente de Dios".[19] A diferencia de la propuesta de Bultmann, de corte existencial pero ahistórica, Cullmann argumenta que el "elemento central" de la predicación cristiana no es un llamado a la fe que se pueda situar fuera de la historia, sino precisamente "la concepción cristiana del

---

17 Ibíd., 100.

18 "Es por eso que cuando a Bultmann se le preguntó si creía que Jesucristo en realidad resucitó de entre los muertos respondió: 'Soy teólogo, no arqueólogo.' El estatus histórico (*historisch*) de la cruz y la resurrección no afecta de ningún modo su significado existencial (geschichtlich)." Miller y Grenz, *Introduction to Contemporary Theologies*, 46 (traducción mía).

19 Bultmann, *Jesucristo y mitología*, 35.

tiempo y de la historia" en las Escrituras que apunta al "*hecho histórico*, único y central, hecho de fundamental importancia y decisivo, precisamente por su vulgar historicidad: el hecho de la muerte y resurrección de Jesús, el Cristo".[20] No niega Cullmann el impacto personal del mensaje de Jesús en el individuo, pero lo sitúa en una visión cristocéntrica de la historia con un alcance universal.

En general, la visión corporativa de la historia de la salvación que hemos presentado se diferencia del género apocalíptico, cuya visión universal del juicio futuro del mundo enfatiza la salvación del individuo no dentro de la historia sino al final o más allá de la misma.[21] De hecho, la esperanza cristiana puede narrarse según una secuencia de la historia de la salvación que, partiendo de la elección de un Israel desobediente, apunta a la llegada del Siervo ungido por el Espíritu, por cuya humillación y exaltación el señorío y la salvación de Yahvé se revelará no solo a Israel sino también a todas las naciones. Aunque de corte trinitario, esta presentación resalta a *Cristo* como el centro de la historia de la salvación, tanto la meta de la esperanza de Israel que anuncian los profetas como la esperanza de las naciones que anuncian los apóstoles y evangelistas (cf 1 P 1:10-12). El Siervo de Yahvé toma el lugar del Israel corporativo (es decir, Israel como pueblo escogido de Dios), llevando sobre su cuerpo sus transgresiones y tomando su lugar en el mundo como luz a las naciones. En su exaltación, el Siervo además envía a sus discípulos para llevar su luz al mundo y así incorporar a su cuerpo místico, la iglesia, a pecadores de todos los pueblos haciendo de ellos un nuevo Israel.

Movimiento anticipativo: El Espíritu quiere inaugurar el reino futuro

Otra forma de contar la historia de la esperanza consiste no solo en su trayectoria del presente hacia el futuro, sino también en la presencia anticipada del futuro de Dios en el hoy por hoy. En los primeros dos capítulos ilustramos la tensión en la escatología bíblica entre el "todavía no" del pleno cumplimiento de las promesas de Dios en el futuro y el beneficio parcial "desde ya" de estas promesas en el presente. En la teología del siglo XX, Cullmann contribuyó a la definición de esta tensión escatológica en la división neotestamentaria del tiempo entre el presente y el futuro, usando como ilustración una distinción entre una "batalla decisiva" que se gana en el transcurso de una guerra y el día de la gran victoria que da

20 Ibíd., 23-24.

21 "Así, pues, la individualización y la universalización frecuentemente observadas en la apocalíptica constituyen en el fondo el resultado de la concepción dualista y pesimista de la historia, que rechaza cualquier historia en compañía del pueblo de Israel y espera una salvación más allá de la historia sólo para los individuos israelitas". Schmithals, *La apocalíptica*, 74 (cf 16-17, 65).

por finalizada toda la guerra. Por la obra pasada de Cristo –su muerte y resurrección– el cristiano ya ha ganado la batalla principal contra los poderes del anti-reino en el presente, aunque todavía tiene que luchar con estos poderes hasta que Cristo vuelva y dé fin definitivo a la guerra en un futuro "Victory Day".[22]

> Así, tomando una imagen, en una guerra, la batalla decisiva puede haber sido librada en el curso de una de las primeras fases de la campaña, y sin embargo las hostilidades continúan aún durante largo tiempo. Aunque la importancia decisiva de esta batalla no sea quizás reconocida por todo el mundo, significa no obstante la victoria. Sin embargo, la guerra debe continuarse durante un tiempo indefinido hasta el "Victory Day".[23]

En la teología neotestamentaria, la obra clásica de George Eldon Ladd, *The Presence of the Future* (La presencia del futuro) explora las características salientes del tipo de escatología que Cullmann representa, escatología que hemos denominado futura e inaugurada. A partir de una investigación detallada del reino o reinado de Dios en los textos bíblicos pertinentes, el autor defiende la tesis de que "*antes de la manifestación escatológica del Reino de Dios al fin de la era, el Reino de Dios se ha hecho presente de forma dinámica entre los seres humanos en la persona y misión de Jesús*... Dios ha manifestado su reinado, su Reino, para traer a los seres humanos las bendiciones de su reinado redentor en anticipación a la era escatológica".[24] Ya que el reino nos muestra que "Dios es Rey y actúa en la historia" para llevarla a su fin según su plan, no se puede reducir el reino de Dios a su presencia en "el alma del individuo", a una experiencia "existencial personal", o a "un sueño ultramundano de bienaventurada inmortalidad".[25] Además insiste Ladd que, aunque el reino tiene implicaciones éticas en el presente por medio del impacto de la iglesia en el mundo, "el logro del orden social ideal no es la obra del ser humano sino el resultado de la venida del Reino escatológico de Dios".[26] Se evita una escatología del más allá, pero tam-

22 El término "Victory Day" (V-Day) se refiere al 8 de mayo de 1945, día en que las fuerzas armadas de la Alemania Nazi se rindieron incondicionalmente ante las Fuerzas Aliadas dando fin a la Segunda Guerra Mundial en Europa.

23 Cullmann, *Cristo y el tiempo*, 69-70.

24 Ladd, *The Presence of the Kingdom*, 139, cf 12, 307; "El Reino de Dios implica dos grandes momentos: cumplimiento en la historia, y consumación al fin de la historia". Ibíd., 218 (traducción mía).

25 Ibíd., 331 (traducción mía).

26 Ibíd., 303 (traducción mía).

bién una del aquí y ahora que se entienda sin referencia alguna a la futura consumación del reino de Dios en la historia.

Sin embargo, como el péndulo que se mueve de un lado a otro, el estudio de la escatología a partir del siglo XVIII ha intentado resolver esta tensión entre el "desde ya" y el "todavía no", optando por una visión que se reduce ya sea al presente o al futuro. Al reducir la escatología a su impacto personal-existencial, Bultmann, por ejemplo, no solo remueve la esperanza cristiana de su contexto histórico, sino además la sitúa completamente en el presente. Su propuesta no admite una escatología futura. La tendencia a reducir la escatología al presente se ha manifestado de otras maneras. Ya vimos en otro capítulo cómo en respuesta al escepticismo científico acerca de los milagros en la Biblia durante el siglo XVIII, teólogos como Ritschl siguieron la línea del filósofo Kant y optaron por hablar del reino de Dios como una visión ética-moral que se realiza en el presente. La idea de una esperanza futura se considera irrelevante.

Johannes Weiss (1863-1914) y Albert Schweitzer (1875-1965) argumentan, en contra de esta interpretación ética del reino, que en su proclamación Jesús entendió el reino de Dios como una irrupción apocalíptica futura de Dios en la historia que terminaría en el fin del mundo. Se critica la noción de la escatología como un tipo de progreso histórico-moral que va consolidándose en el presente y se enfatiza el carácter radical del reino como una realidad inminente que llegará desde arriba de forma sorpresiva.[27] Sin embargo, cuando Jesús no retorna en su parusía después de su muerte y el fin del mundo no llega como lo esperaban, entonces sus seguidores supuestamente se ven forzados a reinterpretar el mensaje de Jesús de forma práctica. Según este tipo de "escatología consecuente" (llamada así por su supuesta presencia consistente en los evangelios sinópticos), ya no podemos tener esperanza de ver una nueva creación, sino que, a la luz del atraso de la parusía de Jesús, la iglesia se debe enfocar en su responsabilidad cristiana en el mundo presente. O sea que hoy "ya no podemos tener esperanza como Jesús la tuvo, pero podemos continuar trabajando animados por su espíritu".[28] Paradójicamente, Weiss y Schweitzer recuperan la dinámica escatológica futura del reino en los evangelios como crítica al reduccionismo del reino concebido como acción ética, pero a la vez ven la trayectoria futura de la escatología como una falsa esperanza en la que ya no se puede confiar.

---

27 Como bien lo dice Sauter en su resumen de la escatología de Weiss y Schweitzer: "Que el reino de Dios no 'crece' desde la historia sino que irrumpe en la historia, y que esta 'catástrofe' está muy cerca de nosotros ha sido el reto de la teología cristiana desde siempre". Sauter, 33 (traducción mía).

28 Ibíd., 41 (traducción mía).

Según la "escatología realizada" de C.H. Dodd (1884-1973), la proclamación del reino de Dios por parte de Jesús no nos dirige a un futuro que nunca llegó (como en el caso de las propuestas de Weiss y Schweitzer) sino que nos dirige al inminente presente.[29] Ya que en la predicación de Cristo en los evangelios "el reino de Dios ha llegado", se puede decir que este reino es "un hecho presente que los hombres deben reconocer, tanto si lo aceptan como si lo rechazan con sus acciones".[30] No solo su mensaje sino también hechos como sus sanaciones, exorcismos y la evangelización de los pobres demuestran que "Jesús se propuso proclamar el reino de Dios no como algo venidero para un futuro próximo, sino como un objeto de la experiencia presente".[31] Dodd reduce el aspecto futuro del reino a una intromisión de la eternidad o trascendencia divina en el señorío divino revelado en los hechos de la vida de Jesús. No hay escatología futura.

Con la llegada de los teólogos de la historia, Wolfhart Pannenberg (1928-2014) y Jürgen Moltmann (nació en 1926), vemos un giro de la escatología realizada a la del futuro. Pannenberg ve la historia como el escenario que no solamente revela sino que determina la verdad del reino de Dios sobre todas las cosas.[32] Argumenta que la prueba del señorío del Padre sobre toda la creación depende de que su Hijo le entregue el reino en la consumación del mundo.[33] La resurrección de Jesús garantiza de forma proléptica o anticipada un reino futuro en el cual el señorío de Dios sobre todos demostrará su amor por el mundo y una vida más allá de la finitud y la muerte.[34] La unidad del Padre con su Hijo y su Espíritu Santo será demostrada ante el mundo solo en el futuro cuando Dios sea "todo en todos". De forma similar, Moltmann prefiere hablar no de la

29 Define tal escatología como "el impacto producido sobre este mundo por los 'poderes del mundo' futuro en una serie de hechos inéditos e irrepetibles que actúan en el presente". Dodd, *Las parábolas del reino*, 57.

30 Ibíd., 51.

31 Ibíd., 52; "El *ésjaton* se ha desplazado del futuro al presente, de la esfera de la expectación a la de la experiencia vivida" (55).

32 Refiriéndose al "concepto trinitario de Dios" como "el proceso de la auto-revelación de Dios en la creación, reconciliación y consumación", Pannenberg añade que "solo con el último de estos, en el futuro escatológico del mundo, este proceso llegará a su fin con la revelación definitiva de la gloria de Dios en la demostración de su deidad. La perfección escatológica del mundo para participación en la gloria de Dios también mostrará qué tan errada es la incredulidad con su duda acerca de la existencia de Dios. Pues probará el amor de Dios por sus criaturas". *Systematic Theology*, vol 3, 632 (traducción mía).

33 "Al entregar el señorío al Hijo, el Padre hace que su reinado dependa de que el Hijo lo glorifique y lleve a cabo su señorío completando su misión. La auto-distinción entre el Padre y el Hijo no es solo que él engendra al Hijo, sino que le entrega todas las cosas de manera que su reino y su propia deidad ahora dependen del Hijo". Pannenberg, *Systematic Theology*, vol 1, 313 (cf 317, 329). La traducción es mía.

34 Pannenberg argumenta que "la deidad de Dios en su reinado sobre el mundo se manifiesta en Jesús solo bajo la condición de que en él el *esjatón* de la historia está presente por prolepsis... la expectación de la revelación final de la deidad de Dios a todo el mundo que está ligada al futuro escatológico de la historia ya se ha cumplido en Jesús, aunque solo por anticipación". *Systematic Theology*, vol 1, 229 (cf 447-48). (Traducción mía).

unidad ontológica que las tres personas poseen desde siempre o según su origen divino, sino de la unidad o unificación de las personas divinas como "la meta escatológica" de la historia.[35] En la cruz de Cristo, vemos cómo Dios no solo en su humanidad sino en su propio ser se hace parte de una creación sufriente, solidarizándose en particular con todos los que sufren en la historia. Según Moltmann, la interdependencia entre Dios y su creación que se revela en la cruz no se debe ver como una limitación ontológica por parte de la naturaleza divina (como en la llamada "teología de proceso") sino como una sobreabundante expresión del amor divino para con los seres humanos.[36]

Ya que la demostración del reino de Dios se ve íntimamente ligada a la culminación de la historia en el futuro, se podría decir que Pannenberg y Moltmann adoptan una "ontología escatológica" según la cual el futuro determina la realidad.[37] Tal ontología implica que la verdad acerca de Dios y todas las cosas a la luz de Dios, aun cuando revelada en las Escrituras, debe verse como verdad *provisional* hasta que Dios la confirme cuando este cumpla sus promesas en el futuro. Según Moltmann, la esperanza del ser humano se ancla entonces en la revelación no solo de la palabra de Dios, sino de Dios mismo como promesa que todavía ha de llevarse a cabo. Si Pannenberg ve la determinación de la unidad de Dios en el futuro en términos de una demostración objetiva de la historia como testimonio del señorío y amor de Dios, Moltmann ve la esperanza en la revelación futura de Dios como un fermento para el descontento de la iglesia con el estado presente del mundo y sus injusticias.[38]

Nos toca analizar brevemente la escatología futura de los autores mencionados. Por su enfoque en la tesis de que el futuro determina la realidad, Pannenberg y Moltmann comparten un concepto provisional de revelación que se aplica a la palabra de Dios y a Dios mismo. Es cierto que en términos de nuestro conocimiento de Dios y su amor, "*ahora* (*árti*) vemos

35 Moltmann propone, por ejemplo, que "la unidad de Dios es la última meta escatológica e incluye en ella la total unificación del mundo con Dios y en Dios. Por lo tanto en la perspectiva escatológica la unidad de Dios se combina con la salvación del mundo…" Moltmann, "The Trinitarian History of God", 642 (traducción mía).

36 Ibíd., 638; cf Ibíd., 643-46.

37 Miller y Grenz, *Introduction to Contemporary Theologies*, 111.

38 "Esta esperanza transforma a la comunidad cristiana en una constante inquietud dentro de aquellas sociedades humanas que quisieran estabilizarse, convirtiéndose en la 'ciudad permanente'. Transforma a la comunidad cristiana en fuente de impulsos siempre nuevos que incitan a realizar aquí el derecho, la libertad y la humanidad, a la luz del futuro anunciado que debe venir". Moltmann, *Teología de la esperanza*, 28; Sauter observa que, al interpretar la resurrección de Cristo como la clave para entender toda la historia, Pannenberg asume una visión universal de la historia con raíces en el idealismo alemán de Hegel; por otro lado, Sauter nota que la propuesta de Moltmann pone mucho más énfasis en la historia como el escenario en que los valores del reino de Dios confrontan políticamente los antivalores de los poderes del mundo. Sauter, *What Dare We Hope?*, xii-xiii.

con opacidad, como a través de un espejo, pero en *aquel día* (o 'luego', *tóte*) veremos cara a cara" (1 Co 13:12a). Pero esto no significa que todas las promesas divinas sean provisionales y dependan de su cumplimiento en el futuro, puesto que existen promesas que Dios desde ya ha cumplido en Cristo.[39] Por ejemplo, Lucas enseña que el Señor Jesús, sentado a la diestra del Padre, ya ha derramado "la *promesa* (*epangelían*) del Espíritu Santo" en el Pentecostés (Hch 2:33). Y aunque Pablo ciertamente habla del Espíritu como "garantía" (*arrabōn*) de nuestra futura redención, el apóstol también conecta "el Espíritu Santo de la promesa" no solo con una verdad provisional futura sino con "la palabra de verdad" (*tòn lóyon tēs alētheías*) o "evangelio" (*euangélion*) que desde ya se oye y se cree (Ef 1:13-14).

La teología de la Trinidad histórica hace bien en recalcar la importancia de hablar acerca de Dios en términos de su revelación en Cristo y, en particular, de cómo esta economía nos da acceso hasta cierto punto al ser de Dios mismo. Así pues, podríamos decir que la donación del Hijo por el mundo en su cruz y por amor a su Padre que lo envió al mundo por amor a nosotros nos revela algo de la naturaleza del Hijo como aquel que siempre se ha dado o existido en íntima relación con el Padre que lo engendra y ama desde siempre.[40] En una perspectiva trinitaria, es a la vez imposible hablar del amor por el cual el Padre y el Hijo aman al mundo sin mencionar al Espíritu Santo, en quien el Padre y el Hijo se aman entre sí y nos convidan de ese amor por adopción.[41] La historia de Dios nos revela algo de su ser. Pero esto no quiere decir que la unidad del Padre y el Hijo en el Espíritu Santo en su propio ser (Trinidad inmanente) dependa de la contingencia de la historia en la que las personas divinas actúan en relación con nosotros (Trinidad económica).[42] Una cosa es lo que nosotros sabemos de la revelación de Dios en la historia, la cual es fidedigna aunque parcial desde el punto de vista del orden del conocimiento (*ordo cognoscendi*), y otra cosa es la integridad de la unidad del Dios trino en sí mismo o en el orden del ser (*ordo essendi*).

39 Para una crítica muy similar a Moltmann, véase Hoekema, *La Biblia y el futuro*, 350; véase también la crítica de O'Donnell a Pannenberg acerca del mismo punto en "Pannenberg's Doctrine of God", 96.

40 "La donación de sí mismo por parte de Cristo es una extensión tanto de su eterna donación al Padre como su Hijo, como de la donación que el Padre hace de sí mismo al engendrar al Hijo... El amor de Dios por el mundo nace de su amor por Jesús antes de la creación del mundo (Juan 3:16; 17:24). El amor de Dios, por el cual engendra al Hijo, es la forma más pura del amor, y desde este amor envía al Hijo para nuestra redención (Juan 3:15)". Scaer, "*Homo Factus Est* as the Revelation of God", *CTQ*, 123 (traducción mía).

41 "La verdad más profunda acerca del Logos en su auto-subsistencia... desde antes... ya sea en la vida intradivina como Dios el Hijo o en la economía de la salvación como Dios encarnado... es que él existe en una [relación] abierta... y extática... hacia Dios el Padre y hacia nosotros libremente y por amor en el Espíritu (*in spiritu*) sin cesar de ser él mismo." Sánchez, *Receiver, Bearer, and Giver*, 157 (traducción mía).

42 Véase O'Donnell, "Pannenberg's Doctrine of God", 95-96.

¿Cómo podemos entonces evitar caer en el efecto del péndulo escatológico que nos llama a ver la escatología solo en términos del presente (Bultmann, Dodd) o del futuro (Pannenberg, Moltmann), como si estas opciones constituyeran polos opuestos? La respuesta ya fue sugerida en los capítulos anteriores y consolidada en este con la propuesta de Cullmann, a saber, que debemos pensar acerca de la escatología cristiana en términos de la tensión entre el "desde ya" y el "todavía no", entre el reino de Dios ya realizado en Cristo y el reino de Dios por venir en Cristo. En este capítulo y el anterior, hemos ilustrado esta relación entre lo inaugurado y lo futuro del reino de Dios desde el punto de vista de la acción del Espíritu Santo como garantía, primicias y sello de la redención, adopción y resurrección de aquellos que han muerto y resucitado con Cristo. En el capítulo anterior también vimos que Lutero asocia la venida del reino de Dios con el descenso del Espíritu Santo que actúa en la iglesia por la palabra para santificarnos con el fin de vivir en el mundo muriendo al pecado y viviendo con obediencia a Dios.

Solo nos falta decir lo mismo brevemente desde el punto de vista de los evangelios. El Espíritu Santo quiere inaugurar el reino futuro de Dios entre nosotros. Lo hace a partir de la resurrección de Cristo (énfasis paulino), pero lo hace primero en la vida y obra de Cristo (énfasis de los evangelios).[43] Será por el descenso del Espíritu Santo, "el poder del Altísimo", sobre la virgen que dará a luz al santo Hijo de Dios (Lc 1:35), "el Hijo del Altísimo" a quien "Dios, el Señor, le dará el trono de David su Padre, y *reinará* (*basileúsei*) sobre la casa de Jacob para siempre, y su reino no tendrá fin" (vv 32-33). En el bautismo del Jordán, el Padre unge a su Hijo con el Espíritu Santo para su misión como el Siervo (Lc 3:21-22; cf Is 42:1), la cual incluye la proclamación de las buenas nuevas del reino [Lc 4:18-19, 43; cf Is 61:1-2; Mt 4:17: "Arrepiéntanse, porque el reino de los cielos *se ha acercado* (*ēngiken*)"]. Después de haber sanado al ciego y mudo que estaba poseído por un demonio, y ante las críticas de los fariseos que erradamente atribuían el poder de Dios al diablo, Jesús aclara que las obras que él lleva a cabo por el Espíritu establecen el reino de Dios en el mundo en oposición al reino del maligno (Mt 12:22-27). Les dice: "Pero si yo expulso a los demonios por el poder del Espíritu de Dios, eso significa que el reino de Dios *ha llegado* (*éfzasen*) a ustedes" (v 28; cf Lc 11:20, "el dedo de Dios"). En el diálogo de Jesús con Nicodemo, la entrada al reino de Dios solamente viene por el nuevo nacimiento "de agua y del Espíritu" (Jn 3:3-6). Pero en la narrativa joánica Jesús bautiza

43 Para un recuento de la obra del Espíritu en la vida y misión de Cristo, véase Sánchez, *Pneumatología*, 97-110.

a otros con el don del Espíritu (Jn 4:10, 13-14; 7:37-39) porque sobre él reposa el Espíritu sin medida (1:32-33; 3:34). El agua de vida eterna fluye de Cristo y, por la efusión de su Espíritu, fluye también del interior de los que creen en él. Aquel que cree en el Hijo y sus palabras, que son "espíritu y vida" (Jn 6:63), tiene la promesa de que "yo lo resucitaré en el día final" (*anastēsō autò [en] tēi esjátēi hēmérāi*, v 39) pero también "tiene vida eterna" (*éjei zōēn aiōnion*, v 47) en el presente.

En los textos anteriores, notamos el uso verbal del futuro pero también del perfecto y el presente, es decir, de formas del tiempo que hablan del reino y sus beneficios no solo en términos de lo que ha de venir sino también de lo que ya ha llegado y tenemos ahora. El Espíritu Santo inaugura el reino de Dios en Cristo, y por medio de Cristo también en nosotros, de forma proléptica o anticipada. El Espíritu irrumpe en el presente desde el futuro, haciéndonos partícipes desde ya de las bendiciones del reino que éste manifestará y establecerá en su plenitud con la consumación del mundo en el día final.[44] En este tercer movimiento de la sinfonía de los tiempos escatológicos de Dios, el *Espíritu Santo* en Cristo y sus discípulos manifiesta el reino de Dios por la proclamación de las buenas nuevas del evangelio, la lucha contra el maligno, y el testimonio de la vida eterna y la resurrección en un mundo lleno de oscuridad y muerte.

Preguntas de reflexión

1. Una forma de expresar la esperanza cristiana es haciendo uso de secuencias del tiempo que la Escritura utiliza para describir la acción de Dios en la renovación de su creación. Refiriéndose a la ilustración de la primera secuencia (véase Fig 1), explique en qué sentido Dios el Padre es el inicio y la meta de la creación.
2. ¿Por qué llamamos a la primera secuencia el "movimiento conciliativo" de la esperanza cristiana? ¿De qué maneras ilustran la historia de Adán y la del hijo pródigo el movimiento conciliativo que describe la primera secuencia?
3. Refiriéndose a la ilustración de la segunda secuencia (véase Fig 2), explique en qué sentido Dios el Hijo es el centro de la historia de la salvación en el tiempo de Dios.
4. ¿Por qué llamamos a la segunda secuencia el "movimiento corporativo"? ¿De qué maneras ilustran la historia de Israel y la de Abrahán

44 Hoekema interpreta la pneumatología escatológica de Pablo, observando que para él "el Espíritu significa la irrupción del futuro en el presente, de modo tal que los poderes, privilegios, y bendiciones de la edad futura ya nos son disponibles a través del Espíritu". *La Biblia y el futuro*, 73. Lo que afirma Hoekema se puede decir también de la obra del Espíritu en los evangelios.

el movimiento corporativo de la segunda secuencia? ¿Qué implicaciones para la misión de la iglesia podemos recoger del movimiento corporativo?

5. Refiriéndose a la ilustración de la tercera secuencia (véase Fig 3), explique por qué llamamos a la tercera secuencia el "movimiento anticipativo" del tiempo de Dios. ¿En qué sentido Dios el Espíritu Santo es el agente que hace del reino de Dios una realidad futura con implicaciones para el presente? (Nota: En su respuesta, puede utilizar textos en los que se trata la obra del Espíritu no solo en este capítulo, sino también en el anterior.)
6. Hemos descrito el pensamiento escatológico de varios teólogos. Algunos como Bultmann y Dodd enfatizan la escatología presente a expensas de la futura; otros como Moltmann y Pannenberg tienden a enfatizar la escatología futura a expensas de la presente. Escoja uno de estos teólogos y contraste su pensamiento con la escatología de Cullmann.

Capítulo cuatro

LA APERTURA DE LOS CIELOS Y LA BATALLA EN LOS CIELOS: IMÁGENES REDENTORAS DE LA ESPERANZA ANTE EL PECADO Y EL MAL

Camino a Barcelona, el caballero Don Quijote de la Mancha se encuentra con Roque Guinart, un forajido salteador de caminos. No era bandido cruel y despiadado, sino más bien compasivo y con buenas intenciones. Aunque muy atribulado en su conciencia por su forma pecaminosa de vida, Roque le expresa al caballero andante su esperanza de algún día dejar su vida turbulenta a un lado. Don Quijote, animándolo a cambiar el rumbo de su vida, le dice:

> Señor Roque, el principio de la salud está en conocer la enfermedad y en querer tomar el enfermo las medicinas que el médico le ordena: vuesa [es decir, vuestra] merced está enfermo, conoce su dolencia, y el Cielo, o Dios, por mejor decir, que es nuestro médico, le aplicará medicinas que le sanen... no hay sino tener buen ánimo y esperar mejoría de la enfermedad de su conciencia".[1]

El mundo cervantino es el mundo de la cristiandad, repleto de referencias y alusiones bíblicas. Las palabras del Quijote evocan las de los evangelios sinópticos, cuando Jesús llama a Leví (Mateo), un cobrador de impuestos, a ser su discípulo (Mc 2:13-17; véase Mt 9:9-13 y Lc 5:27-32). Bien sabido es que, por recolectar más tributo de lo debido en nombre del Imperio Romano, se tildaba a los cobradores de impuestos de "pecadores". Pensando que su santidad excede la de Leví y sus homólogos, los escribas y fariseos se ofenden cuando ven a Jesús comer con ellos y les preguntan a sus discípulos: "¿Éste come y bebe con cobradores de impuestos y con pecadores?" (Mc 2:16). Jesús responde con frases célebres: "No son los sanos los que necesitan de un médico, sino los enfermos. Y yo no he venido a llamar a los justos, sino a los pecadores" (v 17). Se identifica a Jesús con el médico que sana a pecadores.

Si Jesús se hubiera sentado a la mesa con el Señor Roque en tiempos de la España de Cervantes, los líderes religiosos le hubieran preguntado algo similar: "¿Y este come y bebe con bandoleros y con pecadores?" El

[1] Don Quijote de la Mancha, Segunda Parte, LX, 644.

Quijote le recuerda al bandolero que "el Cielo", es decir, "Dios... es nuestro médico" y "le aplicará medicinas que le sanen".[2] El Cielo y Dios de Cervantes no es otro que el Jesús de los evangelios, el gran médico de los desquiciados y atribulados que no vino a sanar a justos sino a pecadores. Con la llegada de Jesús al mundo, el Cielo se ha manifestado en la tierra. Con la visitación del gran médico de las conciencias atribuladas, el Cielo nos ha sanado con su medicina. El cielo nos ha llamado. El cielo es, por decirlo así, Jesús. Dicho de otra manera, la temática del cielo (o los cielos) en la Escritura nos invita a reflexionar acerca de los beneficios que nos ofrece la comunión con Jesús, quien es Señor sobre su creación, y también sobre los poderes que la acechan y oprimen. Tener a Jesús es tener el cielo. Es estar bajo el favor, la protección, y el gozo de los cielos en la nueva creación que ya se ha inaugurado entre nosotros por la muerte y resurrección de Cristo.

Nos puede sonar un poco extraña la identificación de lo celestial con la persona y el reinado de Cristo en la creación y en nuestras vidas, o con los beneficios inaugurados de la redención que Cristo ha obtenido por nosotros sobre los poderes del anti-reino que nos atacan en el mundo y nos roban la felicidad. El problema radica en que, por mucho tiempo, la teología, ya sea formal o popular, se ha limitado a discursar acerca del cielo como el *lugar* donde van las *almas* en el estado intermedio entre la muerte y la resurrección. En cuanto a este período, ya hemos visto cómo la Escritura no enfatiza tanto la salvación de las almas en sí como meta o el *télos* de la esperanza cristiana, sino la resurrección del cuerpo y la restauración de *toda* la persona (cuerpo y alma/espíritu) en la parusía o el retorno de Cristo. ¿Y qué del cielo como un lugar?

Ciertamente, la Escritura nos habla del cielo como si fuera un *espacio* donde tenemos "un edificio, una casa eterna… nuestra casa celestial" (2 Co 5:1-2), "ciudadanía" (Flp 3:20), "herencia" (1 P 1:4), "galardón" (Mt 5:12), y aun nos habla de "*la esperanza* (*tēn elpída*) que *en los cielos* (*en toīs ouranoīs*) les está reservada" a los santos (Col 1:5). Pero aquí hay que recordar que el propósito de estas afirmaciones no es la fascinación con la determinación de la localidad del cielo (¡la Escritura no especula acerca de su apartado postal!), sino la identificación del cielo o los cielos con los beneficios que tenemos por la comunión con Jesús. Aun cuando Jesús les

2 Entre las definiciones de "cielo", *DLE* incluye "Dios o su Providencia", 559; entre diversas definiciones del cielo, Cabodevilla ofrece la siguiente: "El cielo no es otra cosa que la presencia misma de Dios que lo abarca todo, que a la vez penetra y trasciende este mundo". *El cielo en palabras terrenas*, 55; en el Antiguo Testamento, algunos textos como Sal 73:9 o Job 20:27 sugieren el uso de "cielos" para referirse a Yahvé, práctica que se hace más popular en el judaísmo posterior. Véase von Rad, "Οὐρανός, Οὐράνιος, Ἐπουράνιος, Οὐρανόθεν", en *TDNT*, 509.

dice a sus discípulos que "en la casa de mi Padre hay muchos aposentos" y que después de su ascenso al Padre "voy a preparar un lugar para ustedes", el enfoque del texto es la promesa de que "vendré otra vez, y los llevaré conmigo, para que donde yo esté, también ustedes estén" (Jn 14:2-3). Se enfoca el texto más en la promesa del retorno de Cristo y nuestra continua comunión con su persona. De forma similar, la promesa que Jesús le hace al ladrón moribundo desde la cruz: "de cierto te digo que hoy estarás conmigo en el paraíso", sugiere que el gozo de estar en el paraíso equivale al estar con Cristo ("estarás conmigo") aun después de la muerte (Lc 23:43). No nos debe sorprender entonces que el cielo de los santos se pueda describir, aun en la dogmática, como "dondequiera que Dios se revela a sí mismo en su gloria descubierta, 'cara a cara'".[3] O como lo expresa el teólogo español Cabodevilla: "el cielo consiste en ver a Dios, y esta visión de Dios se realiza en Cristo... Veremos a Dios a través de la carne trasparente de Cristo. La humanidad de Cristo es justamente la visibilidad de Dios. 'Quien me ve a mí, está viendo al Padre' (Jn 14:9)".[4] En fin, las imágenes espaciales no son un fin en sí mismas, sino que describen una pluralidad de beneficios que son recibidos por estar con o en Cristo. Con decir esto, no se niega la materialidad del cielo, sino que se amplía su función para incluir y enfatizar su objeto cristológico y soteriológico en la narrativa bíblica.

Partiendo de imágenes bíblicas que pintan de distintas formas los beneficios salvíficos de vivir en comunión con Dios por medio de Cristo –es decir, lo que significa gozarse del "cielo" o "los cielos"– este capítulo presenta una narración catequética de la esperanza cristiana. En sus catecismos, Lutero nos habla de la *redención* en Cristo como nuestro rescate de los poderes del anti-reino y su conquista sobre los mismos, acción divina cuyo propósito es que vivamos bajo el reino de Cristo como el Señor sobre los poderes que nos oprimen.[5] Nos recuerda Lutero que "la palabrita Señor significa muy sencillamente, redentor, esto es, él nos ha conducido del diablo a Dios, de la muerte a la vida, del pecado a la justicia y nos mantiene en ello".[6] Esta triple obra de Cristo resume la trayectoria redentora, tanto futura como inaugurada, de la escatología. Usando este patrón catequético, trataremos tres imágenes de la esperanza cristiana que sitúan el discurso del cielo en su contexto soteriológico, a saber, el favor de Dios para con su pueblo, la victoria de Dios sobre el mal, y el fin de la muerte y la vida perdurable.

---

3 Pieper, *CD*, III, 553 (traducción mía); cf Mueller, *DC*, 402.

4 Cabodevilla, *El cielo en palabras terrenas*, 96.

5 "Creo que Jesucristo... es mi Señor, que me ha redimido a mí, hombre perdido y condenado, y me ha rescatado y conquistado de todos los pecados, de la muerte y de la potestad del diablo... con su santa y preciosa sangre... y todo esto lo hizo para que yo fuese suyo y viviese bajo él en su reino..." *Cat. Menor*, 4, en *LC*, 359.

6 Cat. Mayor, 31, en *LC*, 441.

Cada imagen tiene su base bíblica, lugar en la reflexión teológica de la iglesia, y aplicación pastoral o misional. En este capítulo, nos enfocamos en las dos primeras imágenes. Dejaremos la tercera imagen para el próximo capítulo, donde reflexionaremos acerca de los cielos como la esfera del señorío de Cristo sobre la muerte y en la vida perdurable. Allí ahondaremos en las distintas caras de la muerte, en relación al juicio divino, la resurrección, y los nuevos cielos y la nueva tierra. En ambos capítulos se tomará en cuenta la problemática del milenio y cómo debe entenderse bíblicamente, particularmente en respuesta al premilenarismo dispensacionalista.

La apertura de los cielos: La esperanza como el favor de Dios para con los seres humanos

En la mentalidad de la gente el cielo es un lugar al que las almas suben después de la muerte. El cielo está en algún lugar, allá arriba, donde Dios mora con sus ángeles. Esta imagen tiene algo de mérito. Ciertamente, las Escrituras nos presentan el cielo como el ámbito de la presencia del Dios santo y todopoderoso que está por encima de nosotros. Jesús nos enseña a orar: "Padre nuestro que estás en los cielos". El Credo Niceno resume la enseñanza bíblica que el Hijo de Dios, "por nosotros y por nuestra salvación, bajó del cielo" y luego de su muerte y resurrección "subió a los cielos" desde donde "vendrá con gloria para juzgar a los vivos y a los muertos". La ascensión de Jesús al Padre nos prepara y nos pone a la espera de nuestra subida al Padre que está en los cielos donde Jesús nos ha preparado eterna morada en su presencia (Jn 12:3-4).

Sin embargo, hablar exclusivamente de un subir al cielo para morar con Dios allá arriba nos puede llevar a olvidar la imagen del cielo como la esfera de donde Dios *baja* para habitar con nosotros y revelarnos su favor y misericordia. Pensar en el cielo (o los cielos) como la habitación de Dios nos hace pensar en la transcendencia de Dios en relación con sus criaturas, pero también en la separación entre Dios en cuanto santo y su creación corrompida por el pecado. Por ejemplo, el profeta Isaías enfatiza que Dios mora en las alturas o "habita en la eternidad" que nos transciende, pero a la vez *desciende* desde lo alto para habitar con los quebrantados y así darles vida y salvación. El eterno Dios se hace palpable.

> Porque así dijo el Alto y Sublime, el que habita la eternidad, y cuyo nombre es el Santo: Yo habito en la altura y la santidad, y con el quebrantado y humilde de espíritu, para hacer vivir el espíritu de los humildes, y para vivificar el corazón de los quebrantados (Is 57:15, RVR 1960).

Como vimos en el capítulo anterior, el apóstol Pablo argumenta que, con el descenso del Siervo sufriente, Yahvé ya ha bajado con poder y misericordiosamente desde lo alto para incorporarnos a su pueblo en un nuevo éxodo mediante el perdón de los pecados. En los evangelios sinópticos, la apertura de los cielos y la voz en los cielos que se suscitan en el bautismo de Jesús anuncian que el Padre nos ha visitado en la figura de su Siervo, en quien se complace y sobre quien ha puesto su Espíritu para traer justicia a las naciones (cf Is 42:1). La apertura de los cielos nos señala que la eternidad nos visita con fuerza salvífica en Cristo. Así pues, en las aguas del Jordán "los cielos se abrieron" (*ēneōijzēsan... hoi ouranoí*) y "desde los cielos (*ek tōn ouranōn*) se oyó entonces una voz" (Mt 3:16-17; cf Lc 3:21-22; Mc 1:10-11).

En el contexto de las predicciones de la pasión en el evangelio de Marcos, la nube (refiriéndose al cielo) y la voz que viene de la nube en el monte de la Transfiguración (Mc 9:7) no solo nos revelan la identidad divina del Hijo del Hombre sino también su destino como el Siervo de Yahvé (cf Mc 8:31; 9:31; 10:33-34), quien no "vino para ser servido, sino para servir y dar su vida en rescate por muchos" (Mc 10:45). El descenso del Espíritu sobre el Hijo en el Jordán señala también el descenso del Hijo en su misión como el Siervo, la cual lo lleva a la cruz. El bautismo en agua lleva al bautismo en sangre en Gólgota. Es precisamente en la cruz que el centurión confiesa a Jesús como "Hijo de Dios" (Mc 15:39). El descenso del Hijo, el Siervo ungido con el Espíritu, se orienta a su muerte a favor de muchos, de las naciones. Su humillación en la crucifixión muestra cómo aquel que habita la eternidad con su Padre desciende de los cielos y la nube para vivificar a los humildes y quebrantados de corazón. Con el descenso de Cristo, el cielo baja a la tierra, los cielos se nos abren, el favor de Dios ha llegado a la raza humana.

Las llaves del cielo

La apertura de los cielos con esa voz de la nube es signo del favor de Dios para con su pueblo y las naciones. El descenso del Espíritu sobre el Hijo en el Jordán también lo es. En el evangelio de Lucas, el Espíritu ha "ungido" a Jesús en su bautismo para la misión a la cual el Padre lo ha enviado, a saber, "proclamar buenas noticias a los pobres... el año de la voluntad del Señor" (Lc 4:18-19; v 43: "las buenas noticias del reino de Dios"). Al finalizar su misión, Jesús envió a sus discípulos como testigos al mundo con el mismo Espíritu para que "en su nombre se predicara el arrepentimiento y el perdón de pecados en todas las naciones" (Lc 24:47; cf Hch 1:4, 8). En Mateo, el Hijo del Hombre "tiene autoridad en la tierra para perdonar pecados" (Mt 9:6) y luego da esa autoridad –"las llaves del reino" (Mt 16:19)– a sus discípulos para que perdonen pecados en su nombre, es decir, para que abran las puertas del cielo a todo aquel que se arrepienta de sus pecados o las cierren a los impenitentes. Los discípulos tienen la autoridad de Jesús para desatar a los oprimidos del yugo del pecado, de tal forma que "todo lo que desaten en la tierra, será desatado en el cielo" (Mt 18:18). El despliegue de tal autoridad para perdonar pecados es un signo de que, con la misión de Cristo, el reino de los cielos se ha acercado a nosotros, manifestándose en la tierra.

En la versión del Padrenuestro en Mateo, vemos cómo Jesús les enseña a orar a sus discípulos: "venga tu reino, hágase tu voluntad, *en la tierra como en el cielo* [*ōs en ouranōi kaì epi gēs*] (Mt 6:10)". Esta frase, "así en la tierra como en el cielo", expresa "la nueva participación del cielo en la tierra que en la obra salvífica de Jesucristo ha reemplazado la división entre el cielo y la tierra".[7] Al orar de esta manera, N.T. Wright comenta que "estamos orando, como Jesús estaba orando y actuando, es decir, por la redención del mundo; por la radical derrota y arrancadura del mal; y el casamiento final del cielo y la tierra, para que Dios sea todo en todos".[8] No se trata de orar por un reino celestial o espiritual que se escapa de la creación, ni por un reino que se gana en la tierra por medio de victorias políticas o militares. No es un reino del más allá ni del aquí y ahora, sino un reino de *aquel*. Es el reino del cielo que Dios establece en la tierra por medio de Cristo. Se trata de la irrupción en la historia de un nuevo éxodo que traerá liberación del pecado a una Israel cautiva, de la salvación que narra la historia del hijo pródigo y su padre misericordioso, de un reino que el Siervo de Yahvé practica al solidarizarse con pecadores o que el Buen Pastor ejerce al buscar a la oveja perdida.[9]

De forma similar, en Juan, el Hijo "que viene del cielo" (Jn 3:31) proclama palabras de vida eterna a todo aquel que cree en él porque Dios le ha dado su Espíritu sin medida (véase Jn 3:34-36). En su regreso al Padre, el Hijo glorificado luego sopla su Espíritu Santo sobre los discípulos, dándoles autoridad para remitir y retener pecados (Jn 20:22-23). En todos estos textos, vemos cómo el descenso del Espíritu de Dios sobre Jesús en

7 Helmut Traub, "Οὐρανός, Οὐράνιος, Ἐπουράνιος, Οὐρανόθεν," *TDNT*, 519 (traducción mía).

8 N.T. Wright, *The Lord and His Prayer*, 31 (traducción mía).

9 N.T. Wright, *The Lord and His Prayer*, 27-28; acerca de la petición, "perdónanos nuestras deudas", el autor comenta que al perdonar pecados, Cristo no está actuando solo como un "maestro", sino como la persona que nos "trae el Reino" (en inglés, "Kingdom-bringer"), que actúa según la historia "de un padre que tiró su dignidad a la basura y corrió por el camino para darle la bienvenida a su indigno hijo", de tal forma que "el perdón de los pecados está ocurriendo... Este es el nuevo éxodo, el verdadero retorno del exilio, el cumplimiento profético, la gran liberación. Este es el vergonzoso adviento de nuestro asombroso Dios". Ibíd., 53 (traducción mía).

su misión de proclamación luego es dado por Jesús a la iglesia para que esta proclame el perdón de los pecados en su nombre a todas las naciones. La apertura de los cielos con el descenso del Espíritu Santo sobre Jesús y su iglesia señala el tiempo favorable de Dios y muestra que Dios desea absolver al mundo de sus pecados para reconciliarnos con él y llevarnos a la reconciliación los unos con los otros.

Los cielos se abren en el pequeño Jordán

Jesús es el Siervo de Yahvé que por la unción del Espíritu revelará su salvación del yugo del pecado a Israel y las naciones en un nuevo éxodo escatológico. La esperanza cristiana en los últimos tiempos radica en esta nueva liberación del poder del pecado opresor que nos separa de Dios. En la reflexión teológica de la iglesia, el bautismo de Jesús en las aguas del Jordán hace posible la iniciación del cristiano en esta historia de Israel y por ende en tan esperado éxodo. Las aguas del bautismo cristiano pasan a ser un antitipo del bautismo de Israel en las aguas del Mar Rojo. Por ejemplo, San Basilio, teólogo del siglo IV (330-379), llama al cruce de Israel por el Mar Rojo "una sombra y un tipo" del bautismo cristiano.[10] En el primer éxodo, los hijos de Dios "*fueron bautizados en Moisés, en la nube y en el mar*" (1 Co 10:2; cf Ex 13:21; 14:22), prefigurando así "por imitación, aquello que se espera, y de antemano hace entrever ostensible mente el porvenir" de aquel otro éxodo que todos los creyentes gozarán mediante su bautismo en Cristo.[11] Por ser herederos del pecado de Adán, las aguas son para nosotros instrumento de muerte como lo fueran para el faraón y sus ejércitos, pero paradójicamente también señalan la muerte de "nuestra enemistad contra Dios" y por ende "subimos del agua, cual vivos entre los muertos, salvados por la gracia del que nos llamó".[12] Según Basilio, el bautismo es un pequeño éxodo por el cual Dios pone fin al pecado de Adán (entendido como enemistad contra Dios) en el bautizado y así lo salva por su gracia de la muerte (entendida como juicio divino contra el pecado).

En una oración bautismal, Lutero también ve el paso de Israel por el Mar Rojo a tierra seca como evento que prefigura "este baño de tu Santo Bautismo", pero a la vez nota que nuestro bautismo solo puede entenderse como un éxodo de salvación porque Dios lo ha santificado como "un rico lavamiento de pecados" mediante el bautismo de su Hijo en el Jordán.[13]

10 Basilio, *El Espíritu Santo*, XIV, 3, p. 155.
11 Ibíd., p. 156.
12 Ibíd., p. 157.
13 Sánchez, *Teología de la santificación*, 77. La traducción de la oración de Lutero es mía.

Siguiendo el texto de Mateo (3:13-17), Lutero interpreta el bautismo de Jesús de forma vicaria a la luz de la cruz, es decir, de tal manera que cuando Jesús desciende a las aguas del Jordán lo hace en el lugar y a favor de los pecadores. En uno de sus sermones en ocasión del bautismo de Bernard, hijo del Príncipe Juan de Anhalt (1540), Lutero explica el sentido vicario del Jordán.

> Ya que él ha pasado a ser el Pecador que ha tomado sobre sí todo nuestro pecado, en verdad necesita Bautismo y debe ser bautizado para el perdón de los pecados, no con respecto a Su propia persona, la cual es inocente y sin mancha, sino para bien de aquellos cuyos pecados él lleva sobre sí. Él sumerge estos pecados en su Bautismo y los lava de sí mismo (es decir, los lava de nosotros, ya que él ha tomado sobre sí nuestra persona) para que así estos sean ahogados y mueran en Su Bautismo.[14]

En el tiempo litúrgico de la iglesia, cada bautismo señala entonces una nueva apertura de los cielos en la que el Espíritu que ungió a Jesús en el Jordán unge a sus discípulos en todo tiempo y lugar para morir y resucitar con Cristo, para ser ahogados en sus pecados y luego ser limpios de pecados (cf Ro 6:3-4). En el pequeño Jordán del bautismo cristiano, la voz del cielo que proclamó al Siervo como Hijo amado del Padre va dirigida también al bautizado que, por adopción del Padre, ahora participa de la filiación del Hijo y por ende tiene comunión con el Padre. El descenso a las aguas del Jordán se orienta a la misión cruciforme del Hijo, quien tomará sobre sí nuestros pecados para reconciliarnos con el Padre. En el bautismo cristiano, ese signo sacramental de un nuevo éxodo, descendemos con el Hijo a las aguas para morir con él y así salir de las aguas sanos y salvos. La apertura de los cielos en el bautismo cristiano –nuestro pequeño Jordán– significa entonces una lluvia o un diluvio de bendición a favor de los seres humanos.

El cielo ha llegado

En las imágenes bíblicas y catequéticas que hemos tratado, vemos que los cielos se nos presentan como la esfera o habitación de la cual Dios *baja* en su Hijo, el portador y dador del Espíritu, para comunicarnos su favor, el perdón de los pecados. Esta es una visión de la esperanza cristiana que Dios ha inaugurado con la primera venida de su Hijo al mundo y que

14 LW 58:45 (traducción mía).

se manifiesta cada vez que los pecados son perdonados. Es una visión sacramentalizada de la iglesia en el sentido de que el Espíritu del Hijo usa medios de gracia, Palabra y sacramentos, para reconciliarnos con Dios Padre. Lo hace desde ya de tal forma que, cuando los pecados son perdonados, el cielo se nos ha abierto con su lluvia de bendiciones.

El cielo ha llegado a la tierra. Llega con la Palabra y los sacramentos. Llega cada vez que en las aguas del baño bautismal somos lavados de pecados, declarados hijos e hijas de Dios, rescatados de su juicio divino y abrigados con su gracia. Llega con el anuncio de buenas nuevas por parte de la iglesia que posee precisamente las llaves que abren los cielos a todos los que tienen sed de reconciliación con Dios y sus semejantes. Llega el cielo con la mutua consolación del evangelio entre hermanos y hermanas y con la proclamación del evangelio a todas las naciones. Cada vez que estos eventos ocurren tenemos un anticipo en el presente de un futuro en el cual ya no habrá pecado, un estado de vida en el que la enemistad con Dios no existe, un mundo en el que los seres humanos viven en comunión con Dios y entre sí.

Esta visión inaugurada del cielo como el *favor* de Dios en la creación tiene sus implicaciones pastoral y misiológica. Nos anima a invocar al Espíritu de Dios a menudo para que haga su obra santificadora entre nosotros, para que abra los cielos en nuestras vidas una y otra vez, para que nos renueve en nuestro Bautismo. La iglesia no es una comunidad de santos puros, sino de santos pecadores. A causa del pecado que aún nos arrastra consigo a pelear con Dios y entre nosotros, el Espíritu nos ha de llevar al diario arrepentimiento, a morir al pecado y a vivir bajo el señorío de Cristo diariamente; en fin, debe enseñarnos a pedir y recibir perdón y luego a pedir y dar perdón. Refleja así la iglesia la forma de Cristo en su muerte y resurrección y por ende la vida bautismal, muriendo al pecado para así vivir para Dios (véase Ro 6:1-14).

Este perdón nos lo da el Espíritu Santo en la comunidad de la iglesia "bajo dos formas: Dios nos perdona y nosotros nos perdonamos mutuamente, nos soportamos y auxiliamos".[15] La iglesia y todo cristiano debe admitir sus pecados abiertamente ante Dios y prójimos que hayan herido, pedir y recibir perdón por los mismos, y también dar perdón y cosechar frutos de arrepentimiento en prácticas de mutua reconciliación. Por eso oramos no solo "perdónanos nuestras deudas", sino también "así como nosotros perdonamos a nuestros deudores". Oramos para actuar bajo el reino de Dios en relación a otros, así como Jesús actuó al traer ese reino

15 Cat. Mayor, 55, en *LC*, 446.

a nosotros. Aquel que nos trajo el reino de Dios en el perdón ahora nos envía al mundo a ser el pueblo del perdón. Vivir esta oración en el mundo no es cuestión de cumplir con una mera enseñanza moral ni de ganarse el reino por las obras de perdón, sino de vivir conforme al ritmo que define nuestra existencia o vida en Cristo.[16]

Consciente de su necesidad y misión, quienes son la iglesia evitan el triunfalismo de una santidad pura y viven en el mundo humildemente como santos pecadores en necesidad de continua intervención divina. Vivir bajo el señorío de Cristo, quien nos pasa del pecado a la justicia, significa vivir bajo la intervención del Espíritu que "siempre tiene que influir en nosotros por la Palabra y distribuirnos diariamente el perdón de los pecados, hasta aquella vida en que ya no habrá más perdón, sino hombres enteramente puros y santos, llenos de piedad y de justicia, sacados y libertados del pecado..."[17] Cuando los pecados son perdonados en el presente y vemos reconciliación entre pecadores con Dios y entre sí, el Espíritu de Cristo nos da un anticipo de su obra consumada, una ventana a un mundo nuevo en el que "ya no habrá más [necesidad del] perdón".

Al vivir como iglesia en el mundo, es decir, como comunidad constituida, nutrida y animada por el Espíritu mediante el perdón de los pecados, la iglesia pasa a ser signo de perdón y reconciliación incondicional en un mundo que tiende ya sea a la enemistad y la venganza por faltas cometidas o a la clemencia a cambio de favores. Como comunidad del perdón por excelencia, la iglesia adquiere además una forma generosa en el mundo. Da perdón quien recibe perdón. Su deleite no es solo gozarse del perdón que ha recibido en Cristo sino diseminarlo por todo el mundo. Es la obra continua del Espíritu "hasta el día del juicio" la que da forma a la misión de la iglesia en el mundo, pues es por medio de esta comunidad "que él habla y hace todas las cosas; porque aún no ha reunido a toda su cristiandad, ni tampoco ha distribuido enteramente el perdón".[18] Así pues, la esperanza de la iglesia y del mundo, entendida como redención del pecado, radica en la generosidad del Espíritu Santo que sin cesar sigue haciendo su obra santificadora entre nosotros.

La batalla en el cielo: La esperanza como la victoria de Dios sobre el mal

En la mentalidad popular a menudo se asocia el cielo con ángeles en forma de infantes que saltan de nube en nube, tocando arpas o liras, felices y contentos, como si estuvieran jugando y gozando todo el tiempo.

16 Véase N.T. Wright, *The Lord and His Prayer*, 54-55.

17 Cat. Mayor, 58, en *LC*, 446.

18 Ibíd., 61-62, en *LC*, 447.

Ciertamente, Jesús enseña que hay "gozo en el cielo" (*jarà en tōi ouranōi*) cuando un pecador se arrepiente, gozo que comparten los ángeles (Lc 15:7, 10). Pero el énfasis en el gozo de los ángeles no debe eclipsar otro aspecto bíblico de la obra angélica, a saber, la protección de los hijos y las hijas de Dios contra los ataques del diablo y sus ángeles malignos. El cielo es la esfera de la lucha espiritual entre las fuerzas angelicales de Dios y los ángeles que se rebelan contra él. En un intercambio con setenta y dos discípulos que contentos reportan cómo expulsan demonios en su nombre (Lc 10:17), Jesús confirma su testimonio haciéndoles saber que él mismo vio a Satanás caer "del cielo" (*ek toū ouranoū*, v 18). Desde su caída del cielo, Satanás y sus ángeles malévolos se han empeñado en retomar el cielo, queriendo ocupar el lugar que solo le pertenece a Dios. Sin embargo, el cielo no le pertenece al diablo, sino a los discípulos de Jesús cuyos nombres "ya están escritos en los cielos" (*engégraptai en toīs ouranoīs*, v 20). El cielo sigue siendo la morada de Dios y de sus hijos e hijas.

Pero Satanás insiste en subir al cielo y hacerse dueño y señor del mismo. Al describir la "batalla" o lucha de la iglesia contra el diablo y sus secuaces, Pablo describe a estos espíritus malignos como "principados y potestades" y "huestes espirituales de maldad *en las regiones celestes* [*en toīs epouraníois*]" (Ef 6:12). Su influencia demoníaca es palpable en la tierra, pues seducen a "gente de carne y hueso… a los que gobiernan las tinieblas de este mundo". Se nos presentan a estas fuerzas como agentes que operan desde el cielo como si fueran Dios con el fin de separar al Creador de sus criaturas. Creyéndose dueños del cielo actúan como si estuvieran por encima de los seres humanos, como si ejercitaran la soberanía sobre todas las cosas que solo le pertenece a Dios. Las fuerzas del mal actúan bajo el mando del "príncipe del poder del aire, que es el espíritu que ahora opera en los hijos de desobediencia" (Ef 2:1). Ante los ataques del príncipe impostor, el apóstol le recuerda a la iglesia en Éfeso que su único Padre es Dios, quien "en Cristo" (*en Christōi*) ha derramado sobre ellos "toda bendición espiritual *en los lugares celestiales* [*en toīs epouraníois*]" (Ef 1:3, cf 6:12). Cristo es el Señor de los cielos y el mediador de los bienes celestiales.

En la visión apocalíptica de Juan, el cielo es la escena de la gran batalla cósmica entre el bien y el mal. Al mando de las fuerzas de Dios, "Miguel y sus ángeles lucharon contra el dragón, y el dragón y sus ángeles también lucharon, pero no pudieron vencer, y ya no hubo lugar para ellos en el cielo" (Ap 12:7-8). La expulsión del "gran dragón" del cielo es en fin "señal" (*sēmeion*, v 3) de "la salvación y el poder y el reino de nuestro Dios, y la autoridad de su Cristo" (v 10). El cielo le pertenece a los que han vencido al dragón por la sangre del Cordero (vv 11-12). En este gran drama cósmico, Miguel y sus ángeles sirven como instrumentos de Dios para promover y señalar la victoria del Cordero sobre los poderes seductores del maligno. No nos debe sorprender que la iconografía y el arte cristianos de iglesias por todo el mundo a menudo representen al arcángel Miguel como un guerrero que, con espada en mano, mata al dragón, la serpiente, o la figura representativa del maligno.

Por la victoria de Cristo sobre el maligno, la iglesia desde ya tiene el cielo como su tesoro y promesa. Pero esto no impide que el maligno insista en tomarse lo que no es suyo, en arrebatarle el gozo del cielo a la iglesia, durante su peregrinar por el mundo. Así pues, vivir en la esfera del cielo trae consigo ataques espirituales cuyo fin es robarle a la iglesia su esperanza en la obra auxiliadora de Dios ante el poder del mal. En el presente, el cielo es paradójicamente el lugar del combate y el refugio de los atacados. Así pues, en su comentario al Apocalipsis, Primasio, obispo africano del siglo VI, asocia el cielo con la esfera de "la Iglesia, donde cada fiel ha de luchar sin pausa contra los espíritus perversos", y añade que "el nombre mismo de Miguel se interpreta 'auxilio de Dios', y a él se atribuye de modo especial y conveniente esta misión".[19] El cielo describe entonces la experiencia de la iglesia en su comunión con Cristo y, por ende, su vivencia cósmica en cuanto atacada por los ángeles malignos y auxiliada por los santos ángeles. Refleja la iglesia peregrina la forma de Cristo en el desierto, quien es atacado por el maligno y es atendido por los ángeles (véase Mc 1:13).

El combate celestial de Apocalipsis 12 es signo contundente de una realidad que transciende un solo momento histórico, apuntando de forma más amplia a la victoria abarcadora de Dios sobre Satanás y sus ángeles. Incluye tanto aquel combate pasado cuando Satanás cayó del cielo en su primera rebelión contra Dios, como aquella recaída del maligno por el señorío de Cristo en cuyo nombre los espíritus son expulsados (véase Lc 10:17-19). Por ejemplo, Andrés de Cesarea, teólogo de la iglesia antigua del siglo VII, observa en su importante comentario al texto que "estas palabras pueden referirse a la primera caída del diablo desde las huestes angélicas a causa de su altanería y de su envidia, o también a su destrucción por medio de la cruz de Cristo, cuando, como dice el Señor, 'el príncipe de este mundo es juzgado' y es despojado de su 'antigua tiranía'".[20] El combate ocurrirá también cuando al fin de los tiempos el dragón Satanás y sus secuaces sean consumidos por fuego del cielo y arrojados al lago de fuego y azufre por toda la eternidad (Ap 20:9-10). En el tiempo escatológico entre el "todavía no" y el "desde ya", el combate es una

19 Primasio, citado en Weinrich, *Apocalipsis*, 261.
20 Andrés de Cesarea, citado en Weinrich, *Apocalipsis*, 262.

realidad presente. Ante tal realidad, la actitud de la iglesia es la del salmista, quien pone su esperanza en el Señor y la protección de sus ángeles: "Por haber puesto al Señor por tu esperanza, por poner al Altísimo como tu protector, no te sobrevendrá ningún mal, ni plaga alguna tocará tu casa. El Señor mandará sus ángeles a ti, para que te cuiden en todos tus caminos" (Sal 91:9-11).

El milenio y el dragón

En algunos sectores del evangelicalismo y el pentecostalismo a nivel mundial se le ha dado gran énfasis al capítulo 20 del libro de Apocalipsis en la articulación de la esperanza cristiana. El texto describe un período de mil años o milenio durante el cual Cristo reina con sus santos (v 4). Cristo también ata al diablo durante este período, antes de soltarlo por un tiempo al final de los mil años (vv 2-3, 7) para luego lanzarlo definitivamente "al lago de fuego y azufre" (v 10). En una versión de esta narrativa conocida generalmente con el nombre de *premilenarismo* –por cierto, compleja en sus variaciones– se argumenta que Jesucristo vendrá al mundo antes de ("pre") un período literal o simbólico de mil años durante los cuales reinará con sus santos en un reino temporal *futuro* que se caracterizará por la diminución del pecado y la maldad en el mundo. Ya que la supresión del pecado y el mal se asocia con la ausencia del diablo en el mundo, el premilenarismo enseña que el cautiverio de Satanás por parte de Cristo tiene que ocurrir necesaria y exclusivamente en ese período futuro.

Este aspecto del premilenarismo, a saber, la idea de la atadura *futura* del diablo, no parece considerar el hecho de que Cristo ata al diablo no solamente en un futuro milenio sino a partir de su primera venida al mundo. Si es así, entonces el milenio debe interpretarse de tal manera que el reino de Cristo se nos revela no solo en su futura venida sino desde su vida, muerte, y resurrección. En el Apocalipsis, Juan nos dice que un ángel del cielo "apresó al dragón, que es la serpiente antigua, y que es también el Diablo y Satanás, y lo *ató* (*édēsen*) durante *mil años* [*jília*]" (Ap 20:1-2). Al sanar y expulsar demonios "por el poder del Espíritu Santo" en su primera venida, Jesús nos da señal de que "el reino de Dios ha llegado a ustedes" (Mt 12:28). Para establecer tal reino en nuestras vidas, Jesús tiene que librarnos del yugo del diablo. Cuando algunos le reclamaban que expulsaba demonios "por el poder de Beelzebú" (v 24), Mateo usa el mismo verbo "atar" –utilizado por Juan en Apocalipsis 20– para referirse a la obra liberadora de Jesús en contra del poder del maligno. Refiriéndose a este texto, Ecumenio, escritor del siglo VI, argumenta que el milenio de Apocalipsis 20 "fue durante el período de la humanación del Señor cuando el diablo estuvo atado; fue incapaz de oponer resistencia a los milagros del Señor".[21] La referencia al cautiverio del diablo por parte de Jesús no solo tiene una dimensión futura, sino también una dimensión inaugurada. Esto nos sugiere que el milenio, el cual incluye la atadura de Satanás, se *inaugura* con el gobierno de Cristo y sus santos sobre el maligno que empieza con su primera venida y se *consuma* en su retorno al fin de los tiempos.

Vemos otra instancia de lo que podríamos denominar un *milenarismo inaugurado*[22] (a diferencia del premilenarismo) en la asociación que hace Juan entre la expulsión del dragón del cielo en Apocalipsis 12 y la expulsión del príncipe del mundo en Juan 12, en ambos casos, instancias del señorío de Cristo sobre Satanás. La expulsión del dragón del cielo a partir de su derrota en la batalla celestial contra Miguel arcángel llena a la serpiente de ira (Ap 12:12). Esta desemboca en su continua persecución de la iglesia representada por María, "la mujer que había dado a luz al hijo varón" (v 13), es decir, al Cristo que "gobernará todas las naciones" desde el trono de Dios (v 5). El dragón "se llenó de ira contra la mujer" y "contra el resto de sus descendientes, es decir, contra los que obedecen los mandamientos de Dios y tienen el testimonio de Jesucristo" (v 17). Acerca del texto, Ecumenio comenta que la ira del dragón se da porque "estaba envidioso de los hombres por la salvación [que habían recibido] del Señor, y no soportaba semejante cambio: que él hubiese sido arrojado de los cielos, mientras que los hombres subían al cielo por medio de la virtud".[23] Tanto la expulsión del dragón del cielo como la ira del mismo contra Cristo y su iglesia no es solo una realidad futura, sino una vivencia de la iglesia en todo tiempo y lugar.

En el Evangelio de Juan, la glorificación del Hijo empieza con su levantamiento en la cruz como inicio de su ascenso al Padre (véase Jn 12:32-33). En su ascenso, Jesús nos prepara desde ya un lugar en la casa de su Padre (Jn 14:2). Nos hace dignos del cielo, haciéndonos partícipes de su gloria y por ende de la unidad que comparte con el Padre (cf Jn 17:22). La glorificación del Hijo también anuncia "el juicio de este mundo" de manera que "ahora será expulsado (*nūn... ekblēzēsetai*) el príncipe de este mundo" (Jn 12:31). En su peregrinar por el mundo, los discípulos se verán

---

21 Ecumenio, citado en Weinrich, *Apocalipsis*, 423.

22 A veces el término *amilenarismo* se usa de forma negativa para recalcar que Apocalipsis 20 no enseña un período literal de mil años (*premilenarismo dispensacionalista*) o un período simbólico largo (*premilenarismo histórico*) después del retorno futuro de Cristo durante el cual los santos gobernarán con él en un reino terrenal. En esta obra, preferimos hablar más constructivamente de un *milenarismo inaugurado*, es decir, un período que simboliza el reinado espiritual de Cristo con su iglesia que se inaugura con su primera venida y culmina con su retorno o parusía.

23 Ecumenio, citado en Weinrich, *Apocalipsis*, 267.

acompañados del Espíritu Santo, el Paráclito que habita en la iglesia perseguida para defenderla ante el "juicio" del diablo contra su fe en el Hijo "por cuanto el príncipe de este mundo ya ha sido juzgado" (Jn 16:11). Esta promesa de liberación del yugo del maligno refleja la esperanza de los santos mártires que, aunque acusados y atacados por el diablo, proclaman el reinado de Cristo sobre el mismo.

> ¡Aquí están ya la salvación y el poder
> y el reino de nuestro Dios,
> y la autoridad de su Cristo!
> ¡Ya ha sido expulsado (*eblēzē*) el que de día y noche
> acusaba a nuestros hermanos
> delante de nuestro Dios!
> Ellos lo vencieron por la sangre del Cordero
> y por la palabra que ellos proclamaron;
> siempre estuvieron preparados
> a entregar sus vidas y morir (Ap 12:10).

En el pensamiento joánico, vemos que el poder y la autoridad de Cristo sobre los demonios y su expulsión de la serpiente del cielo (Ap 12) coinciden con la glorificación y el levantamiento del Hijo en su ascenso al Padre y su expulsión del príncipe del mundo (Jn 12). En ambos textos, Juan usa formas del verbo griego *bállō* para referirse al arrojamiento del diablo del cielo. Así pues, expulsada de la presencia de Dios en la primera creación, la serpiente es ahora expulsada de la presencia de Dios en la nueva creación que Cristo *inaugura* con su glorificación y *consuma* con su victoria final sobre la serpiente en su retorno o segunda venida. Si el milenio se refiere a un tiempo en el que Satanás es atado y Cristo reina con sus santos, debemos entonces situar esta realidad no en un período futuro después de su retorno sino en el tiempo entre su primera venida y su retorno.[24]

24 A nuestro parecer, el milenarismo inaugurado puede decir que, desde la primera venida de Cristo, la atadura de Satanás no le permite al maligno controlar a individuos ni engañar a las naciones. Hoekema argumenta que la atadura de Satanás consiste en su incapacidad de engañar a las naciones, es decir, de poner un alto a la predicación del evangelio a las naciones. Véase "Amillennialism", en Clouse, ed. *The Meaning of the Millennium*, 181; George Eldon Ladd, por otro lado, distingue –dentro de su perspectiva premilenarista histórica– entre la atadura de Satanás desde la primera venida de Cristo en Mateo 12:29 y su atadura durante el futuro milenio después de la segunda venida de Cristo en Apocalipsis 20. En el primer texto, Jesús ata a Satanás para que no tenga control de individuos; en el segundo, Jesús lo ata para que no engañe a las naciones. Véase Ladd, "An Historic Premillennial Response", en Clouse, ed. *The Meaning of the Millennium*, 189.

Aunque el Apocalipsis parece enfatizar el reinado milenario de Cristo con sus santos que han muerto por su testimonio de fe –en particular, los mártires que se sientan en tronos celestiales y cuyas *almas* esperan su retorno y juicio final a su favor (Ap 20:4; cf Ap 3:21; 12:10; 6:9-10)– este énfasis no tiene por qué excluir la enseñanza del reinado espiritual de Dios con sus santos en la iglesia peregrina mediante su Palabra y Espíritu (cf Ro 5:17; Ef 2:6).[25] Además, como hemos visto anteriormente, Cristo le ha dado su autoridad y Espíritu a la iglesia para que esta ate y desate a las personas del yugo del pecado, el diablo y la muerte (Mt 16:19; 18:18; Mt 10:1, 7-8; 28:18-20; Jn 20:22-23). Se trata de una participación de la iglesia militante en la manifestación del reino de Dios como representantes de Cristo en el mundo. Lutero resume este aspecto de la participación de la iglesia en el reinado o gobierno de Cristo en su explicación a la petición "Venga a nos tu reino" en el Padrenuestro. La petición se nos presenta como una oración al Padre para que su evangelio sea predicado en todo el mundo, aceptado por la fe y vivido en nosotros "de manera que [su] reino se ejerza entre nosotros por la palabra y el poder del Espíritu Santo y se destruya el reino del diablo para que no tenga ningún derecho, ni fuerza sobre nosotros, hasta que finalmente quede aniquilado del todo".[26] En fin, Cristo reina desde ya con sus santos, tanto en la iglesia militante como en la triunfante, por su Palabra y Espíritu, expulsando del cielo a todo poder diabólico que pretenda arrebatarle el cielo a los hijos y las hijas de Dios. El milenio es ahora. El dragón ha sido atado. Cristo y sus santos reinan. Por el poder del Espíritu, los santos denuncian las manifestaciones del pecado y el mal en el mundo y proclaman la redención del yugo de estos poderes en el nombre de Cristo.

Anticristos y Anticristo

Las Escrituras se abren a una interpretación amplia o específica de la realidad del mal llamada "anticristo", concepto que se refiere de forma

---

25 Cox habla de "dos escuelas principales" de pensamiento amilenarista, a saber, la que enseña que "el milenio se refiere al estado intermedio y por ende solo los santos que ya han muerto se gozan de este", o la que propone que "todos los santos, vivos y muertos, reinan con Cristo en un constante milenio" que empieza con la primera venida de Cristo y termina con su retorno. *Amillennialism*, 4 (traducción mía); por ejemplo, Hoekema, quien mantiene una posición amilenarista, argumenta que el reinado de Cristo con sus santos es "el hecho de que las almas de los creyentes que han muerto están ahora viviendo con Cristo en el cielo y están compartiendo su reinado durante el estado intermedio entre la muerte y la resurrección. El período de mil años durante el cual estas almas viven y reinan con Cristo es, como hemos visto, toda la era del evangelio, desde la primera venida de Cristo hasta su Segunda Venida. En otras palabras, el milenio es ahora, y el reinado de Cristo con los creyentes durante este milenio no es un reinado terrenal sino celestial". *La Biblia y el futuro*, 191 (cf Hoekema, "Amillennialism", en Clouse, ed. *The Meaning of the Millennium*, 165-67).

26 Lutero, *Cat. Mayor*, 54, en *LC*, 456.

general a lo que el teólogo Bernard McGinn denomina en su obra acerca del tema "un enemigo humano final de toda la bondad... [que] se diferencia del diablo por el hecho de que es concebido primariamente como un agente humano".[27] Tal espíritu opera en el mundo bajo el maligno, el diablo. Como bien lo dice el término, "anticristo" es todo lo que se opone a Cristo o toma el lugar de Cristo. En el lenguaje bíblico, este término no se refiere a una realidad abstracta sino a una entidad de tipo personal. Se nos plantea en la teología bíblica dos sentidos del término, uno amplio y otro específico. El primero tiene en mente a cualquier persona –a saber, algún "anticristo"– cuya enseñanza en cualquier momento determinado se va en contra de ("anti") la persona, obra, y enseñanza de Cristo. En su segundo sentido, "el" anticristo nos dirige más específicamente a una entidad individual o corporativa. Así pues, una cosa es hablar de "anticristo" de forma generalizada, y otra es hablar sobre "el" anticristo en particular.

La primera carta de Juan sitúa el discurso del anticristo en un contexto escatológico *inaugurado*. En cuanto al sentido amplio, el apóstol advierte a sus hijos espirituales que en "la última hora" (*esjátē hōra*) está viniendo el "anticristo", o sea, que "ahora (*nūn*) han surgido muchos anticristos" (1 Jn 2:18). Se habla de "la última hora" como una realidad del presente en la que viven los hijos y las hijas de Dios. En esta hora actual, se nos advierte de la realidad de algún "anticristo" que desde ya se revela en una pluralidad de personas (1 Jn 2:18, "muchos anticristos", *antíjristoi polloì*). Este "espíritu del anticristo... *ya está en el mundo* [*nūn en tōi kósmōi estìn ēdē*]" (1 Jn 4:3). El uso doble de "ahora" (*nūn*) y "ya" (*ēdē*) resalta su presencia durante el tiempo neotestamentario en el que aún vivimos. El apóstol luego define con más precisión quiénes son estos anticristos.

Ya que los anticristos "salieron de nosotros, pero no eran de nosotros" (1 Jn 2:19), se trata de "los espíritus" (*tà pneúmata*) o "falsos profetas" (*pseudoprofētai*, 1 Jn 4:1) –términos que se usan como sinónimos– dentro de la iglesia (cf Mt 24:23-24). Es notable que estos anticristos no parecen venir de afuera de la iglesia, sino de la misma iglesia. Sin embargo, aunque se ubican entre los hijos y las hijas de Dios, son hipócritas cuya "mentira" (*pseūdos*) los distingue de la "verdad" (*alēzeian*) que conocen los que han recibido la "unción del Santo" (vv 20-21). Aunque el apóstol identifica "el anticristo" (*ho antíjristos*) con "el mentiroso... que niega que Jesús es el Cristo" o "que niega al Padre y al Hijo" (1 Jn 2:22), lo asocia más inmediatamente y de forma más general con "todo aquel que niega al Hijo" (v 23a).

27 McGinn, *El anticristo*, 16.

Vemos cómo en la primera carta de Juan la realidad de "anticristo" o "el anticristo" es de tipo general o plural, aplicándose el término a todo falso profeta (o "espíritu de anticristo", 1 Jn 4:3) que niega a (o toma el lugar de) Cristo con el fin de engañar a los ungidos de Dios (1 Jn 2:26). Dicho de otra forma, Juan parece usar los términos "anticristo", "el anticristo" y "anticristos" de forma sinónima para referirse a personas seducidas por la mentira del espíritu maligno que además la promueven entre los hijos e hijas de Dios. En medio de esta realidad anticristiana, preserva a la iglesia en la verdad el Espíritu Santo, "la unción" (*tò jrīsma*) que "les enseña todas las cosas, y es verdadera y no falsa" (v 27, cf v 20; "el Espíritu de verdad" en Jn 16:13). Se discierne el Espíritu de Dios o "espíritu de la verdad" en "todo espíritu que confiesa que Jesucristo ha venido en la carne" (1 Jn 4:2, 6) y "el espíritu de anticristo" o "el espíritu de error" en todo aquel que no hace tal confesión (vv 3, 6).

No se nos escapa, sin embargo, que con el uso de la expresión "el anticristo" (1 Jn 2:22) podamos pensar en un individuo en particular, "el mentiroso... (*ho pseústēs*) que niega al Padre y al Hijo" (v 22). Sin embargo, este sentido específico de "anticristo" –en particular, su asociación con una *sola* figura humana que aparecerá en el *futuro*– no parece ser un énfasis en la literatura joánica.[28] Juan no niega que una persona sea anticristo, sino que *solo* una lo sea. El sentido específico del término se entiende dentro del amplio. Para contrarrestar su mentira, la verdad ya "la conocen" los creyentes (v 21), y "si lo que han oído desde el principio permanece en ustedes también ustedes permanecerán en el Hijo y en el Padre (v 24). La permanencia en la verdad acerca de Cristo –su vida, muerte, y resurrección (en fin "que Jesucristo ha venido en la carne", 1 Jn 4:2)– depende de la permanencia de la Trinidad en el creyente, que a la vez implica la permanencia del creyente en la unción o Espíritu del Padre y del Hijo (1 Jn 2:27; o su permanencia en el Hijo, v 28). Así pues, dado el engaño del anticristo, Juan exhorta a los hijos y las hijas de Dios que "permanezcan en él" para que cuando el Hijo "se manifieste" (*fanerōzēi*) "en su parusía" (*en tēi parousíai autoū*) o "venida" no se alejen de él avergonzados (v 28). La implicación de esta exhortación es que la enseñanza engañosa del anticristo no solo tiene repercusiones en el presente sino también para el futuro. Sus artimañas siguen vigentes hasta la última hora cuando Cristo retorne en su revelación final o parusía.

28 "Juan no habla, entonces, de un solo adversario de Dios, que es aterrador, en el futuro, al fin del tiempo, de carne y hueso ('*el* Anticristo'). Al contrario, él habla de uno que en los tiempos de Juan y en términos alarmantemente contemporáneos se sitúa trágicamente en contra de (*anti*) Cristo. Él habla de lo que, por definición, describe a cada persona que se opone a recibir al Cristo". Schuchard, *1–3 John*, 275 (traducción mía).

Si bien 1 Juan habla del anticristo en un sentido singular ("el anticristo") dentro del sentido plural ("muchos anticristos"), el texto de 2 Tesalonicenses resalta la oposición a Cristo en el día de su futuro retorno y tal "oposición queda encarnada en una figura singular, que combina los motivos de la rebelión, la blasfemia y el engaño y que actúa con el poder o la energía de Satanás... en los últimos días".[29] La parusía o el día del Señor "no vendrá sin que antes venga *la apostasía* [*hē apostasía*], y *se manifieste el hombre de pecado* [*apokalufzēi ho ánzrōpos tēs anomías*], es decir, *el hijo de perdición* [*ho uhiòs tēs apōleías*]" (2 Ts 2:3b). Signo acompañante de la manifestación de esta figura anticrística es la apostasía, referencia a la pérdida de la fe de muchos por causa del engaño de falsos profetas (cf Mt 24:10-12).[30] De allí la importancia de las exhortaciones a velar para no caer en el engaño por parte de Jesús ("cuídense de que nadie los engañe", Mt 24:4), Pablo ("de ninguna manera se dejen engañar", 2 Ts 2:3a) y Juan ("pongan a prueba los espíritus, para ver si son de Dios", 1 Jn 4:1).

Esta figura tiene varios títulos: el hombre de pecado (u hombre impío), el hijo de perdición, o "el malvado" (*ho ánomos*, 2 Ts 2:8). Se caracteriza por su oposición "a todo lo que se llama Dios o es objeto de culto" y por "sentarse en el templo de Dios y de ocupar su lugar, haciéndose pasar por Dios" (v 4, cf Dn 11:36). Se le asocia además, de manera más amplia, con "el misterio de la iniquidad" (*tò... mustērion... tēs anomías*, 2 Ts 2:7) que no solo se manifestará en la parusía del Señor sino que "ya está en acción" (*ēdē energeītai*, v 7). Así como Juan habla de "anticristo", "muchos anticristos", o "el espíritu de anticristo" para referirse a falsos profetas (espíritus) que buscan engañar a los hijitos de Dios, Pablo habla del "misterio de la iniquidad" como una realidad presente que desde ya busca seducir a la iglesia para apartarla de Dios y Jesucristo. En aquel día del retorno, sin embargo, el malvado se manifestará y el Señor lo destruirá (2 Ts 2:8).

En fin, los textos que hemos visto se refieren al anticristo en un sentido plural o amplio y en un sentido singular o específico; en otras palabras, son "indicadores de la presencia tanto de una oposición múltiple a Cristo como de un Enemigo Final singular".[31] Como signo de oposición a Cristo, el anticristo es una realidad futura e inaugurada: "si bien habrá un anticristo culminante al fin de los tiempos, puede haber precursores

---

29 Ibíd., 59 (traducción mía).

30 Hoekema categoriza la tribulación (o persecución), la apostasía y el anticristo como "signos que indican oposición a Dios". *La Biblia y el futuro*, 159, cf 170-186.

31 McGinn, *El anticristo*, 56.

o anticipaciones del anticristo antes de que éste aparezca".[32] Se huele desde ya el aire del anticristo en distintas etapas de la historia, en todo lo que se opone a Cristo, su venida en la carne, y por ende toda su obra y enseñanza. Pero al parecer la manifestación del anticristo vendrá de forma más intensa y singular en alguna forma humana de la maldad como antesala al retorno o la parusía final de Cristo.

La enseñanza bíblica y la tradición interpretativa de la iglesia se abren a una variedad de interpretaciones acerca de la identidad precisa de anticristos y, sobretodo, del anticristo. No nos dice la Escritura quién es el anticristo futuro que aparecerá o se manifestará antes de la parusía del Señor. Por lo tanto, solamente cuando Cristo lo desenmascare y destruya se sabrá quién es el hombre impío, el malvado, el hijo de perdición, o el anticristo. Aunque pudiéramos especular, no nos es lícito hablar más allá de la Escritura en cuanto a la identidad exacta o forma final de la persona del anticristo.[33] A lo largo de la historia de la iglesia, vemos interpretaciones variadas del signo del anticristo en su sentido inaugurado y plural. Se identifica el signo del anticristo con figuras, ya sea fuera o dentro de la iglesia, que se oponen a Dios o toman su lugar. Fuera de la iglesia, se ha asociado con figuras como Antíoco Epífanes y Tito, quienes, por su desacralización del templo antes y después de los tiempos de Cristo respectivamente, pueden verse como "tipos del anticristo que vendrá".[34] Ambas figuras podrían verse como cumplimientos parciales de la profecía de Daniel acerca de "la abominación desoladora" (Dn 11:31; 12:11; cf Mt 24:15-16) o sacrilegio llevado a cabo por un personaje que hablará contra Dios y recibirá culto desde el lugar santo que solo le pertenece a Dios (Dn 7:25, 11:36; cf 2 Ts 2:4).[35]

En cuanto a la realidad más amplia o plural de "anticristo" en el tiempo entre el "desde y"a y el "todavía no", observamos, por ejemplo, que en las vísperas de la Reforma del siglo XVI "la esencia del 'anticristianismo' se fue centrando cada vez más en el cargo pontificio en sí y menos en los papas malvados individuales".[36] Esta tradición crítica de identificar no tanto a este u otro papa, sino al *oficio* papal o papado, como signo de anticristo es recogida por Juan Wiclef (c 1330-1384), Juan Hus (c 1369-1415), Martín Lutero, Juan Calvino (1509-1564) y, posteriormente, pietistas como Felipe J. Spener (1635-1705) y Godofredo Arnold (1666-1714). En el caso de Lutero, el desarrollo de su posición en torno al papado ha de verse no tanto como crítica al papa en sí (de hecho, Lutero considera a Gregorio I o Gregorio Magno, quien fuera papa del año 590 al 604,

32 Hoekema, *La Biblia y el futuro*, 180.

33 Hoekema, *La Biblia y el futuro*, 186; Sasse, 119.

34 Hoekema, *La Biblia y el futuro*, 180.

35 Gibbs, por ejemplo, favorece la interpretación de "la abominación desoladora" como referencia a la destrucción del templo de Jerusalén en el año 70 dC. Véase *Matthew 21:1–28:20*, 1266-69.

36 McGinn, *El anticristo*, 201.

un verdadero predicador del evangelio),[37] sino como crítica al papado en cuanto manifestación del anticristo por su oposición a la predicación del evangelio de Jesucristo.[38] Los confesores evangélicos luteranos adoptan esta posición, identificando el "reino del anticristo" con aquel tipo de "prepotencia humana" con la que se imponen "cultos humanos" a las conciencias sin el mandato de Dios como medios de justificación ante Dios.[39] Así pues, toda enseñanza y todo culto que atenta contra el *evangelio* de la justificación por la fe en Cristo viene a ser signo del reino del anticristo: "Significa despojar a Cristo de su honor cuando enseñan que somos justificados no por causa de Cristo, gratuitamente, por la fe, sino por tales cultos, y mayormente cuando enseñan que éstos no sólo son útiles para la justificación, sino hasta necesarios".[40]

Podríamos decir entonces que la identificación del reino del anticristo con el papado entre los primeros evangélicos no es exhaustiva, pues incluye toda institución y todo oficio humano, con sus correspondientes enseñanzas y ritos, que pretende ocupar el lugar que solo le pertenece a Dios.[41] Al mismo tiempo, con el fin de promover el reinado de Dios en Cristo por medio del evangelio de Cristo, es importante mantenerse vigilante e indicar, aunque sea algo subversivo, instancias en las que este evangelio ha sido y sigue siendo oscurecido o suplantado fuera y dentro

---

37 Ibíd., 226.

38 En su escrito *A la nobleza cristiana de la nación alemana* (1520), Lutero interpreta las pretensiones del Papa de tener la sola autoridad de enseñar mediante un concilio y de reinar sobre los poderes eclesial y secular como signos de anticristo. Lutero ve estas pretensiones como instancias de oposición a la iglesia de Cristo y por ende a su ministerio evangélico. Veáse Lutero, *Obras* I, 81-84, 99-100.

39 Apol. XV, 18, en *LC*, 209-210. Se añade también como ejemplo de culto humano sin mandato de Dios, y por ende como signo de anticristo, la enseñanza de Mahoma.

40 Apol. XV, 18, en *LC*, 210. Más adelante, se identifican estos "nuevos cultos humanos" o "ritos instituidos por los hombres" con la profecía de Daniel 11:38, según la cual el pueblo de Dios adorará a un "dios que sus padres no conocieron". *Apol.* XV, 19, en *LC*, 210; "El verdadero ornato de las iglesias es una enseñanza piadosa, útil y clara, el uso reverente de los sacramentos, la oración fervorosa y otras cosas semejantes. Las velas, los vasos de oro y otros adornos semejantes quedan muy bien, pero no constituyen el ornato propio de la iglesia. Y si los adversarios cifran el culto en estos adornos, y no en la predicación del evangelio, en la fe y en las luchas de la fe, hay que contarlos entre los que, según la descripción de Daniel, adoran a su Dios con oro y plata". *Apol.* XXIV, 51, en *LC*, 261.

41 Por ejemplo, Stephenson, por un lado, argumenta que "el papado no agota el misterio de Anticristo, sino que encarna la manifestación más intensa de este misterio hasta ahora encontrado en la historia". Pero a la vez indica, con tono indirectamente ecuménico, que la identificación del papado con el Anticristo continúa "hasta aquel día en que el obispo de Roma y el cuerpo eclesial en comunión con él confiesen de manera inequívoca que la justificación por la gracia por causa de Cristo mediante la fe es el fundamento bíblico del único y solo evangelio" (traducción mía). *Eschatology*, 80-81; de forma similar, Arand argumenta que los confesores luteranos no identifican al papado con el antricristo de forma absoluta porque se abren a la posibilidad de que el papa quizás renuncie su pretensión a tener autoridad sobre la iglesia y el estado por mandato divino (*de iure divino*). Véase "Antichrist?: The Lutheran Confessions on the Papacy", *CJ*, 402.

de la iglesia.[42] Esta vigilancia también la debemos ejercer de forma personalizada, mirándonos al espejo. San Agustín aceptó la posibilidad de la realidad o al menos la influencia del anticristo en cada corazón de las personas en la iglesia.[43] Lutero hace algo similar en su crítica del "entusiasmo" en el mundo y la iglesia, es decir, la tendencia del pecador de querer ser espiritual por encima, aparte, o antes de la palabra externa del evangelio.[44] Desde los días de Adán, el entusiasmo no solo es problema del papado o el islam, sino de cada uno de nosotros.[45] Lo importante es tener cuidado de no caer en un espiritualismo carente del evangelio. El propósito de reconocer el signo de anticristo no nos debe llevar a la fascinación con sus manifestaciones humanas sino a la fidelidad a Cristo y la promoción de su reino mediante la proclamación de su evangelio en Palabra y sacramentos.[46] Debe llevarnos, además, por la Palabra y el Espíritu, a gozarnos de la vida en Cristo mediante una piedad que adorna el evangelio con la oración a Dios y las buenas obras ante los seres humanos.

El cielo nos protege en toda tribulación

Como respuesta a la pregunta de sus discípulos: "¿cuándo sucederá todo esto, y cuál será *la señal de tu venida y del fin del mundo* [*tò sēmeîon tēs sēs parousías kaí synteleías toū aiōnos*]?" (Mt 24:3), Jesús les dice que "entonces los entregarán a ustedes para ser torturados, y los matarán, y todos los odiarán por causa de mi nombre... y tanto aumentará la maldad que el amor de muchos se enfriará. Pero el que resista hasta el fin, será salvo" (vv 9-13). Los discípulos de Jesús sufrieron por causa del evangelio, pero

42 Arand, por ejemplo, observa que "una absoluta... identificación del papado con el anticristo en nuestros días puede enfocarse tanto en la oposición y resistencia al papado que puede cegar a la iglesia a otros peligros que socavan y amenazan el corazón de la fe cristiana..." (traducción mía). Véase "Antichrist?: The Lutheran Confessions on the Papacy", *CJ*, 402.

43 McGinn, *El anticristo*, 92-93. A veces Agustín incluye el negar a Cristo con los hechos o las obras como un signo de anticristo en el corazón humano.

44 "Y en estas cosas que conciernen a la palabra oral, exterior, hay que mantenerse firmes en el sentido de que Dios no da a nadie su gracia o su espíritu si no es con o por la palabra previa y exterior, de modo que estemos prevenidos frente a los entusiastas, esto es, espíritus fanáticos que se jactan de tener el espíritu sin y antes de la palabra y después juzgan, interpretan y entienden la Escritura o la palabra externa según su deseo, como lo hizo Münzer... el papado también es puro entusiasmo... lo que él y su iglesia juzga y ordena, debe ser considerado como espíritu y justo, aunque esté sobre y contra la Escritura y la palabra externa". *Esmalcalda*, Tercera Parte, Sobre la confesión, 3-5, en *LC*, 323-24.

45 "Todo esto es el diablo o la antigua serpiente que hizo a Adán y Eva entusiastas, que los llevó de la palabra externa a una falsa espiritualidad, y a opiniones propias... El entusiasmo reside en Adán y sus hijos desde el comienzo hasta el fin del mundo, infundido en ellos e inyectando como veneno por el viejo dragón (Ap 12:9) y constituye el origen, la fuerza y el poder de todas las herejías y también del papado y del islamismo". *Esmalcalda*, Tercera Parte, Sobre la confesión, 5-6, 9-10, en *LC* 324-25.

46 Gieschen observa que la enseñanza de anticristo en parte tiene como fin ayudarnos a distinguir, o no confundir, entre señales y prodigios falsos (véase 2 Ts 2:2-9) y el señorío de Cristo en nuestras vidas por medio de signos sacramentales. "Antichrist in the Scriptures and the Lutheran Confessions", *CTQ*, 279.

el texto tiene una aplicación más amplia puesto que la iglesia ha experimentado y sigue experimentando varios tipos de persecuciones a través de los tiempos. Aun hoy existen mártires en el mundo. Además, el texto nos habla de "una gran tribulación [*zlīpsis megálē*], como no la ha habido desde el principio del mundo hasta ahora, ni la habrá jamás" (Mt 24:21). El retorno de Jesús, el Hijo del Hombre, ocurrirá "*inmediatamente después de la aflicción de aquellos días* [*Euzéōs dè metà tēn zlīpsin tōn hēmerōn ekeínōn*]" (v 29), es decir, después de esta gran tribulación. Así pues, la tribulación de la iglesia es una realidad futura que se dará con más intensidad antes de la parusía del Señor, pero también una realidad que ya se ha inaugurado en la iglesia.

Ahora bien, al considerar la tribulación, aflicción o persecución de la iglesia que acompaña la revelación del anticristo y la apostasía ahora y en el futuro, es normal desde un punto de vista humano reaccionar ante estos signos de oposición a Dios y su Palabra con algo de temor. Estos signos afectan a la iglesia. Su fe es atacada. Se ve perseguida por todo lo que se opone a Cristo y sus discípulos en el mundo. Ante toda tribulación, nos preguntamos: ¿Se extinguirán la fe y el amor? ¿Y qué de la esperanza ante tanta maldad humana en el mundo y aun en la iglesia? ¿Será extinguida también?

La exhortación ante tales preguntas es mantenerse vigilante y firme ante todo tipo de tribulación: "Pero el que resista hasta el fin, será salvo" (Mt 24:13). ¿Pero cómo, con qué dones, con qué herramientas? En primer lugar, los discípulos de Jesús deben anclarse en la promesa de que Dios los ha "escogido para salvación, mediante la santificación por el Espíritu y *la fe en la verdad* [*pístei alēzeías*]… los llamó por medio del evangelio… nos amó y nos dio consuelo eterno y *buena esperanza* [*elpída agazēn*] por gracia" (2 Ts 2:13-14, 16). Nótese cómo no es el poder del ser humano, sino la fe y la esperanza dadas por el evangelio y la gracia de Dios en Cristo, lo que el apóstol señala como herramienta fundamental para vivir según la exhortación: "manténganse firmes y retengan la doctrina que personalmente y por carta les hemos enseñado" (v 15). No nos dirige el apóstol Pablo a nuestros propios recursos ante toda tribulación, sino al Señor Jesucristo, quien "es fiel, y él los fortalecerá y guardará del mal" (2 Ts 3:3).

Al hablar de la consumación del reino de Dios, Ladd observa que "Jesús no esperó que los seres humanos triunfaran sobre el mal por su propio poder… El mal es tan radical que solo puede ser vencido mediante la poderosa intervención de Dios".[47] En la era presente, sin embargo, los discípulos de todas las naciones son tentados y perseguidos como lo

47 Ladd, *The Presence of the Future*, 333 (traducción mía).

fue Jesús en el desierto y en su misión, de distintas formas y en diversos grados. Para enfrentar este conflicto con el antireino en el presente, la iglesia tiene la oración que Jesús mismo le enseñó: "no nos dejes caer en la tentación, mas líbranos del mal". En su comentario a esta petición del Padrenuestro, N.T. Wright nos dice que en ella le pedimos a Dios tres cosas. En primer lugar, "no nos dejes caer en la tentación" significa "permítenos escapar de la gran tribulación, la gran prueba, que está viniendo a todo el mundo".[48] En segundo lugar, imploramos al Padre, "no nos dejes ser llevados a tentación que no podamos soportar"; y finalmente, "ayúdanos a pasar sin peligro por la prueba de nuestra fe".[49] Se nos da una visión realista de la tribulación que vendrá, pero también se nos invita a pedir la intervención radical de Dios en nuestras vidas para vencer al mal.

Desde el punto de vista de la promesa de Dios, no tenemos nada que temer. La parusía nos invita a anclarnos en aquel que viene del cielo como nuestra fortaleza en toda aflicción y persecución: "Inmediatamente después de la aflicción de aquellos días... aparecerá en el cielo la señal del Hijo del Hombre... y verán al Hijo del Hombre venir sobre las nubes del cielo con gran poder y gloria" (Mt 24:29-30). Se nos presenta el cielo como nuestro amparo y nuestra fortaleza en la tribulación. Es el cielo del cual Cristo, con Miguel arcángel y sus ángeles, ha expulsado al dragón y sus secuaces (Ap 12:7-9). El cielo le pertenece a Cristo quien está por encima de los poderes malignos, pues Dios "lo sentó a su derecha en los lugares celestiales, muy por encima de todo principado, autoridad, poder y señorío, y por encima de todo nombre que se nombra, no sólo en este tiempo, sino también en el venidero" (Ef 1:20-21).

Pero el Señor desde ya también nos hace partícipes de los beneficios de su señorío sobre todas las cosas, pues Dios "en Cristo nos ha bendecido con toda bendición espiritual en los lugares celestiales" (Ef 1:3) y "nos sentó al lado de Cristo Jesús en los lugares celestiales" (Ef 2:6). Con esta promesa del reinado de la iglesia con Cristo y bajo él en los lugares celestiales –un aspecto del milenio inaugurado (véase Ap 20:4)– la iglesia perseguida en el mundo puede mantenerse firme contra los ataques de las "huestes espirituales de maldad en las regiones celestes" (Ef 6:12). Le sirven como armadura en esa batalla la fe y salvación, que ya poseen por su elección en Cristo, la palabra de Dios ("la espada del Espíritu") y la oración (Ef 6:16-18). Le sirve como consuelo aquella "fuerte voz *en el cielo* (*en tōi ouranōi*) que decía: '¡Aquí están ya la salvación y el poder y el reino de nuestro Dios, y la autoridad de su Cristo! ¡Ya ha sido expulsado el que

48 N.T. Wright, *The Lord and His Prayer*, 73 (traducción mía).
49 Ibíd. (traducción mía).

de día y de noche acusaba a nuestros hermanos delante de nuestro Dios!'" (Ap 12:10). Le sirve como esperanza la visión escatológica de la iglesia futura de todas las naciones, de los "que están vestidos de ropas blancas... han salido de la gran tribulación... han lavado sus ropas en la sangre del Cordero" (Ap 7:13-14).

Preguntas de reflexión

1. ¿Cómo se relaciona la esperanza cristiana con el señorío o reinado de Jesús sobre toda su creación? Más específicamente, ¿de qué formas nos da esperanza la fe en Cristo como "mi Señor" ante la opresión del pecado, el diablo, y la muerte?
2. ¿Qué visión de la salvación o redención representa la "apertura de los cielos" en la escatología cristiana? ¿Cómo se relaciona esta imagen bíblica con el ministerio de la iglesia en el mundo, en particular, con el Bautismo y la absolución?
3. Defina los términos "milenarismo inaugurado" y "premilenarismo". ¿Cómo se diferencian estas escatologías en su interpretación del "milenio"?
4. ¿Qué visión de la salvación o redención representa la expulsión de Satanás y sus ángeles del cielo? En particular, ¿cómo interpreta el "milenarismo inaugurado" la atadura de Satanás durante el milenio?
5. ¿Qué función cumplen los textos bíblicos acerca del "anticristo" o "el hombre impío" en la manera en que la iglesia vive en el mundo? ¿Cuáles son algunos usos inapropiados o poco productivos de estos textos?
6. ¿Qué recursos tiene el cristiano para mantenerse vigilante y fiel a Cristo ante toda tribulación y persecución por causa de su nombre?

Capítulo cinco

EL JUICIO DESDE CIELO Y EL GOZO DEL CIELO: IMÁGENES REDENTORAS DE LA ESPERANZA ANTE LA MUERTE

En el Antiguo Testamento, el cielo (o los cielos, *shamayim*) connota una diversidad de significados que se complementan entre sí.[1] Como su creación, Yahvé siempre está por encima de los cielos, y a la vez este es el espacio de su habitación desde donde revela su salvación y derrama su bendición sobre los seres humanos. En el capítulo anterior, enfatizamos estos aspectos de lo celestial en nuestra descripción de los cielos que se abren, anticipo de la esperanza concebida como el fin del poder del pecado. El cielo también es la esfera del poder de Yahvé, el trono desde donde reina sobre toda la creación y por ende sobre los poderes del maligno. Vimos esta dimensión al hablar de la esperanza como el fin del mal, enfatizando el reinado de Cristo sobre sus enemigos, incluyendo al diablo y al anticristo, y su protección sobre la iglesia atribulada o perseguida.

A continuación nos enfocamos en los cielos como la esfera del señorío de Cristo sobre la muerte y la vida. Exploramos las distintas caras de la muerte en la Escritura y cómo en Cristo, por su muerte y resurrección, la muerte en todos sus sentidos pierde su poder aterrador y letal. Reflexionaremos además acerca de la muerte en relación con el juicio divino y el infierno, y en relación con la resurrección de los muertos y la vida perdurable. Como el tema del estado del alma en el estado intermedio entre la muerte física y la resurrección de los muertos ya se trató en otro capítulo, aquí tratamos más las formas como las enseñanzas acerca de la muerte, el juicio, y la resurrección se relacionan con la parusía de Cristo y a interpretaciones de su reinado. Se tomará en cuenta la problemática del milenio, y cómo debe entenderse, particularmente en respuesta al premilenarismo dispensacionalista.

Finalmente, el capítulo toca el tema de los cielos en su estrecha relación con la tierra como creación restaurada bajo el señorío de Cristo. Asociamos esta visión de la esperanza con el gozo del paraíso y los nuevos cielos y la nueva tierra, y por ende con el fin de la muerte y el inicio de la plenitud de la vida perdurable ante la presencia de Dios.

1 Para un resumen de la temática del cielo en el Antiguo Testamento, véase von Rad, "Οὐρανός, Οὐράνιος, Ἐπουράνιος, Οὐρανόθεν," en *TDNT*, 502–509.

El juicio desde el cielo: Muerte, resurrección, y juicio

El juicio divino y la muerte van de la mano en la Escritura. Como veremos, la muerte de Adán, entendida como separación de la presencia de Dios en el Edén, es juicio divino por su pecado. También lo es la muerte física que le toca a Adán, ya expulsado del gozo de la plena vida con Dios en el paraíso. Este juicio en contra de Adán también es nuestro, de la raza humana, universal e inescapable, puesto que "en Adán todos mueren" (1 Co 15:22). Cuando la muerte toca a la puerta, queda el muerto además a la espera del juicio divino final, "porque está establecido que los hombres mueran una sola vez, y después venga el *juicio* (*krísis*)" (Heb 9:27).

Sin embargo, en el plan divino, el Padre le ha dado a su Hijo autoridad sobre los cielos y la tierra. Desde el cielo, el Hijo del hombre vendrá a juzgar a las naciones. Los que por la fe han muerto en Cristo ya no son juzgados o condenados según la herencia de Adán, sino que han sido justificados ante Dios según la justicia que han heredado de un segundo Adán. Se trata de un tipo de juicio *favorable* por causa de Cristo: "Así que, como por la transgresión de uno solo vino la *condenación* (*katákrima*) a todos los hombres, de la misma manera por la justicia de uno solo vino la *justificación* (*dikaíōsin*) de vida a todos los hombres" (Ro 5:18). Si bien todos mueren y son juzgados "en Adán", aun más importante es que "en Cristo todos serán vivificados" (1 Co 15:22). Cristo encara el juicio divino y la muerte por nosotros para hacernos objetos del juicio favorable de Dios y de su resurrección, no para condenación sino para vida eterna.

En su identificación con la raza de Adán, Cristo murió "una sola vez", pero al hacerlo "fue ofrecido… para llevar los pecados de muchos" (Heb 9:28a). Como nuestro intercesor, "entró en el cielo mismo para presentarse ahora ante Dios a favor de nosotros" (v 24).[2] Su entrada al cielo apaga la ira divina que desciende del cielo. Por eso, en su parusía, Cristo "aparecerá por segunda vez, ya sin relación con el pecado, para salvar a los que lo esperan" (v 28b). Por su entrada al cielo, Cristo encara el juicio de Dios contra el pecado en la raza de Adán, para que así, cuando descienda del cielo a juzgar a la raza de Adán, los que han muerto en él puedan encarar a Dios con confianza y ser salvos de "la paga del pecado" que es la muerte y recibir "la dádiva de Dios" que es "vida eterna en Cristo Jesús" (Ro 6:23).

2 En un sermón acerca del juicio final, Lutero dice que, por causa de la obra de Cristo, en cierto modo los santos no serán juzgados: "En cambio yo, que he sido bautizado y confío en Cristo y creo que él padeció por mí, no tengo por qué abrigar temores en cuanto al juicio; pues en este juicio, Cristo está sentado junto al Padre, protegiéndome y abogando por mí". Lutero, *Obras* IX, 478.

Encarando las caras de la muerte

Antes de hablar del fin de la muerte, debemos hablar de la muerte como el fin del ser humano. Aunque desde una perspectiva humana ya estamos acostumbrados a la muerte, esta es una anomalía desde la perspectiva divina. A menudo se nos presenta la muerte como algo normal, como parte del ciclo de la vida, pero en la narrativa bíblica la muerte es la *separación* violenta de lo que Dios creó. A pesar de la supuesta normalidad de la muerte, la gente por lo general sabe que algo no está bien cuando esta nos visita y se mete con nuestros seres queridos. La muerte nos duele. Nos recuerda que algún día nos tocará sentirla y que ya no estaremos en el mundo. Será nuestro fin. Nos llama este trágico evento a la queja ante los cielos, al lamento del salmista, en vista del abandono de Dios. Las palabras del salmista que Jesús clama desde la cruz recopilan este sentir: "Dios mío, Dios mío, ¿por qué me has abandonado?" (Mt 27:46; cf Mc 15:34; Sal 22:1).

La muerte de Jesús ilustra lo que esta es en su sentido espiritual y temporal. Su muerte es, en primer lugar, la *separación* del ser humano de la presencia de Dios, la experiencia del abandono del Padre. Se trata de una muerte *espiritual*, es decir, la pérdida de la *comunión* con Dios. En el caso de los seres humanos, la muerte espiritual los separa de Dios por causa del pecado (Ef 2:1, 5; Col 2:13); en el caso del Hijo de Dios, porque este ha asumido en su persona nuestros pecados para reconciliarnos con su Padre. Una tentación común es querer explicar en qué sentido Cristo no es realmente abandonado porque, según su naturaleza divina, no puede perder la comunión con su Padre o porque, según su naturaleza humana, es un hombre sin pecado que justifique tal abandono. Aunque estas observaciones piadosas puedan ser interesantes desde un punto de vista ontológico, no resaltan el propósito *soteriológico* de la obra de Cristo. No toman en serio que no es una sola naturaleza (sea la divina o la humana) la que es abandonada por el Padre sino la *persona* del Hijo de tal manera que él mismo ha asumido nuestra muerte. La importancia de este acto de misericordia influye en nuestra salvación. Deja claro que el Hijo, por nosotros y por nuestra salvación, ha asumido en su persona el abandono de Dios por causa de nuestros pecados para así restaurarnos a la comunión con su Padre. Lutero interpreta el abandono del Padre como "el infierno" por el que el Hijo pasa en nuestro lugar para así salvarnos de la muerte *eterna*, es decir, de la eterna separación de Dios.[3]

En la cruz, el Hijo sufre el abandono del Padre en lugar de la raza humana. Al hacerlo, Cristo toma la forma de Adán, quien fue expulsado

---

3 Lutero, *LW* 42:105-106.

de la presencia de Dios en el Edén (Gn 3:23-24), expulsión que surge por la desobediencia de Adán al mandato de Dios, su rechazo a vivir gozosamente bajo su palabra (Gn 2:16-17). Vemos que la muerte espiritual, la pérdida de una plena comunión con Dios como la que existía en el paraíso, se pierde ya con Adán, y por Adán pasa a ser la herencia de toda la raza humana que todavía hoy vive fuera del Edén. Estar apartado de la presencia de Dios, fuera del jardín, es un tipo de muerte que, paradójicamente, Dios mismo establece como juicio por el pecado de Adán. En la cruz, sin embargo, Cristo toma sobre sí el juicio de Dios contra la raza de Adán y con su sangre propicia la ira de Dios contra el pecado del ser humano, de tal manera que por medio de Cristo Dios ahora nos revela otro tipo de justicia: un nuevo juicio divino, por decirlo así, que nos hace justos ante él por medio del perdón de los pecados (Ro 3:25-26). Por su amor y gracia, Dios "nos dio vida junto con Cristo, aun cuando estábamos muertos en nuestros pecados" (Ef 2:4-5). Aquellos que ponen su fe en Cristo, como Abrahán puso su fe en la promesa de Dios, ahora son justificados ante Dios y reciben la bienaventuranza del perdón de la culpa del pecado (Ro 4:1-8) y la reconciliación con Dios (5:8-11).

Jesús también experimenta en la cruz otra separación de lo que Dios creó en su unidad, como *una* persona, a saber, la ruptura del alma de su cuerpo. Esta muerte *temporal* se expresa de varias formas en los evangelios. Jesús "expiró" (*eksépneusen*, Mc 15:37), "entregó el espíritu" (*afēken tò pneuma*, Mt 27:50), o en las palabras del salmista, encomendó su espíritu al Padre (Lc 23:46; cf Sal 31:5). Una estrategia común es pensar que solo el cuerpo se ve afectado por la muerte *temporal*, ya que el alma está de alguna forma con Dios en el más allá.[4] Pero debemos recordar que Dios nos creó como *una* persona íntegra, y por ende no solo el cuerpo sino también el alma de alguna forma sufre su separación del cuerpo en la muerte. Este punto cristológico sirve al soteriológico. Cristo no solo ha asumido *parte* de nuestra naturaleza humana sino una naturaleza humana *entera* (alma y cuerpo), y por eso la redime no solo parcialmente sino en su totalidad. Cristo muere por nosotros en espera de la restauración de *todo* su ser (alma y cuerpo), para que aquellos que mueren en él lo hagan a la espera de la resurrección.

Al encomendar su espíritu al Padre, Jesús hace eco de la esperanza del salmista que pone su vida y confianza en las manos de Dios. Espera que

4 Otra tentación es explicar que de repente el alma (o espíritu) de Cristo está con Dios aunque su cuerpo está separado del alma. El cuerpo sería el objeto del abandono de Dios, pero no el alma. Pero aquí debemos recordar que no es solo el cuerpo de Cristo lo que se ve afectado por la muerte *espiritual* sino su naturaleza humana en su totalidad, pues según el plan divino –a diferencia de la filosofía griega– no es bueno que el alma ande merodeando en el más allá sin el cuerpo. Jesús sufre el abandono de Dios en *todo* su ser.

el Señor lo salve de sus enemigos y justifique su confianza en él poniendo fin a su sufrimiento.

> Señor, yo confío en ti,
> Y declaro que tú eres mi Dios.
> Mi vida está en tus manos;
> ¡líbrame de mis enemigos y perseguidores!
> ¡Haz brillar tu rostro sobre este siervo tuyo!
> ¡Sálvame, por tu misericordia! (Sal 31:14-16)

En labios de Jesús, y a la luz de su muerte y resurrección, la oración del salmista ya nos señala a la muerte temporal como enemiga de Dios y a la resurrección como la respuesta de Dios a la muerte.[5] Lucas y Pablo resumen estos aspectos de la predicación y enseñanza de la iglesia al recordarnos que "Dios lo levantó, liberándolo de los lazos de la muerte" (Hch 2:24) y que la muerte es "el último enemigo" que Cristo destruirá con el poder de su resurrección (1 Co 15:26). La resurrección de Cristo revela su señorío sobre sus enemigos, y esto incluye su poder sobre la muerte (cf Sal 110:1, citado en Hch 2:34-35 y 1 Co 15:25).

Hemos enfatizado el sentido trágico de la muerte. Pero la tradición cristiana también nos habla de la muerte como una antesala a la vida. No para negar que desde ya en Cristo tenemos vida eterna por el Bautismo, ni para caer en un romanticismo en torno a la muerte (pues no deja de ser trágica), sino para resaltar cómo Dios le ha impuesto un límite a la misma según su propósito en Cristo. Lutero nota que "el modo externo" de la muerte del cristiano no es diferente a la de cualquiera otra persona, pero a la vez afirma que "para nosotros la muerte está muerta".[6] Ahora bien, la muerte no es antesala a la vida porque tenga carácter vivificante en sí, sino porque Cristo por su muerte o "bautismo de sangre" (cf Lc 12:50) "ha santificado todo tipo de muerte" a tal punto que ha desarmado su veneno y picadura letal y, según su promesa, ha declarado que "nuestra muerte es el comienzo de la vida".[7]

---

5 Léon-Dufour argumenta que el grito de Jesús: "Dios mío, Dios mío, ¿porqué me has abandonado?" no debe interpretarse como un abandono de Dios por su ira contra el pecado que lleva el Hijo sobre sí por nosotros (aunque sugiere implícitamente que tal interpretación tiene su base paulina). *Jesús y Pablo ante la muerte*, 146-48. Al contrario, el autor sugiere que el grito de Jesús debe interpretarse como un "abandono a los enemigos" –como en el caso de la expresión "porque no abandonarás tu siervo a la muerte" (Hch 2:27)– de tal manera que "el grito es una llamada que proclama la presencia de quien parece ausente. La relación subsiste aunque Dios parece ignorar a Jesús". *Jesús y Pablo ante la muerte*, 145. Sin perjuicio a la observación de Léon-Dufour, nuestra interpretación teológica de la muerte de Jesús toma en cuenta ambas interpretaciones del texto, las cuales no consideramos opuestas entre sí desde un punto de vista doctrinal.

6 LW 42:142 (traducción mía).

7 Ibíd. (traducción mía).

Para decir lo mismo en lenguaje joánico, por la fe en el Hijo, el que muere en él "aunque esté muerto, vivirá... todo aquel que... cree en mí, no morirá eternamente" (Jn 11:25-26). Esta visión de la muerte como un paso o antesala a la vida, obviamente, solo tiene sentido si hablamos de una muerte *en Cristo* en espera de una participación en su resurrección por la fe en su promesa. En uno de sus sermones, Lutero usa imágenes horticulturales para hablar de la transformación de la muerte a la vida. Si Dios puede hacer crecer un "grano" de trigo que "muere" en la tierra, transformándolo en "un fino tallito verde, que a su tiempo lleva a una espiga llena de granos", entonces también puede resucitar a los muertos dándonos "un cuerpo nuevo".[8]

El teólogo italiano Cantalamessa distingue entre el sentido "sapiencial" y el sentido "pascual" de la muerte.[9] Por un lado, la muerte es un tipo de "maestra vida, un poderoso medio de persuasión antes los vicios, una pedagoga severa" que nos advierte a no morir en pecado.[10] Como lo confesamos en el tiempo de la Cuaresma, la realidad de la muerte nos recuerda que polvo somos y al polvo volveremos (cf Gn 3:19) para así llevarnos al arrepentimiento. La muerte funciona entonces como ley que convence del pecado para hacernos ver nuestra necesidad del evangelio del perdón. Nos advierte que no caigamos en el pecado impenitente que lleva a la muerte *eterna*, a saber, el "infierno" o la eterna separación del pecador de Dios. Esta función "sapiencial" de la muerte, sin embargo, es *penúltima* porque su propósito es llevarnos al misterio "pascual" o mistagógico de nuestra muerte en Cristo.[11] Cristo no es "un ejemplo de muerte heroica" sino nuestra Pascua. Por su muerte, la muerte "se ha convertido en una puerta, un paso, o sea literalmente una Pascua. Un 'Mar Rojo' gracias al cual se entra en la tierra prometida".[12] En este caso, la muerte de Cristo, nuestro Cordero Pascual, completa lo que la Pascua anticipó para el pueblo de Israel, es decir, nuestra salvación de la muerte. Aquí la muerte de Cristo nos salva de la muerte espiritual y eterna, de la separación de Dios, pero también de la muerte temporal porque su Pascua culmina en su resurrección de la cual también son partícipes aquellos que mueren en él por el Bautismo. De allí la costumbre histórica de la iniciación cristiana bautismal de catecúmenos durante la vigilia de la Pascua de Resurrección. Su propósito es proclamar, al son de Romanos 6, que si morimos con Cristo también viviremos con él.

La proclamación de la iglesia deberá presentar a la muerte como nuestra enemiga ante el romanticismo espiritualista de la muerte. Deberá tener cuidado,

8 Lutero, *Obras* IX, 434-35.
9 Hermana muerte, 7.
10 Ibíd., 27.
11 Ibíd., 22-23.
12 Ibíd., 21.

por ejemplo, de no hablar de funerales como si estos fueran “celebraciones de victoria”, sino de proclamar la verdadera tragedia que es la muerte, permitir que la gente la lamente, y luego anunciar también la promesa futura de la resurrección corporal que Cristo llevará a cabo cuando vuelva y al fin destruya a la muerte.[13] Hay que darle espacio al luto, aun cuando sea cierto que, por la promesa de la resurrección, Pablo exhorta a los santos a que no “se pongan tristes, como los que no tienen esperanza” (1 Ts 4:13). La proclamación de la iglesia también tendrá que dar lugar al discurso de la muerte como advertencia ante la impenitencia. ¡No sea que por tomarle gusto al pecado perdamos la comunión con Dios (muerte espiritual) o vivamos por siempre alejados de su presencia (muerte eterna)! Finalmente, la iglesia deberá anunciar la muerte del cristiano como una bendición, no en ultima instancia porque esta lo libre del sufrimiento temporal (aunque esto pudiera verse como una bendición en vista de los sufrimientos que traen consigo las enfermedades) ni porque lleve su alma al cielo (aunque el alma ciertamente está con Cristo después de la muerte). La muerte es bendición pascual solo porque es una muerte que nos une a *Cristo* en su muerte y resurrección.

Se le debe recordar al creyente que, por la fe en Cristo y sus promesas de vida, la muerte también ha perdido su poder *condenador*, pues no nos puede separar del favor o la justificación del Padre ni de la comunión con él.[14] Lutero predica en uno de sus sermones que Cristo tomó sobre sí nuestro pecado, pero por ser sin pecado en su persona (tanto por su inocencia humana como por su ser divino) no puede ser condenado.[15] Aludiendo a una cristología alejandrina en la que el Hijo divino vence a la muerte por medio de su carne (humanidad), Lutero observa que no es la muerte la que vence (o condena) a Cristo, sino Cristo el que vence (o condena) a la muerte.[16]

> La muerte temporal le echa la mano [a Cristo] y le quiere devorar; mas lo que en opinión de la muerte es carne y sangre humana, en realidad es vida eterna que devora a la muerte. Es verdad: Cristo muere en la cruz, y la muerte cree haber obtenido la victoria. Pero lo que menos se imaginaba la muerte era que Cristo resucitaría y le diría: “¿Dónde estás ahora, oh muerte? He aquí que te devoré”.[17]

---

13 Gibbs, "Five Things You Should *Not* Say at Funerals", *CJ*, 365.

14 Pieper observa que, aunque los cristianos en esta era todavía "deben pasar por la muerte como el juicio sobre el pecado que mora en ellos", su muerte "ya no es muerte en un sentido pleno porque han sido librados de lo que hace que la muerte sea terrible; el *sensus irae divinae*... la ira divina ha sido suplantada por la seguridad de la gracia divina...". *CD*, III, 510 (traducción mía); cf Mueller, *DC*, 386.

15 Lutero, *Obras* IX, 91.

16 Ibíd.

17 Ibíd., 91-92.

La resurrección de Cristo anuncia esta victoria sobre el pecado y la muerte, y por eso tiene poder *justificador* para todos los que mueren en él.[18] Cristo encara la muerte por nosotros, y así le quita su poder de acusarnos o juzgarnos ante Dios. Sepultados con Cristo en el bautismo, podemos encarar la muerte sin ninguna acusación o juicio divino sino con la justificación del Padre que este nos ha dado por la resurrección de su Hijo.

El cristiano entonces ve la muerte y la corruptibilidad del cuerpo con la absoluta confianza de su incorruptibilidad en la resurrección. Refiriéndose a la certera esperanza de los santos en la promesa de Dios en 1 Corintios 15:42-43, Lutero usa imágenes del campo. Cuando alguien siembra "porotos" no lo hace pensando que se "pudrirán" las semillas, "y si siembra arvejas no lo hace para que queden enterradas".[19] Al contrario, el que siembra porotos lo hace sabiendo el fruto que vendrá, "espera con absoluta certeza el día en que de allí habrán de salir nuevas plantitas primero, y nuevas vainas después".[20] Asimismo, cuando vemos "que entierran a un cristiano", por un lado, reconocemos que su muerte no tiene "nada de hermoso, nada de glorioso", pero por otro lado, confesamos que "¡resucitará en gloria!"[21] La muerte en su sentido pascual nos anima a verla no solo en términos de lo que se siembra ahora y muere sino también de lo que se espera en la cosecha futura. Lutero predica que el Señor "ya me plantó por medio del bautismo y del evangelio" de forma que ahora "yo soy su poroto y su grano. Cuando muera, me pudriré como un poroto. Pero después pasaré de esta vida hedionda a la vida verdadera… que no hederá más".[22] La mentalidad del cristiano ha de imitar a la del campesino.

Juicio e infierno, resurrección y vida

Si bien la apertura de los cielos puede asociarse con el favor de Dios para con los seres humanos, esta también aparece en las Escrituras como el anuncio y la llegada del juicio de Dios. Este juicio divino se nos presenta a menudo en lenguaje apocalíptico, se asocia con el señorío de Cristo resucitado sobre toda la tierra, y además se refiere tanto a eventos futuros

18 "…nuestra justicia es que 'Cristo ha resucitado'; ésta es la manera y la forma de llegar a ser justo. Por consiguiente: cuando tú crees que Cristo carga con tus pecados y con tu muerte, a fin de que tú ya no seas pecador ni tengas que morir, y cuando crees que él ha resucitado de entre los muertos para nuestra justificación, entonces eres justo". Ibíd., 91.

19 Lutero, *Obras* IX, 435.

20 Ibíd.

21 De manera similar, Léon-Dufour afirma que Pablo "no ve la muerte como una liberación de la materia, como Sócrates, ni piensa en ella de manera 'piadosa', como algunos cristianos que sueñan con el 'dulce paso' [al más allá]. No, la muerte sigue siendo terrible, pero la fe en el Dios que la ha vencido en Jesucristo basta para mantenerla sometida". *Jesús y Pablo ante la muerte*, 275.

22 Lutero, *Obras* IX, 437.

como a realidades inauguradas. Vemos estos elementos, por ejemplo, en partes del discurso escatológico de Mateo (Mt 24:1-26:1). En el capítulo 24, nos dice el evangelista, en lenguaje figurativo apocalíptico, que "...el sol se oscurecerá y la luna dejará de brillar, las estrellas caerán del cielo, y los poderes celestiales se estremecerán" (v 29). La tierra tiembla y la gente se lamenta porque está ante la presencia del Señor, quien es juez sobre toda la creación: "Entonces aparecerá en el cielo la señal del Hijo del Hombre, y todas las tribus de la tierra se lamentarán, y verán al Hijo del Hombre venir sobre las nubes del cielo, con gran poder y gloria" (v 30). Gibbs interpreta esta sección del discurso (que más ampliamente incluye Mt 24:4-35) de forma *inaugurada* para referirse al juicio específico de Dios sobre el pueblo de Jerusalén, cuyo templo fue destruido en el año 70 dC, por su rechazo del Hijo del Hombre.[23]

El resto del discurso, sin embargo, tiene un mensaje para una audiencia más amplia que incluye a todas las naciones. Se refiere más específicamente a la *futura* parusía del Señor, resaltando paradójicamente que nadie sabe la hora de su venida pero que cuando ocurra todo el mundo sabrá, y que además debemos estar vigilantes y preparados para su retorno.[24] "En cuanto al día y la hora nadie lo sabe... Por tanto, estén atentos, porque no saben a qué hora va a venir su Señor" (Mt 24:36, 42). La lección es que nadie sabe la hora ni debe especular acerca de la misma porque esta vendrá por sí misma. Cuando llegue, será obvio y todos lo sabrán, como en los días de Noé cuando llegó el diluvio (cf vv 37-39). Lo importante no es andar con la fascinación de investigar cuándo Cristo volverá (¡porque nadie sabe!); el punto es estar preparado para que cuando Cristo retorne para "juzgar a los vivos y a los muertos" no nos encuentre, por decirlo así, ahogados en las aguas del diluvio sino salvos en el arca de su iglesia.

La enseñanza acerca del juicio divino debe entenderse en su sentido cristológico, es decir, a la luz de la autoridad que el Padre le ha dado al Hijo para juzgar y a la luz de lo que este juicio implica para el ser humano según la relación que este tenga con el Hijo. En su evangelio, Juan identifica a Jesús como "el Hijo del Hombre" que "descendió del cielo" y "subió al cielo", expresiones que señalan su encarnación y glorificación (Jn 3:13). El envío del Hijo al mundo, su descenso del Padre, no tiene el fin de "condenar al mundo" sino de salvarlo (v 17). El verbo "condenar" (*krínō*) se puede traducir "juzgar" y comunica que el Hijo comparte con su Padre

23 Véase *Matthew 21:1–28:20*, 1278-87. Gibbs admite, sin embargo, que esta sección en particular (Mt 24:29-31) también se ha interpretado de forma más general para referirse al juicio de Dios a todas las naciones en la segunda venida del Hijo del Hombre (p 1278).

24 Ibíd., 1290-1309.

este acto divino (cf Jn 5:22, 27); pero se contrasta con el verbo "salvar" (*sōzō*), lo cual constituye el primer deseo o la primera voluntad de Dios para con su mundo.

Se habla del juicio y la vida eterna de forma inaugurada y futura. La relación de la persona con el Hijo, si cree o no en él, define el tipo de juicio divino hacia ella. El levantamiento del Hijo en la cruz, el comienzo de su glorificación y ascensión al Padre, ocurre "para que todo aquel que en él cree no se pierda, sino que tenga vida eterna" (Jn 3:15). Así pues, "el que en él cree, no es condenado; pero el que no cree *ya ha sido condenado*" (*ēdē kékriptai*, v 18). El juicio o la condenación ya ha llegado de forma anticipada. Asimismo, "el que cree en el Hijo *tiene vida eterna* [*éjei zōēn aiōnion*], pero el que se niega a creer en el Hijo *no verá la vida* [*ouk opsetai zōēn*]" (Jn 3:36). Los verbos presente y futuro muestran que por la fe en el Hijo la vida eterna es una bendición escatológica que ya es nuestra, aunque vendrá en su plenitud en la resurrección.

Aquel que por la fe tiene vida eterna ya "ha pasado de muerte a vida" (Jn 5:24). En la literatura joánica, este paso a la vida por la fe en la era *presente* se considera "la primera resurrección" (cf Ap 20:5-6), una forma figurada de referirse a la conversión.[25] Se trata en primer lugar de una "resurrección espiritual", es decir, por la fe, porque "*la hora viene* [*epjetai hōra*], *y ya llegó* [*kaì nūn estin*, "y es ahora"] cuando los muertos oirán la voz del Hijo de Dios; y los que la oigan vivirán" (Jn 5:25). El uso del futuro "oirán" en Juan 5 (*akoúsousin*, v 25, y especialmente v 28) también nos prepara para hablar de otro tipo de resurrección en la era *futura* que podemos identificar más claramente en Jn 5:28-29 como la "resurrección física" o corporal, porque "vendrá el tiempo cuando todos los que están *en los sepulcros* [*en toīs mnēmeíois*, las tumbas] oirán su voz, y los que hicieron lo bueno, saldrán a resurrección de vida; pero los que hicieron lo malo, a resurrección de condenación" (vv 28-29).[26] En la expresión joánica del Apocalipsis, esta resurrección del cuerpo para la vida eterna recibe el nombre de "segunda resurrección", para así distinguirla no solo de la "primera resurrección" por la fe (conversión) sino también de la resurrección de condenación o "segunda muerte" que trae como juicio final la eterna separación de la presencia de Dios (Ap 20:14).

Se define esta separación eterna de Dios, como ha de esperarse, con aterrador lenguaje apocalíptico. Se nos pinta como el "lago de fuego" al que fueron lanzados "todos los que no tenían su nombre registrado en el

---

25 Véase Brighton, *Revelation*, 562.

26 Asimismo, Brighton observa que Jn 5:25 se refiere a la resurrección espiritual y Jn 5:28-29, a la corporal. *Revelation*, 562. También señala que Juan usa la expresión "la muerte y el Hades entregaron los muertos que yacían con ellos" (Ap 20:13) para referirse a la resurrección física o corporal que ocurrirá cuando Cristo vuelva, es decir, al fin del milenio que ya empezó con su primera venida. *Revelation*, 565.

libro de la vida" (Ap 20:14-15). Al igual que el cielo, la dogmática luterana no especula acerca de la localidad de este "infierno" (¡no tiene apartado postal!), enfocándose más bien en su efecto como un estado de separación eterna de la faz de Dios y dándonos a la vez la recomendación de que "debemos preocuparnos no tanto por determinar el lugar del infierno sino con escaparnos del mismo".[27] De hecho, vemos cómo textos bíblicos que hablan del "fuego eterno" (Mt 25:41) o el "castigo de la destrucción eterna" (2 Ts 1:9) definen lo que estas imágenes implican, a saber, estar separados de Cristo y su Padre ("Apártense de mí" en Mt 25:41; "serán excluidos de la presencia del Señor y de la gloria de su poder" en 2 Ts 1:9).

El teólogo Léon-Dufour señala que el infierno es incomprensible sin el cielo, porque si el cielo es "el gozo de estar siempre con Dios, con Jesús y con los hermanos", el infierno no puede verse sino como su contrario, es decir, "existir 'sin Dios', separado de Dios y de Jesús".[28] En cierto modo, entonces "sólo se puede hablar de él siendo cristiano y la consecuencia de eso es importante: mi fe afirma la posibilidad del infierno, mi esperanza la rechaza para mí, mi caridad la desecha para todos...".[29] Por ello, tampoco es útil perder el tiempo tratando de discernir el corazón del ser humano y juzgar quién va al infierno y quién no. El propósito de la enseñanza acerca del infierno, la muerte eterna, o "la segunda muerte" –todas expresiones sinónimas– consiste en "advertir contra la incredulidad y la seguridad carnal para así salvar de la eterna condenación".[30] Siguiendo la línea lógica de expresión joánica, la idea es evitar que alguien caiga en "la primera muerte", es decir, en la incredulidad o muerte espiritual (cf Jn 5:25; cf Ef 2:5). En este sentido, la doctrina del infierno cumple, al igual que la enseñanza acerca de la muerte, una función pedagógica como ley para así movernos a la contrición y a recibir por la fe los beneficios del cielo: la salvación que nos lleva a la comunión con Jesús en la presencia de su Padre.

El juicio final incluye a todos los seres humanos, "grandes y pequeños", y todos son "juzgados conforme a sus obras" (Ap 20:12). En su juicio a las naciones, el Hijo del hombre distingue "las ovejas" de "los cabritos" según sus obras (Mt 25:31-46). Los últimos "irán al castigo eterno, y los *justos* (*díkaioi*) irán a la vida eterna" (v 46). Dios ha reservado "a los *injustos* (*adíkous*) para que sean castigados en el *día del juicio* (*heméran kríseōs*)" (2 P 2:9, cf v 13). Pero estas expresiones deben también tomar en cuenta que "el hombre es *justificado* (*dikaioūszai*) por la fe, sin las obras de la ley" (Ro 3:28), que su felicidad consiste

27 Pieper, *CD*, III, 547 (traducción mía); cf Mueller, *DC*, 398.

28 Léon-Dufour, *Jesús y Pablo ante la muerte*, 50.

29 Ibíd., 51.

30 Pieper, *CD*, III, 548 (traducción mía); cf Mueller, *DC*, 399.

en que "Dios atribuye justicia (*dikaiosúnēn*) sin obras" (Ro 3:6) perdonándole sus pecados e injusticias (v 7), y que por la "justicia de uno solo (es decir, de Cristo) vino la justificación de vida a todos los hombres" y por ende ya no reciben la "condenación" (*katákrima*) heredada de Adán (Ro 5:18). Entonces, es cierto decir, por un lado, que por las obras somos juzgados ante Dios y, a la vez, proclamar que por la obra de Cristo ya no somos condenados (juzgados para muerte eterna) sino justificados ante Dios para vida eterna. Si bien las buenas obras son necesarias porque Dios las demanda y el prójimo las necesita, la fe sola nos justifica ante Dios aparte de las obras. La fe sola salva, pero la fe nunca está sola.

La resurrección, el milenio y el dispensacionalismo

Se descarta entonces la enseñanza común en el premilenarismo dispensacionalista de (por lo menos) dos resurrecciones físicas. Una resurrección se asocia con el *rapto* de los justos en una supuesta venida secreta o *invisible* de Cristo antes, durante, o después de un período de tribulación (generalmente, de siete años). Luego se habla de un retorno *visible* de Cristo para juzgar a las naciones que ocurre antes de ("pre") establecer su milenio en la tierra, período de paz y prosperidad en el que Cristo supuestamente reinará en la tierra desde un templo reconstruido en Jerusalén con sus santos. Durante este milenio literal los justos que reinan con Cristo andarán en la tierra con cuerpos resucitados; pero la mayoría de las demás personas nacen, se reproducen y mueren, y el pecado todavía existe.[31] Una segunda resurrección ocurre una vez que termina el milenio, después de una última persecución de la iglesia por parte de Satanás ("la pequeña temporada" de Ap 20:7-8, en la que Satanás es desatado por un tiempo). Esta resurrección final incluye la resurrección de los impíos para condenación y de los justos para vida eterna.[32]

En respuesta al dispensacionalismo, vimos anteriormente que el milenio ya ha comenzado con la primera venida de Cristo al mundo (milenarismo inaugurado) y el reinado de su iglesia con él desde entonces (p ej, Ap 1:5-6; 3:21; cf Ro 5:17; Ef 2:6; Mt 28:19-20). Esto implica que el fin

---

31 Hoekema señala lo extraño que es proponer la presencia de cuerpos resucitados y naturales durante un milenio en el que Cristo resucitado reina sobre una tierra donde existe paz, pero también pecado. Pregunta el autor: "¿Por qué deberían aquellos creyentes, que han estado disfrutando de la gloria celestial durante el estado intermedio, ser resucitados de entre los muertos para regresar a una tierra en la cual el pecado y la muerte todavía existen? ¿No sería esto un anticlímax?... ¿Por qué, además, regresaría el Cristo glorificado a una tierra en la cual todavía reinan el pecado y la muerte?" *La Biblia y el futuro*, 212. Luego observa Hoekema que "para los santos resucitados y glorificados, el milenio es una agónica postergación del estado final de gloria que ellos esperan con gran anhelo" (213).

32 Para un resumen más extenso de la sucesión de eventos en el premilenarismo dispensacionalista, véase Hoekema, *La Biblia y el futuro*, 217-20.

del milenio no es una realidad futura sino inaugurada que culminará con la "pequeña temporada" de Satanás (Ap 20:7-8) y luego vendrá la parusía de Cristo, su juicio final, y la resurrección de todos los seres humanos. En aquel día, "el Señor mismo descenderá del cielo... y los muertos en Cristo resucitarán primero. Luego nosotros, los que aún vivamos y hayamos quedado, seremos arrebatados juntamente con ellos en las nubes, para recibir al Señor, y así estaremos con el Señor siempre (cf 1 Co 15:51-52). La Escritura no menciona cuándo tendrá lugar la llamada "pequeña temporada", un último intento por parte de Satanás de "engañar a las naciones" y enemistarlas contra Dios y su Cordero en batalla (Ap 20:8).[33] No se nos dice por qué Dios permite que "al cabo de los mil años, Satanás fue puesto en libertad de su prisión" (v 7). ¿Por qué no dejarlo en su cautiverio? Todo esto es un misterio insondable, cuya única función es –al igual que textos que nos hablan del anticristo(s), el juicio divino, o el infierno– promover la vigilancia para no caer en el engaño de Satanás, llevarnos al arrepentimiento por el pecado, y en fin recibir por la fe la promesa de Cristo a su iglesia de que "yo estaré con ustedes todos los días hasta el fin del mundo" (Mt 28:20) y "las puertas del Hades no podrán vencerla" (Mt 16:18).

El problema fundamental de la posición dispensacionalista es que la Escritura no enseña una venida *invisible* de Cristo. Todo lo contrario. Nos dice Juan, al comienzo de su Apocalipsis, que "¡ya viene en las nubes! Y todos lo *verán*" (Ap 1:7a). Y agregamos que también lo escucharán. Su venida será tan obvia, como cuando se anuncia la llegada de un Rey con ton y son musical, puesto que "el Señor mismo descenderá del cielo con voz de mando, con voz de arcángel y con trompeta de Dios" (1 Ts 1:16a). Cuando el Hijo del hombre retorne en su parusía todos lo sabrán, como cuando el diluvio llegó en los días de Noé (cf Mt 24:37-39). El texto de Mateo 24 que se refiere a "dos en el campo, y uno de ellos será tomado, y el otro será dejado", o a las "dos mujeres... en el molino" a quienes les pasará lo mismo (vv 40-41), debe interpretarse dentro del marco del texto, cuya función es resaltar que la venida de Cristo será *obvia* a todos y por ende no será secreta. Además, el lenguaje de Mateo debe entenderse a la luz de

---

33 Así pues, por su experiencia como iglesia perseguida a causa de la predicación del evangelio, los confesores evangélicos-luteranos (al igual que Lutero) pensaban que ya estaban viviendo en "los últimos días" (y por ende en su "pequeña temporada") antes de la venida de Cristo. Este sentir lo vemos claramente en el Prefacio al *Libro de Concordia* (1580) que lee en parte: "Es un sobresaliente favor de Dios que él en estos últimos días de este mundo pasajero haya dispuesto, según su inefable amor, gracia y misericordia, que la luz pura, inmutable y genuina de su evangelio y de su palabra, únicos medios que puedan traer salvación hayan vuelto a aparecer e iluminar clara y puramente a nuestra amada patria, la nación alemana, disipando la superstición y las tinieblas papales". Prefacio, *LC*, 3; así también, el teólogo luterano germano-norteamericano Pieper cree que está pasando por la "pequeña temporada" a comienzos del siglo XX por la oposición plural al evangelio que observa en la iglesia cristiana (véase *CD*, III, 524-25).

otras secciones posteriores de su discurso escatológico, como la del juicio de las naciones (Mt 25:31-46), donde el Hijo del hombre juzga a las naciones por su fe en o rechazo a su persona representada en "mis hermanos más pequeños" (v 40, cf v 45). En su juicio, el Hijo del hombre "apartará a los unos de los otros, como aparta el pastor a las ovejas de los cabritos" (v 32). Estos hechos ocurren en su *visible* parusía, cuando "venga en su gloria... y todas las naciones serán reunidas ante él" (vv 31-32a; Mt 24:39).

La interpretación dispensacionalista de Apocalipsis 20:1-10 depende de una lectura de la historia que, como su nombre lo indica, la divide en distintas *dispensaciones* o períodos en los que Dios lleva a cabo su plan a favor de distintas personas o grupos y por distintos medios. Según este esquema, en las últimas dos dispensaciones de la historia, Dios trata con los judíos (es decir, la nación de Israel) y con los gentiles de dos formas diferentes, respectivamente, mediante la ley y la gracia.[34] Mientras que en la dispensación de la gracia las promesas a los gentiles son de tipo *espiritual* y tienen que ver con su constitución como la iglesia de Cristo, las promesas a Israel en la dispensación de la ley son de tipo *temporal* o político e incluyen su retorno a la Tierra Prometida (evento que se asocia con la constitución del estado de Israel en 1948) y la restauración del templo de Jerusalén.

Anclado en una interpretación literal de Israel en el Antiguo Testamento, según la cual todas las promesas de Dios a Israel han de considerarse como promesas terrenales, el dispensacionalismo divorcia la historia de Israel de la historia de la iglesia. Al no ver en Israel un *tipo* de Jesús y la iglesia en el Nuevo Testamento, la postura dispensacionalista no resalta la centralidad de la obra redentora de Cristo en el plan de Dios para beneficio de Israel y los gentiles.[35] Tampoco enfatiza la unidad de estos pueblos en un solo cuerpo o iglesia por la fe en Cristo. De hecho, la dispensación de la iglesia se ve como un "gran paréntesis" entre la dispensación de la ley y el milenio literal en el que Cristo reinará con sus santos en la tierra, paréntesis que se hace necesario por el rechazo de los judíos a Jesús como su rey davídico terrenal.[36] Sin embargo, el apóstol

---

34 La Biblia anotada de Scofield presenta siete dispensaciones. Acerca de las dos últimas, Zaldívar explica que "la dispensación más larga en la Biblia se dice que es la de la ley (que se dice que abarca desde la entrega de la ley en el Monte Sinaí hasta casi todo el ministerio público de Cristo). Se nos dice que ahora estamos en la dispensación de gracia. Y esta se prolongará hasta la dispensación final del Reino (el Milenio)". *Apocalipticismo*, 99.

35 Para una apreciación similar, véase *Los "Últimos Tiempos"*, 6, 39. "La postura dispensacionalista de una ruptura radical entre Israel y la iglesia contradice la enseñanza de la Escritura acerca de que la cruz de Cristo ha eliminado para siempre la distinción entre los judíos y los gentiles (Gálatas 3:28; Efesios 2:11-22; Romanos 2:25-29)" (p. 40).

36 Explica Zaldívar que, según los dispensacionalistas, "el Reino de Jesús ofrecido a los judíos no fue un reino espiritual, sino la restauración terrenal del reino de David del Antiguo Testamento. Cuando los judíos rechazaron a su rey, Jesús retrasó la venida de su Reino terrenal hasta el Milenio. Y, como 'un gran paréntesis' estableció la Iglesia". *Apocalipticismo*, 99.

Pablo enseña que por la fe y el bautismo en Cristo, quien es la "simiente" de Abrahán, los gentiles pasan a ser "linaje de Abrahán", de tal manera que en el plan de Dios "ya no hay judío ni griego... sino que todos ustedes son *uno* en Cristo" (Gl 3:16, 25-29). También nos recuerda en qué consiste "el plan" (*tēn oikonomían*) o "el misterio" (*tò mystērion*) de Dios en Cristo, a saber, "que por medio del evangelio, los no judíos son coherederos y miembros del *mismo cuerpo*, y copartícipes de la promesa en Cristo Jesús" (Ef 3:2-3, 6).

Volviendo al método interpretativo de la lectura dispensacional de la Escritura, vemos que el dispensacionalismo no toma en serio, por ejemplo, que el templo en el Antiguo Testamento es una sombra de su cumplimiento en Cristo, quien pasa a reemplazarlo en el Nuevo Testamento.[37] En los evangelios, Cristo se identifica con el templo, la presencia de Dios entre su pueblo, en su primera venida al mundo: "Destruyan este templo y en tres días lo levantaré... hablaba del templo de su cuerpo" (Jn 2:19, 21; cf Mt 26:61; 27:40; Mc 14:58; 15:29). En la nueva Jerusalén que desciende del cielo –término que describe a la iglesia glorificada, la esposa de Cristo, al fin de los tiempos (Ap 21:2, 9-10)– no ve Juan "ningún templo, porque su templo son el Señor y Dios Todopoderoso, y el Cordero (v 22). En fin, la teología dispensacionalista, aunque bastante compleja en sus detalles, nace de una postura hermenéutica básica que no da lugar a una lectura *cristológica* de la Escritura y por ende del plan de Dios en Cristo para todos los pueblos.

El gozo del cielo: La esperanza como la victoria de Dios sobre la muerte y la restauración final de su creación

A menudo distinguimos el cielo de la tierra. Pensamos en el cielo o los cielos como la esfera del señorío de Yahvé sobre toda la tierra, el lugar desde donde desciende su Hijo para salvar y juzgar al mundo y hacia donde asciende su Hijo para prepararnos una morada ante la presencia de Dios con todos los santos. Todo este lenguaje, sin embargo, no debe hacernos perder de vista que los cielos y la tierra son la *creación* de Dios, y por ende no solo el cielo, sino también la tierra, constituyen la esfera de su señorío sobre todas las cosas. "Soberano Señor, tú creaste el cielo y la tierra (*tòn ouranòn kaí tēn gēn*), y el mar y todo lo que hay en ellos" (Hch 4:24; 14:15). "Señor, tú fundaste la tierra en el principio, y *los cielos* (*hoi ouranoí*) son obra de tus manos" (Heb 1:10). El cielo y la tierra son "el cosmos y todas las cosas en él" (*tòn kósmon kaì pánta tà en autōi*) que Dios

37 "El pre-milenialismo dispensacional subestima, e incluso ignora, la importancia de la tipología bíblica. Todas las profecías señalan a Jesucristo como el cumplimiento. Él es el antitipo de todos los tipos del Antiguo Testamento. Cuando la realidad a la que el Antiguo Testamento apunta sucede, uno no puede volver atrás a las "sombras", como al templo del Antiguo Testamento (Colosenses 2:16-17; Hebreos 10:1)". Ibíd., 40.

creó (Hch 17:24). Esta manera de confesar el misterio de la creación le da a la tierra una dimensión celestial y al cielo un aspecto material. Pero solo en el misterio de Cristo podemos entender lo que significa esta visión *unificada* de los cielos y la tierra.

Así como no se puede pensar en la creación sin los cielos y la tierra, tampoco se puede pensar en una *nueva* creación sin una restauración de los mismos en Cristo. Con el descenso de Cristo a la tierra en su encarnación (Jn 1:14) y con la apertura de los cielos en su bautismo al inicio de su misión (Mt 3:16), el cielo y la tierra pasan a ser el escenario de la salvación (Mt 3:2: "el reino de los cielos se ha acercado"; cf Mt 4:17), inaugurando así una nueva creación en la que el Hijo nos abre el cielo para darnos acceso al favor de Dios y la vida eterna (cf Mt 16:19; Jn 1:51; Jn 3:13-15). Por su muerte y resurrección, Cristo inaugura la restauración de un cosmos corrompido por el pecado y en tinieblas, una creación enemistada con su Creador y bajo el yugo del diablo y la muerte.

Según el plan divino, Cristo, en y por quien "fue creado todo lo que hay en los cielos y en la tierra" (Col 1:16a), ha de "reconciliar consigo todas las cosas, tanto las que están en la tierra como las que están en los cielos, haciendo la paz mediante la sangre de su cruz" (v 20). El misterio de la voluntad de Dios manifestado en la obra reconciliadora o redentora de Cristo en la cruz se presenta como un plan cósmico por el cual Dios empieza a reunir "todas las cosas en Cristo, tanto las que están en los cielos, como las que están en la tierra" (Ef 1:10). Se trata del plan divino o, podríamos decir, "economía de la plenitud de los tiempos" (*oikonomían tou plērōmatos tōn kairōn*, v 10, traducción mía) que ya se ha inaugurado con la muerte y resurrección de Cristo. Este *kairós* o tiempo especial de Dios, sin embargo, se orienta a su pleno cumplimiento en el *futuro*, se proyecta hacia un fin (*télos*) en el que Cristo resucitado revelará y establecerá su señorío sobre todas las cosas, incluyendo su poder sobre la muerte.

Cristo acapara todo el cosmos, pero también lo sujeta al plan de Dios, lo encamina a su restauración. Por su muerte y nuestra muerte con él en el Bautismo (Col 1:12), nos lleva de la muerte por el pecado a la vida y el perdón: "Antes, ustedes estaban muertos en sus pecados... Pero ahora, Dios les ha dado vida juntamente con él, y les ha perdonado todos sus pecados" (v 13). Cristo también ha proclamado su victoria sobre "los poderes y las potestades, y los exhibió públicamente al triunfar sobre ellos en la cruz" (v 15). En estos actos divinos de salvación, Cristo de hecho ya está renovando toda su creación. Esta renovación se describe como un cambio de ropa, es decir, como un despojarse de la vieja naturaleza pecaminosa y sus actos (Col 2:13; 3:9) y un revestirse de la nueva naturaleza y sus obras (3:10). En la era presente, todavía luchamos con la vieja naturaleza, y tenemos que morir con Cristo a diario. Pero en el bautismo también participamos anticipadamente de su resurrección y gloria (cf Col 3:4). Nos revestimos a diario de "la naturaleza del nuevo hombre, que se va renovando a imagen del que lo creó" (Col 3:10; cf Ef 4:22-24). Esta restauración de "la imagen del hombre terrenal... a la imagen del celestial" (1 Co 15:49) llegará a su fin (*télos*) cuando Cristo venga y "entregue el reino al Dios y Padre, y haya puesto fin a todo dominio, autoridad y poder... a todos sus enemigos debajo de sus pies, y el último enemigo que será destruido es la muerte" (1 Co 15:24-26). Esta transformación ocurrirá cuando, en la futura resurrección, "lo corruptible se vista de incorrupción, y lo mortal se vista de inmortalidad" (1 Co 15:53). Será como un desfile de modas en el que los santos harán un gran despliegue de la belleza de Cristo en sus vidas.

Un mismo dolor, una misma esperanza

¿Y qué del resto de la creación? Pablo nos dice que, al igual que el ser humano, "fue sujeta a vanidad" por Dios mismo, lo cual implica que se encuentra bajo su juicio por la corrupción del pecado de Adán (Ro 8:20). Toda la creación está sujeta a "la esclavitud de corrupción", y por eso "*gime* a una, y sufre como si tuviera dolores de parto" (vv 21-22). Pero a pesar de todo aquello, la creación "todavía tiene *esperanza*, pues también será liberada de la esclavitud de corrupción" (vv 20-21). Léon-Dufour observa que aunque la sujeción de la creación es "la acción de Dios por medio de Adán", esta no debe verse como un tipo de venganza divina sino como un abandono divino (Ro 1:28: "Dios los entregó...") "a las consecuencias del pecado: la vanidad, la no gloria, la perversión".[38] Pero a la vez afirma el autor que "al ser Dios la causa de este sometimiento, no permite que se lleve cabo con un determinismo implacable, sino que entreabre un horizonte de *esperanza*".[39] La creación refleja cierta similitud con la experiencia de los hijos e hijas de Dios, pues "también nosotros, que tenemos las primicias del Espíritu, *gemimos* dentro de nosotros mismos mientras *esperamos* la adopción, la redención de nuestro cuerpo" (v 23). Ella y nosotros compartimos un mismo dolor, pero también una misma esperanza. Sin embargo, en el caso del resto de la creación, esta sufre a causa del pecado del ser humano. Por eso, recalca Pablo, que "la creación aguarda con gran impaciencia la manifestación de los hijos de Dios" (v 19). Por eso, en el plan divino, no vemos que haya adopción divina para la flora y la fauna, para los cielos y los mares, sino para la raza humana que sujetó al resto de la creación a su vanidad y corrupción. De la transformación del ser humano por la adopción y resurrección depende la liberación del resto.

38 Léon Dufour, *Jesús y Pablo ante la muerte*, 243.

39 Ibíd.

Lutero observa que, a pesar de su estado de corrupción, Dios en su providencia usa la creación para darnos sus bendiciones; y sin embargo, la creación lleva a cabo este servicio sujeta a la vanidad de los seres humanos que usan "sus servicios para deshonrar a Dios y amargar la vida de los hombres".[40] En su misterio insondable, Dios a veces "permite... que la creación dé señales de que sirve solo contra su voluntad", como en el caso de los desastres naturales, y en esas ocasiones el predicador nos invita a lamentar los efectos del pecado en la creación, llamándonos al arrepentimiento.[41] La creación también sufre porque su servicio es usado por el diablo, los impíos, y otros que persiguen a la iglesia y blasfeman contra Dios.[42] Si bien la sujeción de la creación a la vanidad no es un atributo positivo o deseable, Dios paradójicamente permite tal sujeción por algún tiempo, para "mediante su longanimidad llevar al mundo al arrepentimiento para que los hombres reconozcan el servicio de la creación y sus incontables beneficios y se enmienden".[43] El predicador observa que ni los santos ni la creación se gozan de la presente condición de la creación, aunque la soportan porque Dios la usa para sus propósitos (a pesar de su estado y abuso) y ha prometido librarla de su dolor en la gloria venidera.[44] En cierto modo, en su aplicación de estas palabras a sus oyentes, Lutero hace eco de la exhortación paulina, "pero si lo que esperamos es algo que todavía no vemos, tenemos que esperarlo con paciencia" (Ro 8:25). Aunque no lo menciona explícitamente, la exhortación del predicador también hace eco de la enseñanza petrina de que, desde la perspectiva humana, aunque el cumplimiento de la "promesa" de la venida de Cristo parece tardar, el fin aun no ha llegado porque el Señor "nos tiene paciencia y no quiere que ninguno se pierda, sino que todos se vuelvan a él" (2 P 3:9).

Volvamos al tema de la *similitud* entre la creación humana y el resto de la creación. Ambas son partes del cosmos, de los cielos y la tierra, y por ende bajo el señorío de Cristo. Comparten el dolor de vivir bajo la corrupción del pecado y la muerte. Comparten además la esperanza de vivir la bienaventuranza de Dios en una nueva creación. Pero cada una en su debido orden. La creación espera con ansias la redención de los hijos de Dios que luego dará lugar a su liberación. ¿En qué consistirá la novedad de una creación librada

---

40 Lutero, *Obras* IX, 449. Continua Lutero: "De esta manera desvirtúas completamente el servicio que te presta la creación; pues este servicio fue dispuesto para gloria de Dios y para el bienestar y las necesidades materiales tuyos; tú en cambio abusas de él para ignominia de Dios" (p. 449).

41 Lutero parece tener en mente más específicamente a pecadores impenitentes que abusan de la creación que Dios les ha dado. Para ellos, los desastres naturales son "advertencia de que debes arrepentirte y llevar una vida mejor". Ibíd., 449.

42 Ibíd., 448, 450-51.

43 Ibíd., 450.

44 Ibíd., 452.

de sus dolores de parto? En el caso de los seres humanos, la Escritura habla de renovación en términos de transformación de lo corruptible a lo incorruptible, de lo mortal a lo inmortal (1 Co 15:53). Esta transformación no se debe entender como un cambio de una naturaleza humana a *otra* naturaleza que transciende lo humano. Tampoco se debe entender como una *aniquilación* de la *naturaleza* humana en sí, sino de su *corrupción*. Aunque el cuerpo resucitado sea un cuerpo glorificado, este sigue siendo *cuerpo* creado por Dios. Es espiritual no porque deje de ser humano, sino porque es el cuerpo en el que mora el *Espíritu* del Padre que resucitó a Cristo de los muertos y que ahora tienen los santos como primicias de su resurrección en Cristo (cf 1 Co 15:45; Ro 8:11, 23; cf Ro 1:4). La novedad de la futura resurrección del cuerpo no consiste entonces en la extinción del cuerpo, sino en la *purificación* de su corrupción e injusticia.

¿Qué tendrán de "nuevo" los nuevos cielos y la nueva tierra? Hay diversidad de opiniones teológicas acerca de lo que le pasará a los cielos y la tierra una vez que llegue la resurrección de los muertos. Unos hablan de su destrucción total, otros de su transformación.[45] ¿En qué sentido debemos hablar del "fin" del mundo? Sinónimo de "fin", el término "consumación" –a menudo utilizado en la escatología futura– se define en español como "extinción, acabamiento total".[46] Sugiere que el mundo será extinguido, o aniquilado. Pero el "fin" también puede referirse al "término de algo" en el sentido de su *télos* u objeto, su meta o el propósito final que Dios tiene para algo. Sugiere esta connotación que el mundo no será aniquilado, sino más bien guiado por Dios hacia su plena realización según el designio divino. Se presta esta idea más al lenguaje de transformación.

Ciertamente, en la visión apocalíptica de Juan se nos presenta un contraste entre la primera y la nueva creación: "Vi entonces un cielo nuevo y una tierra nueva, porque el primer cielo y la primera tierra había dejado de existir..." (Ap 21:1). Este texto nos dice que lo que fue primero "ya no es" (*ouk éstin éti*, traducción mía). Pero esto no debe interpretarse en términos ontológicos, sino escatológicos. En su comentario a este texto, Andrés de Cesarea, por ejemplo, aplica la analogía paulina de la vestimenta para referirse al cambio de condición de la creación restaurada: "Efectivamente, la renovación de algo que ha envejecido no significa una desaparición de su esencia, sino un pulido de su vieja piel y de sus arrugas".[47] Añadimos a la visión de Juan el tono apocalíptico de 2 Pedro, donde leemos que en "el

45 Entre teólogos evangélicos luteranos, Pieper, por ejemplo, menciona a Lutero, Brenz, Althammer y Nicolai como proponentes de transformación y a Gerhard, Quenstedt y Calov como promotores de la aniquilación de la sustancia del mundo. Véase *CD*, III, 542-43.

46 DLE, 634.

47 Andrés de Cesarea, citado en Weinrich, *Apocalipsis*, 459.

día del Señor (*hēméra kuríou*)... los cielos desaparecerán en medio de un gran estruendo, y los elementos arderán y serán reducidos a cenizas, y la tierra y todo lo que en ella se ha hecho será quemado... Ese día los cielos serán deshechos por el fuego, y los elementos se fundirán por el calor de las llamas" (2 P 3:10, 12). Recordemos que el discurso apocalíptico debe interpretarse de forma figurativa. Su función en este texto petrino es exhortar a los santos a no vivir en pecado sino en santidad: "Puesto que todo será deshecho, ustedes deben vivir una vida santa y dedicada a Dios" (2 P 3:11).

Por ser lenguaje simbólico no quiere decir que el texto no tenga significado teológico. La importancia teológica radica en que "las promesas" (*tò epángelma*) de Dios nos animan a esperar "un cielo nuevo y una tierra nueva, donde reinará la *justicia* [*dikaiosyne*]" (2 P 3:13). Se distingue esta novedad futura de la realidad que vivimos ahora, en la que "el cielo temporal presente ha sido fundamentalmente quebrantado por la ἀδικία [o sea, *adikía*, injusticia] del ser humano y se ha hecho vieja".[48] Lo que quemará el fuego o se tragará el mar, podríamos decir, será su injusticia, no la creación en sí. En este punto se diferencia el género apocalíptico en general de la enseñanza neotestamentaria; el primero recoge una visión pesimista del mundo y la historia que no admite "continuidad entre el ahora y el después",[49] mientras que en el cristianismo "el nuevo mundo es la antigua creación renovada por Dios".[50] Cabodevilla señala la importancia de distinguir entre los términos griegos, *neós y kainós*, al hablar de la creación restaurada.

> El primero significa lo otro, otra cosa distinta, como cuando decimos, "año nuevo, zapatos nuevos". El segundo, en cambio, se refiere a aquello que ha sufrido alguna transformación, es decir, lo nuevo en cuanto renovado; decimos "año nuevo, vida nueva", y sabemos que la vida, aun con todas sus reformas, seguirá siendo la misma. Ahora bien, el término usado en la Escritura para calificar al mundo venidero no es *neós* sino *kainós*. En otras palabras, se

---

48 Helmut Traub, "Οὐρανός, Οὐράνιος, Ἐπουράνιος, Οὐρανόθεν," *TDNT*, 515 (traducción mía).

49 Schmithals, Walter, *La apocalíptica*, 34.

50 Ibíd., 141; "A quien se le pregunta por el lugar de la salvación, la predicación cristiana le remite a la historia, pues el acontecimiento 'Cristo' se realiza históricamente como acontecimiento salvífico. La pérdida del sentido histórico por parte de la apocalíptica no ocupa lugar alguno en el kerigma cristiano" (Ibíd., 136); Ladd observa que "los apocalípticos, a diferencia de los profetas, se desesperaron de la historia, sintiendo que estaba completamente dominada por el mal. La esperanza se repondría solo en el futuro. Las duras experiencias de los últimos dos siglos a. de C. tornó a los apocalípticos pesimistas en cuanto a cualquiera visitación divina en la historia. Dios visitaría a su pueblo para librarlos del mal solo al fin de la historia. Por ende la tensión profética entre escatología e historia se perdió". *The Presence of the Future*, 101 (traducción mía).

> trata de una "regeneración" (Mt 19:28), de una "restauración de todas las cosas" (Hch 3:21)… Desde dentro de este mundo vendrá la transformación, desde una dimensión que hoy no percibimos, desde sus mismas raíces, y por eso será una renovación radical y completa, sin que ese mundo sea distinto del actual. Será el mismo, aunque no lo mismo.[51]

Así pues, lo que desaparecerá y será desechado no es la sustancia del mundo en sí, la cual sigue siendo creación buena de Dios, sino su corrupción o injusticia. En nuestra apreciación teológica, vemos pues un cierto tipo de similitud entre la resurrección del cuerpo y la liberación del resto de la creación.[52] Tal similitud la recoge el comentarista Ecumenio, para quien los textos ya mencionados no deben interpretarse "como si el cielo, la tierra y el mar se encaminasen a la destrucción y a la no existencia y en su lugar fuesen hechos otros, sino porque los que hay ahora expulsarán de sí la corrupción y se tornarán nuevos, como si se hubieran quitado un viejo y sucio vestido con la suciedad que tiene adherida".[53] Nótese nuevamente cómo se aplica la imagen del despojo de la vieja naturaleza o el vestido a la transformación de los nuevos cielos y la nueva tierra. Por analogía, podríamos decir que comparten los santos con el resto de la creación un tipo de transformación que no destruye su naturaleza creada sino el pecado y la muerte a la que está sujeta.[54] Nos espera y esperamos la novedad de los cielos y la tierra renovados y, con esta restauración, una creación donde morará la justicia y donde no habrá muerte.

La morada de Dios: Los nuevos cielos y la nueva tierra son nuestro paraíso

El cielo es la morada de Dios y por eso está por encima de la tierra, pero a la vez Dios ha hecho morada en su tierra y por ende el cielo ha bajado a la tierra. Yahvé mora entre su pueblo Israel, presente con él en el Sinaí y en el templo, pero antes en el Edén de los primeros cielos y la primera

---

51 Cabodevilla, *El cielo en palabras terrenas*, 128-29 (cf 139).

52 Brighton cita a Ireneo, *Contra los herejes*, 5.36.1, como ejemplo clásico de la propuesta de la similitud entre el nuevo cielo y la nueva tierra y la resurrección corporal de la nueva criatura. Esta similitud lo lleva a negar la aniquilación de la sustancia de la creación, lo cual tiene sentido dada su apologética contra los gnósticos, que niegan la creación como la obra de Dios. Véase Brighton, *Revelation*, 592.

53 Ecumenio, citado en Weinrich, *Apocalipsis*, 459.

54 Esta apreciación se sitúa cómodamente dentro del marco de la confesión evangélica luterana, que enseña "la distinción entre la naturaleza corrupta y la corrupción que infecta a la naturaleza". *FC, Epít.* I, 7, en *LC*, 500. Añade el texto que "sólo Dios puede separar la naturaleza humana de la corrupción inherente en ella. Esto se realizará por completo mediante la muerte, en la gloriosa resurrección. En esta ocasión la naturaleza que llevamos ahora resucitará y vivirá eternamente sin el pecado original y totalmente separada de él. . . ." *FC, Epít.* I, 10, en *LC*, 501.

tierra. La esperanza escatológica de Israel incluye la visión de una nueva Jerusalén con su templo, plantada en un nuevo paraíso: "¡Fíjense bien! ¡Ya estoy creando nuevos cielos y nueva tierra… Estoy por crear una Jerusalén alegre y un pueblo gozoso" (Is 65:17-18; cf Is 66:22). Con una riqueza de imágenes, Isaías nos pinta una creación restaurada en la que ya no reinará la muerte, porque "nunca más volverán a oírse en ella voces de llanto ni de clamor. No habrá en ella niños que mueran a los pocos días, ni ancianos que no cumplan sus años de vida… En todo mi santo monte no habrá aflicción ni nadie hará daño a nadie" (vv 19-20, 25). Se le suma a este paisaje la visión vivificante del templo como fuente de las aguas de vida en la nueva creación (Ez 47:1; cf Zac 14:8). Con imágenes que nos transportan al jardín del Edén, el profeta Ezequiel nos describe la vida perdurable de forma material, conectada siempre con el gozo de vivir bajo la provisión saludable de Dios en su tierra: "¡Todo lo que entre en este río vivirá!... En ambos márgenes del río crecerá toda clase de árboles frutales, a los que nunca les faltará fruto ni sus hojas se caerán. Esos árboles madurarán a su tiempo, porque el agua que los riega sale del santuario. Sus frutos serán comestibles, y sus hojas serán medicinales" (Ez 47:9, 12).

En Apocalipsis 21-22, Juan adopta estas descripciones de la esperanza de Israel, recalcando su manifestación en la tierra, su efecto salvífico o vivificante y por ende también el elemento de gozo en una creación plenamente restaurada. Así pues, en su interpretación de la iglesia de Cristo como una nueva Jerusalén, Juan une la materialidad de los nuevos cielos y la nueva tierra con el gozo de la celebración de una boda al notar "que la ciudad santa, la nueva Jerusalén, *descendía del cielo* (*katabaínousan ek toū ouranoū*), de Dios, ataviada como una novia que se adorna para su esposo" (Ap 21:1-2; cf vv 9-10). Así también liga Juan la presencia de Dios como tabernáculo entre su pueblo con el consuelo del fin de la muerte: "Aquí está el tabernáculo de Dios con los hombres. Él vivirá con ellos y ellos serán su pueblo… Dios enjugará las lágrimas de los ojos de ellos, y ya no habrá muerte, ni más llanto, ni lamento ni dolor" (Ap 21:3-4; cf Ap 7:17; cf Is 65:19; Ez 37:27). En la literatura joánica, el templo como la fuente del agua de vida se refiere a Jesús (Ap 21:6; cf Jn 7:37-38; Jn 4:10, 14), el Cordero que reina con Dios en su trono (Ap 21:22; 22:1). Al igual que Ezequiel, Juan sitúa el agua que fluye del Templo, la presencia restauradora de Dios y su Cordero, en el jardín del Edén, donde "a cada lado del río, estaba el árbol de la vida… las hojas del árbol eran para la *sanidad de las naciones* (*zerapeían tōn eznōn*)" (Ap 22:2). Se extiende la promesa de un nuevo jardín de Israel a las naciones. La nueva Jerusalén es la novia del Cordero, la iglesia perseguida de todos los rincones del mundo que ha lavado sus ropas en su sangre y ha sido purificada por su bautismo (véase Ap 7:9, 14; cf Ef 5:25-27). Se trata de los "bienaventurados" (*makárioi*) que ahora tienen "derecho al árbol de la vida y para entrar por las puertas de la ciudad" (Ap 22:14), entrada que después del pecado de Adán y Eva había sido impenetrable, custodiada por querubines y la espada encendida (Gn 3:24).

Al interpretar las ricas imágenes de la nueva creación al fin de los tiempos debemos entender que estamos tratando con lenguaje figurado o simbólico, propio del género apocalíptico, pero a la vez con lenguaje tipológico que nos permite entender visiones y profecías bíblicas en el Antiguo Testamento a la luz de la revelación del misterio de Dios en Cristo. Sin embargo, el lenguaje figurado y tipológico nos da acceso a realidades concretas, materiales.[55] Se nos presenta una cierta *continuidad* entre el primer Edén y el Edén restaurado. En ambos casos, Dios hace su morada no en un cielo separado de la tierra, sino en su tierra. Allí se encuentra la plenitud de la vida, de la comunión con Dios, representada por el árbol de la vida (Gn 2:9). En el nuevo paraíso, Dios y su Cordero han puesto su trono en el mero centro de la tierra (Ap 22:3). Su Espíritu Santo, las aguas de vida que fluyen de Jesús y su iglesia en la literatura joánica (cf Jn 7:37-39), llenará de vida eterna a la iglesia de todas las naciones. Allí no hay muerte de ningún tipo (ni en el sentido físico ni en el sentido espiritual) y nos inunda el gozo de estar ante la presencia de Dios. La plena comunión del ser humano con Dios se expresa en su adoración a Dios (Ap 22:3; cf Ap 7:15). Este gozo no es un gozo del alma sin cuerpo, sino de *toda* la persona restaurada a la imagen de Cristo por su resurrección y el poder de su parusía.

¿De qué otras formas materiales se experimentarán los nuevos cielos y la nueva tierra? Esto es un misterio y la Escritura no responde a toda pregunta. En el primer Edén, por ejemplo, Dios creó al hombre y la mujer y los hizo una sola carne (Gn 2:24), y Jesús habla bien de la unión matrimonial (Mc 10:6-8; "lo que Dios ha unido, que no lo separe nadie", v 9), pero a la vez enseña que las personas "en la resurrección, ni se casarán ni se darán en casamiento, sino que serán como ángeles de Dios en el cielo" (Mt 22:30). La unión física del hombre y la mujer precede la caída al pecado y por ende es parte de la buena creación. Por otro lado, las

55 Acerca del lenguaje analógico y simbólico acerca del cielo en las Escrituras, Cabodevilla comenta: "Los símbolos poseen una validez perenne, intrínseca: resultan indispensables para nuestro conocimiento porque revelan ciertos estratos de la realidad inaccesibles por otros caminos. No son el ropaje de la verdad, no son el revestimiento que habría que quitar para obtener la verdad pura y desnuda, sino que son la forma más transparente en que ésta se nos revela: no la esconden, la manifiestan. Dicen lo indecible". *El cielo en palabras terrenas*, 25.

palabras de Jesús señalan que no habrá uniones en la resurrección final y sugiere además que las uniones que hubo en la tierra –como en el caso de la mujer que tuvo siete maridos– no serán necesarias en la resurrección. Así pues, la Escritura mantiene cierto silencio en cuanto a la *estructura* exacta de la vida matrimonial y familiar en la nueva creación. ¿Viviremos en el paraíso con nuestro cónyuge? ¿Y qué si nos casamos dos o tres veces? ¿Viviremos "bajo el mismo techo" con nuestros padres y madres, hermanos y hermanas, hijos e hijas? Son preguntas algo capciosas a las que Jesús no da respuesta. Parece haber cierta *discontinuidad* entre lo que fue y lo que será. La Escritura se enfoca más bien en la *unidad* de los seres humanos como iglesia, en la unión de la novia con el Cordero, en el nuevo Edén, y no tanto en la *particularidad* de la unión matrimonial y por derivación familiar. Para más información, habrá que esperar y ver.

La descripción del nuevo Edén refleja no solo la presencia de una iglesia renovada en plena comunión con su Creador en la tierra, sino también la perfecta condición del resto de la creación. Dada la adopción de los hijos y las hijas de Dios en la resurrección del cuerpo, ya no gime esta creación con dolores de parto. Ha sido librada de su sujeción a la vanidad de los seres humanos y de la corrupción del pecado y la muerte. ¿Cómo experimentaremos precisamente esta gloriosa libertad del resto de la creación, de la flora y la fauna? Nos dice Isaías, por ejemplo, que "el lobo y el cordero descansarán juntos", dándonos una imagen de los nuevos cielos y la nueva tierra en la que "nadie hará daño a nadie" (cf Is 11:6-9). En el reinado del Mesías, nos dice el profeta que "el becerro, el león y el animal engordado andarán juntos, y un chiquillo los pastoreará" (Is 11:6). Se resalta la armonía y la paz de las criaturas entre sí bajo el reino del Mesías. Volvemos al mundo del lenguaje figurado, y sin embargo se nos revela que la esperanza escatológica del pueblo de Israel debía incluir no solo a todas las naciones sino también a toda la creación. No cabe duda de que, no solo los seres humanos, sino toda la creación será librada de lo corruptible, y esto nos invita, por analogía, a considerar la similitud entre tal liberación y la resurrección del cuerpo. Así como lo corruptible da lugar a lo incorruptible, y lo mortal a la inmortalidad, en una transformación del cuerpo, nada nos impide esperar que el resto de la creación sea también transformada de modo similar. ¿Veremos entonces a nuestras mascotas en la nueva creación? ¿Se estructurará nuestra vida en el paraíso de forma similar en lo que concierne a nuestra relación con el resto de la creación? La Escritura no nos dice nada al respecto en cuanto a lo *particular*, enfocándose más en la restauración de toda la creación de manera *universal*. Más sabremos cuando gocemos de la nueva creación.

¿Y qué haremos en el nuevo jardín? Antes de la caída al pecado, Dios creó al hombre y la mujer a su imagen y semejanza para reflejar su señorío sobre el resto de la creación como administradores de sus bienes (Gn 1:27-28). Puso a Adán en el jardín para trabajar en el huerto, "para que lo cultivara y lo cuidara" (Gn 2:15). Con la caída, el ser humano y la tierra se vuelven enemigos. El ser humano abusa de la creación. Pero la creación también abusa de él. El juicio divino contra Adán hace de la tierra una maldición por causa del hombre y para el hombre; tanto así que su vida se pinta como una de arduo trabajo que sirve como antesala a la muerte (Gn 3:17-19). A pesar de ello, laborar en el jardín en sí es parte de la estructura de la primera y buena creación. ¿Será el trabajo también parte de la nueva tierra? Retornamos al campo de la metáfora. Isaías, por ejemplo, describe los nuevos cielos y la nueva tierra en términos de la actividad de sus habitantes, quienes "edificarán casas... plantarán viñas, y comerán las uvas... mis elegidos disfrutarán del trabajo de sus manos. No trabajarán en vano" (Is 65:21-22). Nuevamente, se nos presenta la nueva creación como el Edén donde la labor del ser humano es ocasión no de dolor sino de gozo. Su labor no invita conflicto con la tierra, ni con la flora o la fauna. Podríamos decir que nuevamente el hombre y la mujer pueden señorear sobre la creación o administrarla como en el primer Edén sin abusarla y sin ser abusados por ella (cf Gn 1:26).[56]

En su Apocalipsis, Juan por un lado nos dice que los santos que mueren en Cristo, que han sido fieles en medio de la persecución, "descansarán de sus trabajos, pues sus obras los acompañan" (Ap 14:13). Pero en este texto el énfasis no es tanto la idea de inactividad, sino más bien la idea de salvación del yugo de la persecución como parte del juicio de Dios contra el maligno. Por otro lado, nos dice también Juan que los santos servirán a Dios y al Cordero en su templo todo el tiempo, pero en estos textos el énfasis no es tanto en labores particulares que tendremos en la nueva creación, sino más bien la *adoración* al Padre y al Hijo en el Espíritu en el nuevo jardín. Así pues, los santos "están delante del trono de Dios, y *le rinden culto* (*latreúousin autōi*) en su templo de día y de noche" (Ap 7:15; 22:3). Formas del verbo *latreúō* pueden traducirse como "servicio", pero también como "culto". Esta última se adapta mejor al contexto del texto. Notamos entonces que la Escritura mantiene silencio acerca de la actividad *particular* de los seres humanos en la nueva creación, resaltando más

56 Burreson y Hoeltke hablan de una participación de los santos en el señorío de Dios sobre la creación en la nueva tierra, y se refieren a este como "un reinado de amor" que "se conforma a Jesús mismo y su vida entre sus criaturas en la tierra... Cuando reinemos sobre la creación en Jesús, sin excepción nos despojaremos en servicio a las necesidades de nuestros semejantes y la creación entera para que esta florezca y florezcamos juntamente con ella". *Death, Heaven, Resurrection, and the New Creation*, 175-76 (traducción mía).

bien su *común adoración* a la Trinidad. Esta adoración no parece ocurrir en un lenguaje espiritual (sobretodo si esto se interpreta como un lenguaje que transciende el cuerpo y la creación), sino en las lenguas de las naciones (cf Ap 7:9).[57] Esto parece indicar que los nuevos cielos y la nueva tierra no desechan las expresiones lingüísticas (y podríamos añadir, culturales) de los pueblos, sino que las redime para la gloria del Dios Trino.[58]

Recoge este énfasis en la adoración el sentido del sábado o *Sabbat*, es decir, el séptimo día en el que Dios descansó de su obra y la santificó (Gn 2:2-3). Se divide el tiempo en períodos de siete que se caracterizan por un cese de labores temporales con el fin de dar gracias a Dios por su obra de creación y nueva creación. Así pues, Israel desarrolló toda una serie de celebraciones y prácticas en torno al *Sabbat* para recordar y anunciar la obra creadora y salvadora de Yahvé (véase Ex 21:1-3; 23:10-11; Dt 5:1-2, 12-15; incluyendo el día del gran jubileo, Lv 25:8-22). Como "Señor del día de reposo" (*Kyrios estin toū sabbátou*, Lc 6:5; Mc 2:28), Jesús pasa a ser el centro y consumación de su conmemoración. Así lo indica la actitud de la mujer a quien Jesús sanó el día de reposo, quien "se enderezó y comenzó a *glorificar* a Dios" (Lc 13:13), y la reacción de "todo el pueblo" a su alrededor que "se *alegraba* de las muchas maravillas que él realizaba" (v 17). Por su rebelión contra Yahvé en el desierto, un Israel desobediente no pudo entrar en el reposo de Dios, la Tierra Prometida; pero por la fe en Cristo, hemos recibido la promesa de haber entrado en el reposo eterno de Dios (Heb 3:7-19; 4:1-11). Aunque este reposo incluye el *descanso* de las obras, hemos visto cómo también incluye el servicio a Dios en *adoración*. En cierto modo, podríamos ver en el culto de la iglesia, en el canto de un *Te Deum*, una ventanita del eterno Sabbat de la nueva creación en la que Dios, junto con su Hijo, recibirá culto en el Espíritu por parte de todas sus criaturas: humanas, angélicas, y demás (véase Ap 4:8, 11; 5:9-13; 15:3-4; 16:5-7; 7:10-12; 19:1-8).

---

57 Pieper opina que las "palabras inefables" (*árrēta rēmata*) que escuchó Pablo en el tercer cielo (cf 2 Co 12:4) son una lengua celestial, pero ni este texto ni otros concluyen que los seres humanos *hablarán* un lenguaje celestial en los nuevos cielos y la nueva tierra. Véase Pieper, *CD*, III, 552 (cf Mueller, *DC*, 402). La referencia a las lenguas humanas y angélicas que dejan de hablarse en 1 Co 13 puede entenderse como una crítica al uso de lenguas de cualquier tipo para dividir a la iglesia, y no necesariamente como una predicción acerca del fin de todas las lenguas en la nueva creación. Por otro lado, la Biblia parece referirse indirectamente a la adoración de Dios en las lenguas de las naciones (cf Ap 5:9; 7:9; Is 66:18).

58 Burreson y Hoeltke se imaginan una nueva creación en la que "la naturaleza, la cultura y la industria humana, el pensamiento y la invención humana, los sistemas culturales y las expresiones humanas en su totalidad serán re-creados y renovados para funcionar en amor como medios por los cuales la humanidad vive, florece, y reina. Mediante nuestras lenguas, razas, culturas, expresiones culturales, música, arte, matemáticas, ciencia, historia, y memoria, proclamaremos por siempre a Cristo como Señor y el amor de Dios en Cristo". *Death, Heaven, Resurrection, and the New Creation*, 176 (traducción mía).

El gozo de morar con Dios en su paraíso también se describe en términos de comida y bebida. Al instituir su Pascua, Jesús les dice a sus discípulos "que no volveré a comerla hasta su cumplimiento en el reino de Dios… no volveré a beber del fruto de la vid hasta que venga el reino de Dios" (Lc 22:16, 18). Mientras que venga el reino de forma plena, Jesús ya les ha dado el reino que ha recibido de su Padre a sus discípulos como representantes de las doce tribus de Israel, y esto los hace partícipes de su mesa (vv 29-30). Al aparecerse a los discípulos camino a Emaús, Jesús come y bebe con ellos. Se trata de una participación en el reino de Jesús mediante una participación en su Cena. Sentado a la mesa, Jesús "tomó el pan y lo bendijo; luego lo partió y les dio a ellos" (Lc 24:30). Pero también se trata de una participación en su cuerpo, la iglesia, y su misión en el mundo. Con su ascensión, Jesús le devuelve a Israel –representada por los doce discípulos– el reino (Hch 1:6), como lo había prometido al decirles que reinarían con él (Lc 22:30). Inaugura entonces Jesús su reino en el mundo por medio de sus discípulos, quienes en su nombre incorporan a todas las naciones a su reinado por la proclamación de la Palabra, el Bautismo para perdón de los pecados y el don del Espíritu Santo (Hch 2:38, 41). Por el Bautismo son incorporados a la vida de la iglesia y, por ende, a la enseñanza apostólica, la mesa del Señor ("el partimiento del pan"), y la vida en oración y mutua caridad (Hch 2:42; 2:46-47). La comunión de los discípulos con Cristo en su Cena se manifiesta en la comunión entre sus discípulos en torno a su fe y vida.

En su enseñanza de la institución de la Cena del Señor, Pablo exhorta a los Corintios, diciéndoles: "siempre que coman este pan, y beban esta copa, proclaman la muerte del Señor, hasta que él venga" en su parusía (1 Co 11:26). Recordamos que en Lucas Jesús anuncia que no volverá a comer la Cena sino hasta "su cumplimiento en el reino de Dios… hasta que venga el reino de Dios" (Lc 22:16, 18).[59] En la visión de Juan, la esposa se ha preparado para las bodas del Cordero, que incluye el banquete escatológico: la gran cena a la que han sido invitados los *bienaventurados* (*makárioi*) de todos los tiempos (Ap 19:7, 9). La esposa y los invitados

59 Acerca de la dimensión pasada, presente, y futura de la Pascua en el plan de Dios, Zapata comenta: "Informó bien claramente que no volvería a comer una Pascua hasta que lo haga en el pleno cumplimiento de esa Pascua en el reino de Dios. La palabra *pleno* que mencionó Jesús se debe a que hasta ahora, desde los días de Egipto, la Pascua era comida en una conmemoración de una etapa parcial del desarrollo del plan de Dios. Como también la cena con que cada cristiano en la actualidad participa en memoria del Señor Jesucristo proclamando su muerte hasta que Él venga, como dice en 1 Corintios 11:23-25. También ésta es una fiesta que no está completa, ya que cuando Jesús vuelva entonces sí, tendrá su pleno cumplimiento y desarrollo el Reino de Dios, que Él vino a establecer entre nosotros". *San Lucas*, 167.

se refieren a la misma iglesia.[60] En el lenguaje parabólico de Lucas, los invitados son los bienaventurados de todas las naciones, los que vienen "del oriente y del occidente, del norte y del sur, para sentarse a la mesa en el reino de Dios", Lc 13:29) con Abrahán, Isaac y Jacob (v 28; cf Mt 8:11; cf Lc 14:15: "*Dichoso* [*Makários*] el que participe del banquete en el reino de Dios"). Aunque no se puede descartar que los seres humanos comerán y beberán en la nueva creación (¡después de todo, Jesús resucitado come con sus discípulos!), el énfasis de los textos escatológicos no es tanto el comer y beber en sí (aunque esto no tenga que excluirse), sino el gozo de estar en *comunión* con Cristo, nuestra Pascua, ahora que su reino ya ha sido establecido y su iglesia ha pasado de la muerte a la vida en el nuevo éxodo escatológico.[61] Se trata de una *fiesta* con el Cordero, que celebra su unión con su esposa, manifestación de una plena comunión entre el anfitrión y los invitados a su mesa: "¡Regocijémonos, y alegrémonos y démosle gloria!" (Ap 19:7).

Esta fiesta escatológica del nuevo éxodo ya la gozamos en parte, de forma anticipada, cada vez que celebramos la Cena del Señor en su mesa y comemos su cuerpo y sangre en el pan y el vino para vida eterna. Allí anunciamos la muerte de nuestro Cordero Pascual, proclamamos su resurrección, y clamamos por su parusía (¡Ven, Señor Jesús!) para que así nuestro éxodo de la muerte a la vida sea consumado. Así pues, no solo se celebraba la Pascua de la Resurrección en la iglesia antigua para incorporar a los iniciados a la muerte y resurrección de Cristo en el Bautismo, sino que cada domingo se celebraba como un pequeño "día del Señor", de su resurrección y por ende de nuestra resurrección en él. Como el día de la celebración de la nueva Pascua que nos lleva de la muerte a la vida en Cristo, el domingo pasó a ser en la mentalidad de los primeros cristianos no simplemente un nuevo sábado o día de descanso (aunque este énfasis tenga también su lugar) sino mas bien "el octavo día de la semana, y por lo tanto día de esperanza que apuntaba hacia la consumación de todas

60 "*La esposa en el sentido colectivo consiste de los invitados que han sido invitados e incorporados,* como lo presenta la parábola del banquete de bodas en Mateo (22:1-14; cf Lc 14:15-21). En la parábola, algunos de los invitados no aceptaron la invitación. En Ap 19:9 la bendición se dirige a y realiza solo en aquellos que efectivamente han sido incorporados, y por eso se sientan como invitados en el banquete". Brighton, *Revelation*, 499 (traducción mía).

61 Pieper tiende a adoptar la idea de que, en la nueva creación, los seres humanos no comen, ni beben, ni duermen, y de manera similar, que la nueva tierra no incluye comida, ni (aparentemente) ciclos naturales. Véase *CD*, III, 538. Pero si consideramos el primer Edén como "un tipo y modelo de la nueva tierra" (Brighton, *Revelation*, 631), en base a Ap 22, entonces no hay porqué rechazar el uso del cuerpo para comer y beber, o la vida humana en el contexto del ciclo de día y noche, labor y descanso. En fin, no queremos pintar la nueva creación a nuestra imagen y semejanza, pero por otro lado tampoco queremos hablar de un cielo desencarnado o desterrado.

las cosas".[62] Cristo resucitado viene desde ya en su Cena para darnos su perdón y vida, y a la vez esta Cena es una ventana al Cristo resucitado que vendrá en su parusía para hacernos partícipes de su banquete en el mundo venidero.[63]

Preguntas de reflexión

1. Defina los distintos sentidos de la *muerte* en la Escritura. En otras palabras, distinga los términos *muerte espiritual*, *muerte física*, y *muerte eterna*. ¿De qué formas encara Cristo la muerte por nosotros para salvarnos de la muerte?
2. Basándose en nuestra discusión de la enseñanza joánica, distinga la primera resurrección de la segunda resurrección y la segunda muerte de la primera muerte.
3. ¿En qué sentido es el juicio de Dios y el Señor Jesús una realidad inaugurada? ¿Una realidad futura? ¿Cómo juzgará el Hijo del Hombre (Cristo) a su iglesia cuando retorne?
4. ¿Cuál es el propósito de los textos acerca del infierno en la teología cristiana?
5. Describa algunas propuestas del dispensacionalismo, y discuta cómo estas difieren de nuestra propuesta escatológica. Algunos temas incluyen el rapto, la distinción entre Israel y los gentiles, el milenio, y la interpretación de la Biblia.
6. ¿Cuáles son algunas imágenes que nos ayudan a describir el gozo del paraíso en los nuevos cielos y la nueva tierra?

62 González, *Breve historia del domingo*, 48 (cf 190).
63 Acerca de la relación entre la Cena y el esjatón, véase Just, *Luke 9:51-24:53*, 826-28.

TERCERA PARTE – PROBLEMÁTICA DE LA ESPERANZA CRISTIANA

Capítulo seis

EN BUSCA DE LA ESPERANZA: PROPUESTAS DESDE EL MUNDO HISPANO

Toda teología es escatología. Toda persona que pone su esperanza en algo o alguien ya piensa escatológicamente y por ende está operando como teólogo o teóloga. Cada persona que expresa sus aspiraciones y sueños, o sus desesperanzas y pesadillas, opera en el marco de alguna visión –sea optimista o pesimista– de la esperanza. Por eso, toda teología tiene que prestar atención a su entorno cultural-escatológico, y en particular a las formas en que la religiosidad o espiritualidad de la gente influye en su pensar y sus quehaceres diarios. Entender las tendencias o corrientes escatológicas de nuestros pueblos nos ayuda a interactuar con estas a la luz de la escatología bíblica, a discernir las dimensiones de la esperanza en la teología cristiana que son más cuestionables en determinado contexto, y por ende los énfasis catequéticos y misiológicos más relevantes al mismo.

En el contexto latinoamericano, la escatología en perspectiva luterana tiene que entrar en diálogo con diversas corrientes del pensamiento acerca de la esperanza. Ya en los capítulos introductorios (uno y dos) de la obra tuvimos la oportunidad de diferenciar las escatologías vertical (del "más allá") y horizontal (del "aquí y ahora") de la escatología del "desde ya" y el "todavía no", pero también rescatar o reinterpretar aquellas inquietudes válidas de las otras versiones. En el capítulo tres ofrecimos un esquema trinitario de la escatología, tres formas de contar la historia de la esperanza cristiana, tomando como punto de partida la obra de cada persona de la Trinidad sin separar su obra conjunta. Dentro de nuestro bosquejo de escatología bíblica en los capítulos cuatro y cinco, reaccionamos a algunas propuestas del premilenialismo dispensacionalista –muy popular en sectores del evangelicalismo y el pentecostalismo, no solo norteamericano sino también latinoamericano– ofreciendo una interpretación cristológica del milenio que se sitúa dentro de la corriente del milenarismo inaugurado. Hicimos del reinado de Cristo como Redentor el centro de nuestro marco catequético de escatología.[1]

[1] Comparto la observación de que la cuestión del milenarismo en sí no ha de ser el centro de la escatología cristiana, aunque haya que darle alguna atención por las diversas controversias que se han suscitado en torno al milenio. Véase la crítica de Roldán al eje milenarista de la escatología. *Escatología*, 91, 164-69.

En este capítulo, entramos en un diálogo con corrientes contemporáneas de la esperanza expresadas en tratados sobre temas escatológicos escritos por teólogos católicos y protestantes del mundo hispano. Escogimos a estos teólogos, no tanto con base en su escuela de pensamiento en sí (p ej, antropología liberacionista, ética de la liberación, teología de las religiones, teología del reino), sino con base en los *problemas* que los autores consideran importante tratar en una visión de la esperanza cristiana; cuestiones que, según nuestro criterio, también pueden ser estudiadas crítica y constructivamente desde una perspectiva evangélica luterana.

Consideremos entonces la escatología desde contextos hispanos, dándole un vistazo a aspectos de la obra de cuatro pensadores de trasfondo católico y/o protestante. No pretendemos ahondar en la totalidad de su pensamiento sino en algunos puntos importantes del mismo que nos ayuden a tener una idea de las corrientes actuales en la escatología. No representan tampoco a todos los que han escrito acerca del tema, pero fueron escogidos por la manera como resaltan ciertos problemas que merecen atención. Implícita o explícitamente, cada uno presenta la problemática de la escatología ante la presencia del pecado, el mal, y la muerte en el mundo, y formula alguna respuesta o postura ante tal problemática. Nuestro interés se orienta más a los problemas que plantean estos autores que a las respuestas en sí (aunque no las ignoramos), ya que más adelante propondremos como respuesta a sus válidas inquietudes nuestra propia contribución.

El teólogo católico español Juan José Tamayo Acosta nos pide que pensemos en el *fundamento antropológico* de la esperanza y su función liberadora en el mundo. Miguel A. De la Torre, profesor de ética cubano en EE. UU. de trasfondo católico y protestante, plantea el problema de la *desesperanza ante teodiceas* sobre la esperanza que evaden el lamento y la lucha por un mundo más justo. En su estudio sobre las búsquedas de inmortalidad en las religiones antiguas, el teólogo católico chileno Antonio Bentué explora la *originalidad* del misterio cristiano ante el problema de la muerte comparándola con otras historias o *narrativas* de la inmortalidad en religiones antiguas. Finalmente, el teólogo evangélico argentino Alberto F. Roldán nos llama a formular la escatología a partir de una visión *integral* de la esperanza cristiana que se centra en la realidad del *reino de Dios* en la historia y en la iglesia. A continuación, exponemos aquellas partes del pensamiento de estos autores que nos dan acceso a los problemas ya mencionados. Luego, en el próximo capítulo, ofreceremos una respuesta evangélica luterana a los cuestionamientos que proponen estos autores.

El ser humano se orienta a la esperanza liberadora: Juan José Tamayo Acosta

En su tratado de escatología, el teólogo español Juan J. Tamayo A. toma como punto de partida el axioma de la identidad del ser humano como ser escatológico, argumentando que "la esperanza no es algo externo que advenga de fuera o de arriba, sino que está radicada, incrustada en el ser humano".[2] Influye en su antropología escatológica la obra filosófica de E. Bloch *El Principio esperanza*, donde se argumenta –según resume Tamayo– que "la dimensión utópica es consustancial a la persona".[3] La orientación utópica del ser humano lo hace inconforme con el presente, lo lleva a confiar en "el advenimiento de un futuro nuevo" y lo compromete activamente a su construcción.[4] Es a partir de estos supuestos antropológicos que Tamayo busca las formas en que la que las Escrituras y tradición de la iglesia (p ej, profecía, apocalíptica, reino de Dios) expresan y dan significado escatológico a este impulso utópico de todo ser humano.

Tamayo adopta la interpretación teológica de la esperanza (TE) que ofrece la obra de J. Moltmann, incluyendo su *Teología de la esperanza*, donde define el *futuro* de la historia como "el advenimiento de Dios que ha de realizar una ruptura en el curso de las cosas y el cumplimiento de la promesa".[5] La esperanza del que por la fe en el Resucitado anticipa el futuro de Dios, y con este el fin de la pobreza y la muerte, no se caracteriza por una pasividad ante el sufrimiento en el mundo. Al contrario, tal "esperanza comporta una espera 'impaciente y apremiante en la acción y el sufrimiento'... La promesa del reino que se anuncia cercano justifica y fundamenta el esfuerzo de la humanidad por implantar dicho reino en la historia".[6] Ante la crítica común que se le hace a Moltmann por parte de los teólogos de la liberación, a saber, que su énfasis en el Dios de la promesa no permite un compromiso serio con los pobres y oprimidos en el tiempo presente, Tamayo observa que "el 'hurto' del Dios del presnte [sic] no le plantea especial problema a Moltmann, pues cree que dicho Dios es... no el de la tradición bíblica... El Dios del éxodo y de la resurrección no es presente eterno, sino que es un Dios cuyo 'carácter constitutivo es el futuro'..."[7]

La crítica liberacionista de la TE no toma en cuenta –según Tamayo– la intuición de Moltmann de que "el futuro de Dios se ha unido mediante el Crucificado, con aquellos que son considerados como nada... Quien

2 Tamayo, *Para comprender la escatología cristiana*, 9.
3 Ibíd., 27. Cita la expresión de Bloch: "Ser hombre... quiere decir tener una utopía."
4 Ibíd., 26.
5 Ibíd., 302.
6 Ibíd., 304.
7 Ibíd., 305.

conoce en el Crucificado la proximidad de Dios... se identificará con esos oprimidos, se reconocerá en ellos porque, y en la medida en que, reconocerá a Cristo en ellos".[8] El futuro entonces se puede ver desde el punto de vista de su *anticipación* del cumplimiento de las promesas de Dios de un nuevo mundo que empieza ya en su reino presente, o desde el punto de vista de la *sensibilidad* de Dios con el sufrimiento humano en el presente de su reino que incluye su compromiso con los oprimidos del mundo y que anticipa un nuevo mundo de liberación de todo tipo de mal y pecado.[9]

Aunque Tamayo considera al filósofo Bloch y al teólogo Moltmann sus principales precursores e interlocutores, está consciente del contexto europeo en el que desarrollan su pensamiento acerca de la esperanza. Por ello también muestra un marcado interés en la originalidad que la teología de la liberación (TL) en América Latina brinda a la reflexión acerca de la escatología. Ofrece tres maneras como la TL se distingue de la TE desarrollada por Moltmann. En primer lugar, el horizonte como se sitúa al ser humano como persona utópica u orientada a la esperanza es mucho más concreto en la TL, a saber, "las esperanzas de los pobres, y un cometido concreto: la liberación de la miseria, la defensa de la vida como bien por excelencia".[10] En segundo lugar, la TE da la impresión de que el reino de Dios no puede identificarse (aunque sea parcial y frágilmente) con algún proyecto ni alguna opción política en el mundo, mientras que la TL está interesada en "la existencia de una relación de causalidad... entre un acontecimiento liberador y el reino definitivo de Dios".[11] Finalmente, la TE se sitúa en una concepción progresista de "la historia como *progreso*, como proceso progresivo de emancipación", mientras que la TL ve la historia de los pobres "como cautiverio, como fracaso" y por ende como incapaz de evolucionar por sí misma a menos que se caracterice por "un progreso selectivo a favor de los menos".[12]

Estas diferencias entre la TE europea y la TL latinoamericana explican el porqué de las críticas de Gustavo Gutiérrez y otros a Moltmann (y otras teologías europeas), así como el porqué de la propuesta en la TL por la opción preferencial de los pobres, la causalidad relativa entre el reino de Dios y los movimientos políticos o humanísticos de liberación, y

8 Ibíd., 306. Citando la obra de Moltmann, *Teología política, ética política* (Salamanca: Sígueme, 1987), 48.

9 Ibíd., 306. Tamayo asocia generalmente estos énfasis, respectivamente, con las obras *Teología de la esperanza* y *El Dios crucificado.*

10 Ibíd. 308.

11 Ibíd., 309. Tamayo da el ejemplo del teólogo uruguayo Juan Luis Segundo, quien identifica o jerarquiza opciones políticas de izquierda como más próximas (aunque no iguales) al reino de Dios.

12 Ibíd., 310.

una visión realista (y hasta pesimista) de un mundo lleno de pecado tanto personal como sistémico que no admite visiones naturales y simplistas de progreso. Ya nos tocará entrar en diálogo con algunas inquietudes que plantea Tamayo en su obra, en particular el fundamento antropológico de su escatología.

La desesperanza como ímpetu para la praxis: Miguel A. De la Torre

En su tratado acerca de la desesperanza (en inglés, *hopelessness*), el cubano Miguel A. De la Torre, profesor de ética activo en la comunidad teológica-religiosa hispana-latina de EE. UU., nos ofrece una crítica de teologías que a su parecer utilizan el concepto de la esperanza de forma ilusoria con el fin de "mantener estructuras opresivas".[13] De la Torre se plantea el problema de la teodicea desde la perspectiva de personas de razas y clases oprimidas, es decir, de su experiencia de "la faz de un Dios aparentemente ausente en un mundo que sufre; un mundo donde la muerte prematura y la marginación son más comunes que las cosas que ayudan al bien de aquellos que son llamados conforme a los propósitos de Dios".[14] A diferencia de teologías que asumen el progreso histórico de la esperanza, el autor observa que "los fieles del mundo, especialmente aquellos que han sido relegados al envés del privilegio de la raza blanca y la clase alta, tienen poca esperanza de resolver la situación desesperanzadora en la que se encuentran".[15] En su visión de la historia desde abajo y desde los de abajo, es decir, no como evolutiva sino como opresiva, y en su cuestionamiento de teologías que apelan a una esperanza futura para justificar un presente injusto, el proyecto de De la Torre se alinea con la crítica liberacionista de la escatología de la esperanza.

El autor relata una experiencia en la que llevó a un grupo de estudiantes privilegiados de EE. UU. a aprender de gente pobre que vivía en condiciones precarias en un barrio de asentamientos improvisados de Cuernavaca, México. Después de las visitas del día, y de haber sido testigos de extrema pobreza, el profesor se reunió con los alumnos para procesar la experiencia. Esa noche, recuerda el comentario de una alumna que, a pesar de las horribles condiciones de indigencia que había visto, dijo que veía "esperanza en los ojos de las niñitas".[16] Según De la Torre, tales palabras ilustran precisamente la manera como el discurso de la esperanza opera entre personas de clases privilegiadas.

---

13 De la Torre, *Embracing Hopelessness*, xiv (traducción mía).

14 Ibíd., xv (traducción mía).

15 Ibíd., xiv (traducción mía).

16 Ibíd., 5 (traducción mía).

> La esperanza, como un privilegio de la clase media, alivia la conciencia de aquellos que son cómplices en la propagación de estructuras opresivas, sosegándolos para no hacer nada excepto mirar a un futuro salvífico donde cada mal será corregido y cada lágrima será enjugada, mientras se adormecen ante el dolor de los oprimidos para que este no los motive a optar por una acción radical. La esperanza es posible cuando el privilegio permite un futuro.[17]

¿Cómo encarar el dolor de nuestros pueblos? Argumenta el autor que "*el primer paso hacia la liberación requiere la crucifixión de la esperanza*, ya que mientras la esperanza exista, los desdichados del mundo tienen algo que perder, y por ende no arriesgarán todo para cambiar las estructuras sociales".[18] Problemático para el autor es cualquier intento de crear una *teodicea* que intente dar algún significado al dolor y sufrimiento de la gente en el devenir histórico mediante una filosofía (G.W.H. Hegel) o teología (J. Moltmann) que nos dé la respuesta al mal presente en algún futuro ideal.[19] El significado de la vida ha de buscarse no en un "premio futuro en el más allá", sino en la "praxis hacia la liberación" en el "aquí y ahora… siguiendo el ejemplo del acto final de Jesús de solidaridad con los pequeñitos, mostrada al tomar su cruz, y seguirlos a su crucifixión".[20]

En vez de tratar de defender la justicia de Dios ante el mal y la muerte de forma racional o lógica, De la Torre –siguiendo la actitud del Quijote que cree con ilusión a pesar de que la realidad sea otra– propone que el cristiano aprenda a vivir paradójicamente en un mundo trágico mediante una "fe que abraza las contradicciones y ambigüedades de la desesperanza".[21] Se trata de una fe por la cual "creemos sin la certeza de poner nuestro dedo (como lo hizo Tomás) en las heridas del crucificado, promoviendo justicia sin alguna certera esperanza de éxito".[22] A diferencia de la construcción de una teodicea de la esperanza que evade la lucha y la praxis en pro del oprimido, "la desesperanza abraza el lamento" y al sufriente en el presente.[23] La propuesta de De la Torre se abre al lamento y la solidaridad con el sufriente, aunque no provee una visión teológica alterna de la esperanza en sí, visión que ve más como una cuestión para la teología que para la ética. Sin embargo, su cuestionamiento de discursos

17 Ibíd. (traducción mía).
18 Ibíd., 5-6 (traducción mía).
19 Para una crítica al pensamiento de Hegel y Moltmann, véase Ibíd., 24-28, 49-52.
20 Ibíd., 52 (traducción mía).
21 Ibíd., 96 (traducción mía).
22 Ibíd., 14 (traducción mía).
23 Ibíd. (traducción mía).

en torno a la esperanza que construyen teodiceas lógicas, en vez de abrir espacios para el lamento y la solidaridad con el sufriente, merece atención.

La originalidad del misterio de Cristo ante la muerte: Antonio Bentué

En su estudio sobre las búsquedas de inmortalidad en la historia de las religiones, el teólogo chileno Antonio Bentué ilustra las distintas maneras en que "la impotencia del hombre ante su destino mortal lo llevó a refugiar su esperanza en la religión".[24] Indica que el problema de la muerte en la "conciencia" del ser religioso radica en la "ansiedad" que esta le crea acerca de lo absurdo de su fin, "la previsión cierta de que mi **yo** acabará simplemente en la **nada**...".[25] En religiones "primitivas", el autor nota cómo tal ansiedad ante la muerte pasa a ser "controlada" por algún tipo de creencia en la existencia permanente de "un poder personal inherente a su cuerpo, que le permite sobrevivir más allá de la muerte".[26] La creencia en esta permanencia del yo o el "ánima" concuerda con la visión de la muerte como "la salida sin regreso del ánima", salida que la lleva a vagar por el más allá hasta cumplir algún "ritual" o a conectarse con otro cuerpo por "transmigración o reencarnación".[27] En algunos casos, la existencia del ánima no se concibe como una "vida de ultratumba... eterna" sino que depende de que la persona sea recordada.[28]

Bentué explora las diversas manifestaciones de la inmortalidad en el antiguo Egipto, las antiguas tradiciones cananea y mesopotámica, y los "cultos mistéricos" de Grecia y Roma. En los mitos de Osiris en Egipto e Ishtar en Mesopotamia, el autor observa dos tipos de solución al problema de la muerte respectivamente, a saber, la vía cruenta y la incruenta. La historia cruenta del dios Osiris, el rey cuyo cuerpo fue horriblemente descuartizado por su hermano Set-Tifón, y luego restaurado por su esposa Isis e hijo Horus, fundamenta la práctica de la momificación como garantía de la sobrevivencia del "alma" –la cual necesita el cuerpo para existir– del faraón y la nación a través de su identificación ritual con Osiris en los ritos funerarios.[29] En el mito de Ishtar, de tipo incruento, la diosa de la vida visita el lugar de los muertos, donde Ereshkigal, la reina del Hades, primero la recibe, luego no la deja salir más del "país del retorno" y finalmente permite su salida.[30] De forma similar al mito de

24 Bentúe, *Muerte y búsquedas de inmortalidad*, 15.
25 Ibíd., 18.
26 Ibíd., 29.
27 Ibíd., 30-31.
28 Ibíd., 33.
29 Ibíd., 34-40; "Con el mito de Osiris... surgió el rito funerario aplicado a los faraones, cuando estos morían. Su cuerpo era momificado para evitar la descomposición y el faraón difunto se identificaba ritualmente con Osiris, de manera que, gracias a la fuerza mágica del rito, ese faraón muerto pudiera revivir junto a Osiris, en la barca de Atón" (Ibíd., 38).
30 Ibíd., 59-61.

Osiris, la historia de Ishtar, de su descenso al Hades y ascenso del mismo, fue luego democratizada como un símbolo de la participación de personas en un tipo de vida después de la muerte.[31]

Al considerar los "cultos mistéricos" de la religiosidad grecorromana, el autor señala que estos adoptan las estructuras cruenta e incruenta de los mitos de inmortalidad desarrollados en Egipto (Osiris) y Mesopotamia (Ishtar), respectivamente.

> El núcleo narrativo de la forma cruenta consiste en la **muerte y resurrección** del protagonista divino según el antiguo prototipo de Osiris; mientras que la incruenta narra el proceso del protagonista divino como **descenso** al lugar de los muertos y **ascenso** a la vida, en forma similar al prototipo del mito mesopotámico de Ishtar.[32]

Entre los ejemplos de mitos grecorromanos incruentos y cruentos, Bentué menciona, respectivamente, el de la diosa Démeter y su hija Perséfone y el de Dionisio. En el primero, Démeter, diosa de la tierra, va en busca de su hija Perséfone, quien ha sido raptada por Hades, dios de los muertos, y cuyo fin es hacerla su esposa. A raíz de la intercesión de Zeus, Hades acepta dejar que Perséfone retorne a la tierra de su madre, Démeter, para fertilizarla o vivificarla durante parte del año (primavera), siempre y cuando descienda al lugar de los muertos para ser fecundada por Hades durante la otra parte del año (otoño-invierno).[33] Por otro lado, tenemos la cruenta historia de Dionisio, hijo de Zeus, quien por orden de Hera fue descuartizado vilmente por los titanes y luego "salvado y reconstruido" por su abuela Rea. Durante su vida, Dionisio instituye su culto por todo el mundo, enloqueciendo a la gente que obstaculiza su cometido para que cometan actos crueles, hasta que sube al cielo y se sienta a la derecha de Zeus como uno de los doce dioses del panteón.[34] Recalca Bentué que estos mitos, ya sean incruentos o cruentos, se manifiestan periódica y ritualmente de varias formas dentro del ciclo de las estaciones del año para simbolizar el paso de la muerte a la vida.[35]

---

31 Refiriéndose a un fragmento de Ishtar donde habla de la posibilidad de que uno suba a ella para que "puedan los muertos levantarse para oler el incienso", Bentué concluye, "...en Egipto... todo el pueblo pudo acceder a la esperanza de resurrección, vinculándose al rito de la resurrección de Osiris, gracias a la solicitud de su amante-hermana Isis. Así pues, quizá este fragmento final del *Descenso de Ishtar a la tierra sin retorno*, sea el reflejo de que también en Mesopotamia surgió aquella 'democratización' de los ritos funerarios, que alimentara la esperanza, abierta para todos, en una supervivencia más allá de la muerte". Ibíd., 62.

32 Ibíd., 72.

33 Ibíd., 76-78 (cf 80).

34 Ibíd., 86-88.

35 Ibíd., 78, 89.

El uso de un lenguaje que suena "cristiano" para describir estos mitos antiguos –es decir, muerte y resurrección, descenso y ascenso– es intencional por parte del autor. Representan no solo "la estructura 'mistérica'" de los mitos grecorromanos sino, en cierto modo, "la estructura fundamental del 'misterio cristiano'.[36] Podría decirse que, al decir esto, el autor refleja metodológicamente su inquietud interreligiosa por encontrar alguna estructura universal en el ser religioso cuyo núcleo se manifieste en distintas religiones. No parece hacer esto con el fin de reducir la enseñanza cristiana en torno a la esperanza a una mera versión de una experiencia religiosa universal del ser humano, sino con el fin de adentrarse más a fondo en la "originalidad" del misterio de Cristo ante la muerte.[37] Resalta entonces al fin cierta *discontinuidad* entre la narrativa cristiana y otros recuentos de la inmortalidad. Bentué advierte, por ejemplo, que, en el Nuevo Testamento, el "misterio" de la fe, que aunque "oculto" durante siglos ha sido "revelado", no se refiere a algún culto de fertilidad u orgiástico como en los cultos mistéricos, sino al plan divino de salvación que incorpora a los gentiles a recibir la promesa de Dios a Abrahán por la fe en Cristo.[38] De manera similar, señala el autor que los marcos de muerte-resurrección y descenso-ascenso se encuentran ya de forma prominente en "la tradición judía prepaulina" –cuyo interés, dicho sea de paso, es distinguir absolutamente el culto a Yahvé de cualquier otro culto pagano– reflejada en los discursos del Siervo sufriente de Yahvé en Isaías 53.[39] El misterio pascual cristiano entonces le debe más a la teología del Antiguo Testamento que a cualquiera influencia helenizante posterior de religiones de Asia Menor o el mundo grecorromano.[40]

---

36 Argumenta Bentué "que lo primero que hay que evitar es el intento instintivo" de concluir que "el cristianismo es inédito en cuanto a la fe 'pascual' se refiere, como si la doble confesión creyente sobre el desenlace de Jesús: 'murió, pero resucitó', y 'descendió al lugar de los muertos y ascendió a los cielos', fuera exclusiva de la fe cristiana... no cabe duda de que esa doble creencia la han profesado y celebrado también muchísimos otros creyentes de otros cultos mistéricos, con respecto a diversos protagonistas divinos... Asimismo, la fe de que... el fiel logra identificarse con la divinidad, 'ascendiendo' al lugar donde ella reside en las alturas celestes, donde brillará como las estrellas, constituye una perspectiva común en los misterios no cristianos". Ibíd., 125.

37 Ibíd.

38 Ibíd., 134-35 (en esta sección, el autor cita a Ro 16:25-26; Ef 3:4-6, 8-9; Gl 1:11-16; 3:14, 27-29); cf Ibíd., 145.

39 Ibíd., 135-36.

40 En relación con la predicación y cena pascual de la iglesia en el Nuevo Testamento, Bentué concluye: "Sea, pues, cual sea la posible influencia de los 'cultos mistéricos' en el desarrollo posterior de la teología '*kerigmática*' y de su celebración cultual en los sacramentos de iniciación cristiana, así como en el culto eucarístico, la evidencia histórica es que el origen de estos últimos es prepaulino y se encontraban ya elaborados, en su núcleo esencial, a partir de la comunidad judeocristiana de habla aramea, antes de la expansión del cristianismo fuera de Palestina. Tanto el anuncio *kerigmático* como la celebración cultual de la 'fracción del pan', formulados dentro de ese contexto, pueden haber recibido influencias a partir del judaísmo palestino, el único con que tuvieron contacto los discípulos de Jesús, durante su vida histórica en Galilea y Judea". Ibíd., 143.

El autor concluye su obra destacando elementos únicos del misterio pascual cristiano que lo diferencia de los cultos mistéricos, enfatizando ante todo "la **gratuidad** de la salvación" o "**gracia incondicional**" que recibe el cristiano por la muerte y resurrección de Cristo "como acto primero y no como respuesta a acción humana previa alguna", sea de tipo "mágico" o "de control 'automático' sobre ese poder divino".[41] Al entrar en el misterio de Cristo por el Bautismo y su Cena, el creyente participa de una salvación no espiritualizada sino anclada en la historia, una salvación que lo conecta con la persona histórica de Jesús y no con un personaje mítico.[42] Mientras que los iniciados buscan en los ritos mistéricos alguna liberación de la muerte del *individuo*, los fieles cristianos se constituyen como *cuerpo* de Cristo por su unión al Señor y por ende forman también iglesias.[43] Finalmente, Bentué observa la carencia de conciencia ética en los cultos mistéricos y cómo contrasta esta con el impulso ético del cristianismo. Así pues, el incruento descenso de Cristo a tomar la forma de siervo que termina con su cruenta muerte (cf Flp 2:4-9) manifiesta la forma de vida de sus discípulos en el mundo.[44] En todo su conjunto, el estudio de Bentué nos hace pensar acerca del poder formativo de narrativas en torno a la vida después de la muerte y cómo estas influyen en lo que pensamos, confesamos, y vivimos a la luz de la esperanza.

Hacia una escatología integral del reino: Alberto Fernando Roldán

En su bosquejo de escatología cristiana, el teólogo argentino Alberto F. Roldán cubre de manera loable una variedad de temas, incluyendo importantes observaciones acerca de la distinción entre escatología, profecía, y apocalíptica; y entre diversas posiciones acerca del milenio (a saber, dispensacionalismo, premilenarismo histórico, posmilenarismo, y amilenarismo).[45] Sin embargo, en este resumen nos enfocamos en otros aspectos de su obra. Al inicio de la misma, Roldán nos ofrece su apreciación del desarrollo de la escatología durante los siglos XIX y XX, incorporando a su análisis una perspectiva latinoamericana que no pierde interés en la cuestión de la apropiada concepción del "reino de Dios". De particular importancia es su mención de la crítica del teólogo jesuita Jon Sobrino a la escatología existencial de Bultmann, la cual –según Sobrino– "es a-social y nada tiene que ver con la construcción del reino de Dios, es también

---

41 Ibíd., 144.
42 Ibíd., 146.
43 Ibíd.
44 Ibíd., 147.
45 Estos temas se cubren respectivamente en los capítulos dos y tres. Véase Roldán, *Escatología*, 57-114.

a-temporal y nada tiene que ver con un futuro que pudiese convertirse en plenitud".[46] Por otro lado, señala la recepción positiva de la TE de Moltmann por parte de Sobrino, quien la describe como una escatología en la que "la esperanza se relaciona con el futuro no solo 'expectantemente', sino 'práxicamente', actuando contra la miseria del presente; es pues, esperanza práxica. Y esa práxis se dirige a la transformación no sólo de la persona-individuo, sino de la sociedad como tal..."[47] El autor también discursa brevemente sobre la influencia positiva de la obra de Cullmann –en particular, su descripción cristocéntrica del tiempo y de la tensión en la escatología bíblica entre el ya y el todavía no del reino de Dios– entre teólogos evangélicos como C. René Padilla e Ismael Amaya.[48]

Ya desde el comienzo de su obra, vemos en el análisis del teólogo evangélico una genuina preocupación por expresar la esperanza cristiana en términos del reino de Dios, tomando en serio sus bases bíblicas pero a la vez sus implicaciones éticas. Ese interés ubica su obra en la encrucijada de la teología integral del reino de corte evangélico (C. R. Padilla) y una serie de vertientes teológicas contemporáneas como la TE (J. Moltmann), la TL (J. Sobrino), y la teología de la historia (W. Pannenberg), con las que comparte una orientación a la cuestión de la relación entre la esperanza futura y el compromiso con el reino en la iglesia y sociedad actual. Su bosquejo de escatología latinoamericana incluye teólogos católicos (Leo nardo Boff, João B. Libãnio y María Clara L. Bingemer) y protestantes (Rubem Alves, José Miguez Bonino), quienes comparten en parte esta orientación. Roldán incluye en su escrito la critica de Boff a la identificación del reino de Dios exclusivamente con el futuro o con la iglesia como institución,[49] así como la propuesta de Libãnio y Bingemer de asociar el reino con la "proximidad de Dios" en la persona, predicación y praxis de Jesús y con nuestro compromiso de construir un nuevo mundo.[50] El autor aprecia el "humanismo político" del teólogo brasileño R. Alves, cuyo fin es la humanización del ser humano en medio de todo tipo de opresión deshumanizante mediante la transformación del mundo, pero a la vez se distancia de su reduccionismo del reino de Dios a "una realidad que los hombres mismos hacen, inspirados por el amor".[51]

Prefiere la escatología del reino de José Míguez Bonino cuya intención es la de "'discernir el Reino en la obediencia'... la relación entre el Reino

46 Roldán, *Escatología*, 34. Cita a Jon Sobrino, *Jesucristo liberador* (San Salvador: UCS, 1991), 195.
47 Roldán, Escatología, 44. Cita a Jon Sobrino, *Jesucristo liberador*, 204.
48 Roldán, *Escatología*, 37.
49 Ibíd., 116-17.
50 Ibíd., 128.
51 Ibíd., 138.

de Dios y la historia. Dicho en otros términos, ¿cómo podemos detectar la presencia del Reino de Dios en la historia de los hombres, más allá de las cuestiones eclesiales".[52] Roldán cita una definición del reino que ofrece Bonino: "Es la visión de un mundo en que el propósito creador de Dios finalmente se ha cumplido; donde el hambre, la pobreza, la injusticia, la opresión, el engaño, y finalmente la enfermedad y la muerte misma han sido definitivamente desterrados."[53] Nótese que, aunque la iglesia sea parte del reino, lo anuncie al mundo, y lo anticipe, la realidad del reino se define más ampliamente como la acción de Dios en la historia por la cual establece su señorío en la tierra. Bonino argumenta que en el contexto latinoamericano la estructura política "socialista" representa "el medio de correlación activa con la presencia del reino en lo que hace a la estructura de la sociedad humana".[54] A diferencia de Bonino, que discierne el reino de Dios en "el proyecto histórico socialista", C. René Padilla "propone la Iglesia como mediadora del Reino en cuanto comunidad del Espíritu".[55]

El enunciado de correlación o continuidad entre el reino de Dios y su estructura en la sociedad que propone Bonino se asemeja a la noción de causalidad que proponen los teólogos de liberación entre la liberación del pecado personal y los movimientos de liberación social que tratan con el pecado sistémico. Observa Roldán, sin embargo, que Bonino afirma "tanto continuidad como discontinuidad entre la historia y el Reino de Dios" y por ende "prefiere establecer una relación indirecta entre utopía y fe cristiana".[56] Esta intuición también le permite a Roldán cuestionar si la asociación del reino con alguna realidad política o social es viable en la América Latina de hoy, o si "debe ser modificada, y en qué sentido, hasta qué punto y en qué dirección".[57] Vemos aquí una inquietud por discernir el reino de Dios en la historia sin reducirlo a la historia –asunto que también Tamayo menciona en su explicación de la causalidad no absoluta entre liberación divina y liberaciones políticas en la TL– que tendremos que tratar más adelante en nuestra propuesta.

Si lo que se canta refleja lo que se cree, entonces vale la pena echarle un vistazo a los himnos y cánticos de la iglesia y sus acentos escatológicos.

52 Ibíd., 139.

53 Ibíd., 141. Cita a Bonino, *Espacio para ser hombres*, 141.

54 Ibíd., 144-45. Cita a Bonino, "El Reino de Dios y la historia", 89.

55 Roldán, *Escatología*, 145, n. 86; Padilla sostiene, por ejemplo, que "a la iglesia se le entiende correctamente sólo cuando se la ve como la señal del Reino universal de Dios, los primeros frutos de la humanidad redimida. Aquí y ahora, en anticipación del fin, *en* la iglesia y *por medio* de la iglesia, todo el mundo es colocado bajo el señorío de Cristo y, por lo tanto, bajo la promesa de Dios de un nuevo cielo y una nueva tierra en el Reino de Dios". *Misión integral*, 189.

56 Roldán, *Escatología*, 145-46.

57 Ibíd., 147.

Después de analizar himnos populares en sectores evangélicos y pentecostales, como "Cuando allá se pase lista" y "Cuán gloriosa será la mañana", Roldán concluye que "salvo en muy honrosas excepciones, existe una marcada tendencia celestial y trascendente en la himnología clásica y las canciones de los evangélicos" que se caracteriza por "una ausencia de la esperanza como factor dinámico para el presente del mundo".[58] El énfasis "dualista y espiritualista" que revela la escatología litúrgica de los evangélicos es problemático e ilustra la necesidad de una escatología más *integral*, es decir, de una propuesta acerca de la esperanza que supere dicotomías presentes en diversos tipos de escatología. Estas dicotomías problemáticas incluyen enseñanzas que hablan más de la salvación de almas desencarnadas que de la resurrección, más de la escatología como un evento futuro que de su relación con el presente desde el futuro, más de la separación dispensacionalista de Israel y la iglesia en el plan de Dios que de las promesas de Dios en Cristo a todos los pueblos por igual, y más de la escatología como esperanza de la iglesia que de la restauración de toda la creación.[59] No intenta el autor desechar un polo a favor de otro, sino de integrar los aspectos bíblicos de la escatología que a menudo se han divorciado a causa de una visión más espiritualista de la esperanza.

Finaliza Roldán su bosquejo de escatología volviendo al hilo que a nuestro parecer entreteje toda su presentación, a saber, una teología del reino con implicaciones para la misión de la iglesia en el mundo. Su crítica a escatologías de la "salvación del alma" o el "rapto de la iglesia" se centra en su incapacidad de "proclamar y actuar de tal modo que los valores del Reino –la paz y la justicia– se manifiestan, no sólo en la Iglesia sino en la familia, en el trabajo, en el Estado y en la sociedad toda... Es precisamente ese Reino el que... nos debe movilizar para materializar una ética y un compromiso a favor de la justicia, el amor y la paz".[60] Roldán entiende que el reino de Dios no es la iglesia en sí, sino que "la Iglesia es una expresión visible y anticipadora del Reino venidero de Dios que se nos ha acercado en Jesús".[61] Pero a diferencia de Bonino, que tiende a discernir el reino en la historia en alguna estructura socialista, el autor prefiere hablar –haciendo eco del pensamiento de Padilla– de la iglesia en

58 Ibíd., 161.
59 Ibíd., 169-73.
60 Ibíd., 176-77.
61 Ibíd., 182; Ladd expresa esta idea en *The Presence of the Future*, 262-77. Por ejemplo, Ladd observa que "el Reino crea la iglesia, obra mediante la iglesia y es proclamado en el mundo por la iglesia. No puede haber Reino sin iglesia –aquellos que han reconocido el reinado de Dios– y no puede haber iglesia sin el Reino de Dios; pero estos son dos conceptos distinguibles: el reinado de Dios y la comunión de los seres humanos" (Ibíd., 277). Traducción mía.

el mundo como mediadora del reino en el mundo o "comunidad de ese Reino y organismo proléptico respecto al mismo".[62]

En la obra de Roldán no se enfatiza tanto la correlación entre el reino de Dios y su manifestación en la historia como tal, sino más bien la orientación ética de la proclamación de la iglesia en la historia. Proclamar el evangelio del reino va de la mano con el vivir según sus "consecuencias éticas, tanto en el plano personal, como en el familiar, social, político, económico y ecológico".[63] Se entiende la misión de la iglesia en términos de su orientación ética, de transformación del mundo, aunque sin la presión ontológica de asociar a la iglesia o su misión con alguna opción política partidista. La teología integral del reino presenta entonces un marco evangélico con distintos acentos para pensar la relación entre la escatología y la historia que se diferencia en algunos aspectos de la teología de la TE y la TL. En el próximo capítulo veremos cómo asiste una teología luterana al análisis de esta visión integral de la escatología.

Preguntas de reflexión

1. El teólogo español Tamayo Acosta argumenta que el ser humano es un ser escatológico, que está orientado al futuro. ¿Qué quiere decir Tamayo con esta afirmación? ¿Está de acuerdo con la observación del teólogo? ¿O piensa usted que el ser humano también está orientado al pasado o al presente? ¿Cómo afecta la orientación del ser humano al tiempo (pasado, presente, futuro) su manera de entender la esperanza cristiana?
2. Tamayo describe las características de la teología de la esperanza (TE) y la teología de la liberación (TL). ¿En qué se diferencian estas teologías? En particular, Tamayo nota que la TL tiene una visión negativa de la historia como "fracaso" para los pobres y marginados. En sus propias palabras, ¿cómo se diferencia esta visión negativa de la historia de –o cómo se relaciona tal visión con– las enseñanzas bíblicas acerca de la creación como la buena obra de Dios y la corrupción de la misma por el pecado?
3. El profesor de ética cubano Miguel De la Torre argumenta que una teología de la esperanza enfocada en la futura salvación de la muerte

---

62 Roldán, *Escatología*, 184; Padilla, por ejemplo, afirma: "La misión de la iglesia es una extensión de la misión de Jesús. Es la manifestación, aunque no completa, del Reino de Dios tanto por medio de la proclamación como por medio de la acción y el servicio social... por medio de la iglesia y sus buenas obras el Reino de Dios se hace visible históricamente como una realidad presente. Las buenas obras, por lo tanto, no son un mero apéndice a la misión, sino una parte integral de la manifestación presente del Reino: apuntan al Reino que ya ha venido y al Reino que ha de venir". *Misión integral*, 186-87.

63 Roldán, *Escatología*, 185.

evade el dolor humano en el presente. ¿Está de acuerdo con De la Torre? ¿Cómo puede la esperanza cristiana mantener su trayectoria futura sin olvidarse del presente?

4. De la Torre argumenta que, en vez de promover una visión futura de la esperanza, sería mejor abrazar la desesperanza. Según el autor, ¿qué implica adoptar la desesperanza? En otras palabras, y de forma concreta, ¿cómo afecta la desesperanza la manera como nos relacionamos con personas que sufren?
5. El teólogo chileno Antonio Bentué argumenta que, desde la antigüedad, la realidad de la muerte ha impulsado a las religiones a poner su esperanza en alguna versión de la inmortalidad del ánima o alma. Refiriéndose a capítulos anteriores, ¿cómo debe pensar el cristiano acerca de la muerte y la inmortalidad?
6. Bentué observa que las religiones antiguas tienen en común algún tipo de estructura de "muerte y resurrección" o de "descenso y ascenso" que da respuesta al problema de la muerte. Sin embargo, insiste que el misterio de Cristo tiene su originalidad. Según Bentué, ¿en qué se diferencian estas religiones del misterio de Cristo que, según el Credo Apostólico, "fue crucificado, muerto y sepultado; descendió a los infiernos; al tercer día resucitó de entre los muertos; subió a los cielos"?
7. El teólogo argentino Alberto F. Roldán propone hablar de la esperanza cristiana usando el concepto bíblico del "reino de Dios". Según Roldán, ¿cuál es la distinción y la relación entre el reino de Dios y la iglesia de Cristo en el mundo?
8. De acuerdo con Roldán, ¿cuáles son algunas dicotomías en la escatología que atentan contra una visión integral del reino de Dios?

Capítulo siete

VIVIENDO CON ESPERANZA: UNA PROPUESTA LUTERANA DESDE EL MUNDO HISPANO

En este capítulo interactuamos más constructiva y directamente con algunas de las cuestiones en torno a la escatología que exponen los teólogos del mundo hispano mencionados en el capítulo anterior. Aunque la obra de cada uno de ellos es amplia en contenido y no podemos interactuar con su totalidad, sí podemos ahondar en algunas de sus preguntas y contribuciones a las mismas. Nos preocupa en particular la problemática a la que nos refiere cada una de sus obras desde el punto de vista de la sensibilidad teológica luterana.

En el caso de Tamayo Acosta, nos interesa la cuestión de la identidad humana en relación con la esperanza, y proponemos que la distinción luterana entre los dos tipos de justicia colabora un marco idóneo para tratarla. Para interactuar constructivamente con la crítica que De la Torre eleva contra teodiceas de la esperanza que justifican a Dios ante el mal, así como su propuesta de aceptar la desesperanza como fuerza motivadora de la praxis, examinaremos la distinción luterana entre la teología de la cruz y la teología de la gloria. El planteamiento de Bentué acerca de la originalidad del misterio cristiano en comparación con otras búsquedas de la vida ante la futilidad de la muerte nos invita a reflexionar acerca de la esperanza cristiana como una narrativa que nos hace partícipes del plan de Dios en su creación, invitación que se puede beneficiar de una teología de la palabra de Dios. Finalmente, la distinción luterana entre los dos reinos nos permitirá entrar en diálogo con la teología integral del reino de Dios que expone Roldán en su obra.

Dios viene a humanizarnos: La esperanza desde los dos tipos de justicia[1]

La tesis de Tamayo acerca del fundamento antropológico de la escatología parte de la intuición de que el ser humano está, por naturaleza, orientado al futuro. Esta orientación al futuro, sin embargo, no debe confundirse con la confianza en el progreso. De hecho, Tamayo nos recuerda que, a diferencia de la TE, la TL tiende a ver el mundo con cierto pesimismo y

1 Para un análisis más detallado de la humanización que aquí proponemos desde la perspectiva de los dos tipos de justicia, véase Sánchez, *Teología de la santificación*, 166-82; y Sánchez, "The Struggle to Express Our Hope", *LOGIA* 19, no. 1 (2010): 25-31.

por ende no en términos de progreso lineal. El ser humano no está orientado al futuro, sino que hay que orientarlo al futuro. Citando al educador brasileño Paulo Freire, el teólogo peruano Gustavo Gutiérrez, por ejemplo, ha argumentado que los pobres no están naturalmente orientados al futuro sino al pasado, viviendo según "una fijación al tiempo parado que los lleva a sobrevalorarlo".[2] Esta fijación ha fomentado en ellos una "conciencia pre-crítica" acerca de su situación deshumanizante que necesita ser librada mediante un proceso de "concientización".[3] Este proceso educativo cumple, en cierto modo, una función de humanización, a saber, la promoción de la dignidad humana.

Como es de esperarse en la crítica de la TE por parte de teólogos de liberación, la idea de la orientación del ser humano al futuro no es necesariamente deseable. Mejor sería que estuviera orientado al presente. El teólogo brasileño Rubem Alves, por ejemplo, critica la tesis de Moltmann según la cual "una promesa o una esperanza que viene de una esfera trascendente... hace al hombre consciente del dolor de su situación" deshumanizante.[4] Añade Alves que, al ver su situación desesperanzadora, el ser humano ya "está consciente del dolor de su situación simplemente porque es un ser humano y siente en su carne la insuficiencia de su mundo y de sí mismo y su comunidad".[5] Por eso, Alves prefiere hablar de una esperanza "histórica" y no de una esperanza "trascendente".[6] Penetrante es la crítica que Alves articula en contra del tecnologismo, es decir, las pretensiones mesiánicas de la tecnología.[7] Aunque escribe mucho antes de los avances científicos de los últimos veinte años (incluyendo la era digital), el autor advierte acerca de la fascinación por la tecnología como respuesta futura a los problemas presentes. Tal fascinación produce consumidores pasivos que no cuestionan el orden social en el que viven.[8] Tanto Freire como Alves entienden la liberación en términos antropológicos, como una tarea de humanización. Si bien Freire ve la "concientización" como el medio pedagógico para esta tarea, Alves propone el humanismo o vocación política como el instrumento ideal de humanización.

La teología luterana nos ofrece un marco teológico para dar respuesta al interés de la escatología latinoamericana por la tarea de humanización en un mundo deshumanizante. Mediante el uso de la distinción entre dos

2 Gutiérrez, *Teología de la liberación*, 276.
3 Ibíd., 132-33.
4 Rubem Alves, *A Theology of Human Hope*, 59 (traducción mía).
5 Ibíd. (traducción mía).
6 Ibíd. (traducción mía).
7 Ibíd., 17-27.
8 Gutiérrez expresa una crítica similar en *Teología de la liberación*, 277.

tipos de "justicia" (*iustitia* en latín), queremos responder a la pregunta básica ¿qué significa ser humano? En un tratado titulado *Dos tipos de justicia* (1529), Lutero distingue los términos "justicia ajena" y "justicia propia".[9] Define el primer tipo de justicia como "la justicia de otro, otorgada desde afuera. Esta es la justicia de Cristo por la cual nos justifica mediante la fe".[10] El beneficio de esta justicia es el perdón de los pecados.[11] A veces se le denomina justicia *pasiva* porque se recibe por la fe, y por ende no por medio de nuestras obras; en otras palabras, "se nos otorga sin nuestras obras por la sola gracia".[12]

En términos antropológicos, esta justicia define lo que significa ser humano "ante Dios" (*coram deo*), a saber, una criatura en comunión con Dios. Por medio de Cristo, quien toma sobre sí nuestras injusticias y nos otorga su justicia, Dios viene a humanizarnos. Dicho de otra forma, el Creador viene a restaurar a sus seres humanos para vivir en justa y feliz comunión con él. Esta tarea de humanización la realiza Dios (no el ser humano) por la gracia y mediante el don de la fe, la cual recibe la justicia de Cristo y con esta el beneficio del perdón de los pecados y la reconciliación con Dios. La justicia ajena trata el problema del pecado como la causa de toda acción deshumanizante y opresiva entre humanos y entre ellos y el resto de la creación, es decir, el pecado como la separación de Dios. Podríamos decir entonces que la justicia pasiva da respuesta a la necesidad de lo que Gustavo Gutiérrez identifica como el nivel de significación más fundamental del término liberación, a saber, la liberación del pecado entendido como la ruptura de la relación con Dios y por ende con el resto de la creación.[13] En este plano de la justicia *coram deo* no hablamos de humanización como concientización o humanismo político, sino en términos de la *gratuita* visita de Dios en Cristo que nos hace de raíz una nueva humanidad, una nueva creación en Cristo.

Esta justicia ajena o pasiva, sin embargo, desemboca o produce otro tipo de justicia que Lutero llama "propia".[14] Así pues, explica Lutero que "el segundo tipo de justicia es nuestra propia justicia, no porque nosotros

9 Lutero, *LW* 31 (traducción mía).

10 LW 31:297 (traducción mía).

11 "Esta es una justicia infinita, y una que destruye todos los pecados al instante, pues es imposible que el pecado exista en Cristo. Al contrario, el que confía en Cristo existe en Cristo; él es uno con Cristo, poseyendo la misma justicia que él". *LW* 31:298 (traducción mía).

12 LW 31:299 (traducción mía).

13 Según Gutiérrez, el término "liberación" tiene "diversos niveles de significación", que incluye liberación de tipo socioeconómico pero también, y más fundamentalmente, "liberación del pecado y entrada en comunión con Dios y con todos los hombres". *Teología de la liberación*, 315.

14 Lutero también usa el término "justicia actual" para referirse al segundo tipo de justicia: "Esta justicia [ajena] es primaria; es la base, la causa, la fuente de toda nuestra justicia actual." *LW* 31:298. Traducción mía.

solos la obramos, sino porque obramos con esa primera y ajena justicia".[15] Es el fruto del Espíritu Santo.[16] Añade el teólogo además que esta "manera de vivir se ejerce útilmente haciendo buenas obras... matando a la carne y crucificando los deseos propios... amando al prójimo... siendo humilde ante a Dios y temiéndole".[17] A este segundo tipo de justicia se le puede llamar justicia *activa* para enfatizar que se refiere a la actividad del ser humano en la creación por medio de las buenas obras. No es cierto entonces que el énfasis en la pasividad o receptividad del primer tipo de justicia niegue la necesidad de la actividad o creatividad del ser humano bajo el segundo tipo de justicia. Aunque deban distinguirse, ambos tipos se relacionan.

En términos antropológicos, el segundo tipo de justicia define lo que significa ser humano "ante los seres humanos" (*coram hominibus*) o "ante el mundo" (*coram mundo*). Si bien la justicia pasiva nos dirige a Cristo como el *don* de Dios que nos hace justos ante él por la fe, la justicia propia "sigue el ejemplo de Cristo... y se transforma a su imagen... Es precisamente esto lo que Cristo requiere. Así como él mismo hizo todas estas cosas por nosotros, sin buscar su propio bien sino solo el nuestro... asimismo desea que nosotros también demos el mismo ejemplo a nuestros prójimos".[18] Si bien la justicia pasiva se nos da como don de gracia divina, la activa se nos requiere como mandato divino. Una se recibe, la otra se persigue. La primera nos hace justos ante Dios, y la segunda nos hace justos ante el prójimo y el resto de la creación. En el contexto de la justicia *coram mundo*, podemos y debemos enseñar con todo ahínco la necesidad de trabajar para bien de la creación. Esto lo demanda Dios, no para ser justos ante él (para ello tenemos la justicia ajena de Cristo), sino para luchar por la justicia en pro de nuestros prójimos –incluyendo a los más necesitados, vulnerables o marginados– en un mundo lleno de injusticia y dolor.[19] Aquí el cristiano

---

15 Lutero, *LW* 31:299. Traducción mía.

16 LW 31:300.

17 LW 31:299. Traducción mía.

18 LW 31:300 (traducción mía); Lutero recomienda la distinción entre Cristo como "don" y "dechado" (ejemplo) en su tratado, *Lo que se debe buscar en los evangelios* (1521): "...Cristo, como don, alimenta tu fe y te hace cristiano. Pero Cristo, como dechado, activa tus obras. Éstas no te hacen cristiano, sino que proceden de ti después de que ya has llegado a ser cristiano. Así como existe una gran diferencia entre el don y el dechado, así también se distinguen la fe y las obras. La fe no tiene nada propio, sólo la obra y la vida de Cristo. Las obras tienen algo tuyo propio, pero no deben pertenecerte a ti, sino a tu prójimo". Lutero, *Obras* VI, 42.

19 Felipe Melanchton (1497-1560), colaborador de Lutero, llama a la justicia activa "justicia de la razón" o "justicia civil" y observa que "Dios la requiere, y por este mandamiento de Dios han de hacerse necesariamente las obras buenas que ordena el Decálogo". Sin embargo, añade que "a pesar de que de buena gana tributamos a esta justicia de la razón las alabanzas que merece... y que Dios aun la honra con recompensas físicas, aun así no debe ser ensalzada en perjuicio de Cristo". *Apol.* IV, 22, 23-24, en *LC*, 81-82.

sigue el ejemplo de Cristo, quien no vino al mundo para ser servido sino para servir a otros.

En lo que concierne al segundo tipo de justicia, podemos debatir acerca de las formas más adecuadas de pedagogía de concientización o de vocación política que más efectivamente tengan la capacidad de promover la dignidad de la persona humana a todo nivel de la comunidad y sociedad. En el plano de la justicia activa, se puede pensar en la humanización como una tarea humana, actividad que, sin embargo, Dios incita en y mediante nosotros por su Espíritu. Se puede también hablar de la vocación política que cada cristiano tiene en el mundo como miembro de la *polis*, de la ciudad, y por ende de la tarea de humanización que ejerce desde su contexto vocacional para denunciar y laborar por la erradicación de distintas formas de pecado que deshumanizan a la gente.

Al igual que la TL, la justicia activa demanda el amor y servicio al prójimo tanto al nivel individual como colectivo. A diferencia del enunciado en la TL de una causalidad relativa entre el reino de Dios y su más apta forma política en el presente, la justicia activa no impone una opción política en el presente (p ej, socialismo). Deja que cada cristiano ejerza la justicia activa de forma individual y colectiva como mejor le parezca, dentro de una diversidad de vocaciones y opciones políticas, siempre y cuando lo haga para servir a otros y no para ser servido. Si el lenguaje de la "opción preferencial" en la TL se interpreta no de forma exclusivista, sino en términos de una prioridad de amor para con los más necesitados, la justicia activa no debe poner trabas a la práctica del amor de forma que se le dé prioridad a aquellos que en nuestros hogares, iglesias, y comunidades sufren más y necesitan más de nuestra solidaridad, apoyo, y alianza.[20]

En términos de la orientación escatológica de la distinción entre los dos tipos de justicia, podríamos decir que esta orienta al ser humano al "desde ya" y al "todavía no", al presente y al futuro, de la justicia de Dios. Por la justicia pasiva, nos gozamos desde ya en el don de haber sido declarados y hechos justos ante Dios por la fe en Cristo, y a la vez esperamos la consumación de ese don en el gozo de la visión beatífica ante Dios en los nuevos cielos y la nueva tierra. La justicia activa tiene una dimensión presente porque se preocupa por los asuntos que aquejan al prójimo en este tiempo donde el pecado en todas sus formas personales y sistémicas todavía nos seduce y oprime. En este punto comparte con la TL la crítica de escatologías del futuro sin impacto en el presente. Pero en cierto

20 Al conmemorar el decimoquinto aniversario de la publicación en inglés de *Teología de la liberación*, Gustavo Gutiérrez clarifica su uso no exclusivo del término "opción preferencial". Véase *A Theology of Liberation*, xxv-xxviii.

modo, la justicia activa también tiene una dimensión futura, y por ende no se reduce al presente. Esta dimensión futura funciona de dos maneras. En primer lugar, nos recuerda que, a causa del pecado en la presente era, la justicia activa es *imperfecta* en este mundo, y por ende nos da una visión realista del presente. Este realismo, que aunque sea difícil no debe confundirse con pesimismo, se asemeja a la visión de la historia como cautiva al pecado en algunas TL. En segundo lugar, la justicia activa se ve animada por la consumación de la promesa de Dios de un nuevo mundo, una nueva creación, en la que viviremos en completa justicia ante nuestros semejantes y el resto de la creación. Esta visión nos permite ver la justicia activa no solo como algo imperfecto por causa del pecado sino como un *anticipo* o prolepsis en el presente del mundo venidero. Es una justicia animada y guiada, aun en el presente doloroso, por la esperanza. En el contexto de la justicia activa, podemos hablar de progreso en nuestro servicio al prójimo y a la sociedad no en un sentido perfeccionista, sino en términos de nuestra lucha diaria para servirles fielmente y de la manera más eficaz que la situación amerite.

Dios viene a pesar de todo: La esperanza desde la teología de la cruz

De la Torre comparte con la TL la crítica de la TE por lo que considera una evasión de la problemática de discriminación sistémica contra grupos minoritarios en el presente, en particular, en EE. UU. Ya que, según el autor, el discurso de la esperanza ha sido usado (o mejor dicho, abusado) por clases privilegiadas para perpetuar directa o indirectamente el *status quo* de un orden social racista y clasista, recomienda adoptar el discurso de la desesperanza de forma subversiva. Esta opción por la desesperanza no es accidental, sino que nace de la visión liberacionista de la historia de los pobres que Tamayo describe como una de cautiverio o fracaso. De hecho, la crítica incisiva que De la Torre le hace a la filosofía del progreso de Hegel –propuesta según la cual la historia avanza hacia la verdad cuando excluye a personas y culturas no anglosajonas, y por ende tachadas de inferiores por su miscegenación (mezcla racial)– nace o se nutre de una postura un tanto pesimista (¿o realista?) de la historia que prevé (¿o predice?) la inevitabilidad de la misma como fracaso.[21] Ya que, como lo demuestra el legado colonialista, la historia europea se ha movido,

---

21 Por otro lado, Blank observa que la TL opera con un optimismo muy elevado en la capacidad del ser humano de cooperar con Dios en la construcción de su reino. Comenta el autor: "Esta fe en la capacidad de los seres humanos para realizar en parte el Reino de Dios presupone un concepto optimista de la naturaleza humana que contradice lo que dice la Biblia, que afirma que el pecado y el mal se encuentran profundamente arraigados en la infraestructura de cada ser humano". *Teología y misión en América Latina*, 238-39.

se mueve y se moverá en contra de los pobres y los mestizos o mulatos del mundo, lo único que nos queda por hacer es aceptarla como es, no con resignación sino de forma subversiva. Se adopta entonces una desesperanza que nos enfoca al hoy por hoy, que funciona como la ocasión para la lamentación de las cosas como son, y también como la motivación para la praxis, no tanto para cambiar la historia sino para sobrevivirla.

Aunque a primera vista la opción por la desesperanza de De la Torre nos suene como la antítesis de la esperanza cristiana, debemos recordar que el autor dirige su crítica no a la posibilidad de la esperanza en sí –o aun a su posible dimensión futura– sino a lo que considera su abuso (formal o informal) en el pensamiento escatológico moderno. Si hay esperanza futura –o redención del pecado, el mal y la muerte al fin de los tiempos– De la Torre prefiere dejarles esta cuestión a los teólogos, pues le interesa más la función ética de la escatología en el presente mundo donde el marginado y oprimido nos necesita. Si este énfasis reduce la escatología a la ética, lo hace por la crisis del momento que viven los desquiciados del mundo. Recalca De la Torre que la escatología nos debe orientar no al futuro de la promesa, sino al presente de la praxis. Ya vimos anteriormente, en nuestra interacción con la obra de Tamayo Acosta, que la teología luterana toma en serio la práctica de la justicia activa en el presente. Se abre además a la adopción de una prioridad de amor para con los más necesitados, aunque este aspecto lo expondremos más a fondo en breve en nuestra exposición de la teología de cruz. Finalmente, vimos que esta justicia activa, enfocada en la necesidad del presente, no tiene por qué divorciarse del futuro. Esta justicia es animada por el Espíritu y anticipa la esperanza de un mundo donde los seres humanos vivirán en forma justa entre ellos y con el resto de la creación.

La problemática que no le da a De la Torre otro remedio que adoptar la desesperanza es, en definitiva, el abuso del discurso de la esperanza en la forma de *teodicea*. Derivado de los términos griegos *zeós* (Dios) y *díkē* (justicia), teodicea es cualquier intento de justificar o defender la justicia de Dios, su bondad y poder, ante la injusticia, el mal y el dolor que vemos en el mundo. ¿Cómo se puede hablar de la presencia de Dios o de esperanza divina después de las atrocidades del colonialismo, Auschwitz, o la explotación a nivel global de mujeres, niños o inmigrantes vulnerables? En diálogo con De la Torre, aquí proponemos que, en la teología luterana, la distinción entre la teología de la gloria y la teología de la cruz nos ayuda a evitar el uso de teodiceas como instrumentos de refugio para evadir la solidaridad con el sufriente en su lamento. La distinción luterana nos advierte a no especular acerca de los misterios ocultos de Dios –¿por qué sufren los justos y no los injustos?– sino a proclamar el evangelio de sus promesas en Cristo ante el mal y la muerte, y a vivir este evangelio a favor de los sufrientes y acongojados.

En las tesis o conclusiones teológicas de su *Disputación de Heidelberg* (1518), Lutero dirige una crítica severa contra el intento del ser humano de gloriarse de sí mismo –ya sea ante Dios o ante su prójimo– mediante sus buenas obras, su libre voluntad (o libre albedrío, arbitrio), su razón natural (que se basa en lo que se observa en la naturaleza y se deduce de ella), y su caridad (amor). Estos dones de Dios (a saber, obras, voluntad, razón, y amor humanos) no son malos en sí mismos, pero el teólogo de la gloria los utiliza de la peor manera, de tal forma que "abusa de los dones de Dios y los mancha".[22] Dicho de otra manera: "el hombre sin la teología de la cruz malgasta las cosas mejores en forma pésima."[23] Esto ocurre cuando el ser humano usa los dones de Dios como si fuera Dios o para hacerse Dios, es decir, para enaltecerse a sí mismo y creerse superior ante otros, alimentando su "orgullo espiritual" y minimizando así la gloria de Dios y la necesidad de su prójimo.[24]

El antídoto para este mal del corazón que enferma al ser humano es tomar el remedio (o sea, la actitud) del teólogo de la cruz, lo cual implica morir a sí mismo (y por ende, a su orgullo y prepotencia), sometiéndose a las obras de Dios en su vida.[25] Se trata del morir con Cristo para ser resucitado con él mediante una vida de arrepentimiento diario. Esta vida de arrepentimiento es "la obra extraña de Dios por la cual realiza su propia obra; es decir, nos humilla dentro de nosotros mismos y nos lleva a la desesperación a fin de levantarnos en su misericordia y darnos esperanza".[26] En el lenguaje paulino, el cristiano debe despojarse de la vieja criatura y vestirse de la nueva; desvestirse de la forma de Dios y, como lo hizo Jesús, asumir la forma del siervo; buscar el poder y la sabiduría de Dios, no en obras de poder y en gran sabiduría, sino en la debilidad y locura del sufrimiento y la cruz de Cristo. En pocas palabras, debe vivir

22 Lutero, *Obras* I, 44 (prueba de la conclusión 24).

23 Ibíd., 31 (conclusión 24).

24 "Debemos destacar algo que subyace a la teología de la gloria y es que en ella se alimenta el 'orgullo espiritual', que es la forma más grotesca de orgullo. Esto es, creernos dignos de Dios y superiores a nuestros semejantes por causa de nuestra piedad religiosa o conocimiento teológico". Cassese, *¿Qué quiso decir Lutero?*, 15.

25 "Es cuando el enfermo se percata de la naturaleza de su enfermedad, que recurre entonces al remedio. En consecuencia, revelar al enfermo el peligro de su enfermedad no significa darle motivo para desesperar o para morir, sino más bien impulsarlo a buscar remedio". Lutero, *Obras* I, 40 (prueba de la conclusión 17).

26 Lutero, *Obras* I, 34 (prueba de la conclusión 4); "Por lo tanto, el Espíritu de Cristo no sólo debe consolar, sino también, mediante el ministerio de la ley, convencer al mundo de pecado (Jn 16:8), y así como dice el profeta (Is 28:21): 'Hacer... su extraña obra' (la obra de convencer), para que después haga su propia obra, que es la de consolar y predicar la gracia de Dios". *Decl. Sól.* V, 11, en *LC*, 604.

según su identidad como teólogo de la cruz. En realidad, la teología de la cruz no es tanto una teología en sí, sino una forma de *ser y operar* como teólogo, es decir, de ver el mundo o interpretar la realidad teológicamente desde la perspectiva de la cruz.[27] Este lente cristológico influye en lo que nos atrevemos a decir acerca de Dios (teología) y lo que nos atrevemos a hacer por el prójimo (ética). Por ende, la distinción entre los dos tipos de teólogos toca la cuestión de cómo hablamos de Dios ante el problema del sufrimiento y cómo actuamos ante el prójimo afectado por tal sufrimiento.

Se diferencian los dos tipos de teólogos en la manera en que se aproximan a lo que Lutero llama "las cosas invisibles de Dios", es decir, sus atributos divinos: "el poder, la divinidad, la sabiduría, la justicia, la bondad..."[28] El teólogo de la gloria piensa que el poder y la justicia de Dios se pueden entender mediante lo que se observa en el mundo, es decir, pretende que "las cosas invisibles de Dios se comprenden por las creadas".[29] Esto lo hace susceptible a hablar más de la cuenta, a especular acerca del poder y la justicia de Dios, sobretodo cuando ve que la gente sufre en el mundo. El teólogo de la gloria trata de justificar a Dios, busca formas de defenderlo. Generalmente, lo hace buscando alguna razón por el mal en la mente oculta de Dios. ¡Dios permitió que ese hombre muriera de cáncer terminal para que no sufriera más! clama el teólogo de la gloria, como si pudiera leerle la mente a Dios. O si no, defiende a Dios, buscando la respuesta al mal en el ser humano, en sus malas decisiones. ¡Dios permitió que ese hombre muriera como castigo por sus pecados! asegura el teólogo de la gloria. ¿Pero cómo saber estas cosas? ¿Cómo entender a Dios mediante una observación de lo que ocurre en el mundo? Estas afirmaciones invitan más preguntas que las que resuelven. Si Dios permite que el hombre sufra, ¿será que no tiene el *poder* de salvarlo? Y si puede hacerlo y no lo hace, ¿dónde está su *bondad*? Y si el problema es la pecaminosidad del hombre, ¿no puede Dios cambiar su corazón? Y si puede y no lo hace, ¿dónde está su amor? Al tratar de justificar a Dios ante las tragedias inexplicables de la vida, intentos de "teodicear" –típicos del teólogo de la gloria– hacen que Dios se vea apático o vengativo ante los ojos del mundo de tal forma que Dios y el diablo parecen ser indistinguibles. Queriendo defenderlo, lo hacemos verse peor.

Al tratar de justificar a Dios por la razón, tal teodicea evade tratar debidamente con el dolor humano. En este punto, la crítica de De la Torre

27 Acierta Cassese al indicar que la teología de la cruz "no es una teología definitiva ni acabada, es mas bien, un método de cómo hacer teología, de cómo definir la realidad y de cómo construir una respuesta cristiana ante ella". *¿Qué quiso decir Lutero?*, 16.

28 Lutero, *Obras* I, 41 (prueba de la conclusión 19).

29 Ibíd., 31 (conclusión 19).

tiene validez. ¿Cómo entonces encarar las injusticias y tragedias de la vida? En primer lugar, el teólogo de la cruz "denomina a las cosas como en realidad son".[30] No pinta una visión romántica del sufrimiento, sino que lo reconoce por lo trágico que es, como un anticipo de la muerte que algún día vendrá y es enemiga de Dios y el ser humano. En segundo lugar, el teólogo de la cruz habla solo según lo que Dios ha revelado en Cristo, lo cual es otra manera de decir que "entiende las cosas visibles e inferiores de Dios, considerándolas a la luz de la Pasión y de la cruz".[31] El teólogo de la cruz se calla donde Dios no ha hablado. Practica un silencio santo ante lo inexplicable. Cuando alguien sufre injustamente o muere trágicamente, por ejemplo, el teólogo de la cruz no trata de justificar a Dios o defenderlo, sino que reconoce que Dios es Dios y que este no nos ha revelado por qué en esta u otra instancia unos sufren y otros no, o por qué algunos sobreviven y otros no en determinado momento. Es cierto que, en términos teológicos, la corrupción del pecado es raíz de todo mal, toda tragedia, y toda injusticia, pero esto no *explica* por qué algunos sufren y otros no a cierta hora de la vida. Decir que el sufrimiento es causado por otros seres humanos es cierto en casos de injusticia social, pero no explica la aparente ausencia de Dios ante esta situación. Es también cierto que "Dios dispone todas las cosas para el bien de los que lo aman" (Ro 8:28), pero esto tampoco explica por qué los justos también sufren. Es una palabra que se cree por la fe en la promesa, no una explicación que se cree por la razón o lo que se ve en el mundo.

En tercer lugar, el teólogo de la cruz se abre al lamento. Ora a Dios como el salmista, quejándose de su ausencia, pero también pidiéndole que a pesar de todo venga y visite a su pueblo sufriente.

> ¡Despierta, Señor! ¿Por qué duermes?
> ¡Levántate, no te alejes para siempre!
> ¿Por qué te escondes de nosotros?
> ¿Por qué te olvidas de la opresión que sufrimos?
> Nuestro ánimo se halla por el suelo,
> ¡nuestros cuerpos se arrastran por la tierra!
> ¡Levántate, ven a ayudarnos
> y, por tu gran misericordia, sálvanos! (Sal 44:23-26)

En cuarto lugar, el teólogo de la cruz habla según la forma como Dios se ha revelado en la cruz, proclamando la esperanza en las *promesas* de Dios

30 Ibíd. (conclusión 21).
31 Ibíd. (conclusión 20).

de liberación del poder del pecado, el mal, y la muerte. Si bien el teólogo de la cruz reconoce que de Dios sabemos muy poco, también entiende que lo poco que sabemos de Dios, y que nos ha dado en su Palabra y su Cristo, es precioso. Este anuncio de la promesa futura no es una teodicea, en el sentido de querer justificar a Dios ante el mal o explicar por qué unos sufren más que otros, sino una *proclamación* de sus promesas. Se anuncia este evangelio, no para eludir el luto y el lamento, sino por convicción de que Dios tiene la capacidad de consolar al acongojado con sus promesas.

El teólogo de la cruz, sin embargo, deja que Dios se justifique a sí mismo y entiende que esta justificación de su victoria sobre el poder del pecado, el mal, y la muerte todavía tiene que manifestarse en la parusía de Cristo. La muerte enemiga todavía tiene que ser vencida, destruida, y puesta debajo de los pies del Señor Jesús. Reconoce el teólogo realista, el que llama a las cosas como en realidad son, que la presencia del mal en una creación que Dios creó buena al principio sigue siendo un escándalo y Dios tiene que resolver este asunto en algún momento; en este sentido, el cristiano vive por la fe no en lo que se ve ahora sino en lo que se espera.[32]

Finalmente, ser teólogo de la cruz tiene implicaciones para el discipulado en el mundo. Además de la proclamación de las promesas de Dios al sufriente, y mientras espera la respuesta definitiva de Dios al problema del mal en la nueva creación, el teólogo de la cruz no pierde de vista la solidaridad con el sufriente en el presente. Lo acompaña en sus lamentos, lo consuela con el evangelio, pero también lucha por su bienestar. Esto requiere una sensibilidad al dolor humano que va más allá de la manera típica en que la gente piensa acerca del amor. En la última conclusión teológica de la *Disputación*, Lutero distingue entre el amor humano y el amor de Dios: “El amor de Dios no encuentra, sino crea, aquello que le place; el amor del hombre se origina por su objeto”.[33] Con estas palabras, Lutero critica la forma en que los filósofos y teólogos escolásticos antes y durante sus días concebían el amor, a saber, en términos de una *afinidad* entre el que ama y el amado. Dicho de otra manera, según los escolásticos, el amor humano ama “aquello que le place”, a la gente que ya le gusta y con la que comparte cosas en común. El teólogo de la gloria

32 "La creación y el cuerpo son declarados 'buenos' desde el principio… Pero la presencia de la serpiente, el inmerecido sufrimiento de Job, el espectáculo de la crucifixión, y la constante amenaza de la condenación eterna son todas propiamente parte de la narrativa. Todas amenazan su resolución. Escandalizan la esperanza de que la confianza original que existía entre Dios y sus criaturas humanas puede ser restaurada… El mal escandaloso pone a todas las historias [del conflicto entre el bien y el mal] al mismo nivel. Todos deben aferrarse a una *fe no verificada*. Todas deben esperar y ver si su autor se prueba fidedigno. Todas viven por la esperanza". Zeigler, *Christian Hope among Rivals*, 108 (traducción mía).

33 Lutero, *Obras* I, 31 (conclusión 28).

ama según este amor. En otras palabras, el teólogo de la gloria se siente atraído a amar a aquellos que reflejan "las cosas invisibles de Dios" en sus vidas, que manifiestan atributos deseables como el poder, la sabiduría, la bondad, o la justicia.

El teólogo de la cruz, por otro lado, va más allá del amor humano o amor por afinidad. Adopta el amor divino que no encuentra sino que "crea aquello que le place", y en esto refleja el amor de Dios en Cristo por nosotros. Dicho de otra forma, el teólogo ve a su prójimo desde la cruz, según "las cosas visibles e inferiores de Dios". Lutero se refiere a esta virtud o este aspecto del fruto del Espíritu como "el amor de Dios viviendo en el hombre" porque Dios mismo lo produce en el ser humano.[34] Por su obra morimos a nuestra mezquindad de querer amar solo a aquellos que nos hacen sentir bien o nos benefician, para así vivir en pro del prójimo que no nos atrae o no nos hace sentir bien. Es importante señalar que este amor no ama al prójimo deseable, sino que va más allá y busca a los menos deseables por la iglesia o la sociedad. Se identifica con los más necesitados y aun los que más nos ofenden. Se trata de un amor que "ama a los pecadores, a los miserables, a los necios y a los débiles a fin de hacerlos justos, buenos, sabios y fuertes".[35] Según el teólogo de la gloria, los pecadores "son amados por ser bellos"; según el teólogo de la cruz, "los pecadores son bellos por ser amados".[36] El teólogo de la gloria busca recibir del amado; el de la cruz busca conferir dones al amado. No se prohíbe amar a personas con los que compartimos cosas en común, o aun a personas que nos gustan, pero Lutero deja claro que este amor no llega a ser "el amor de la cruz, nacido de la cruz, que no se dirige donde halla el bien para gozar de él, sino allí donde confiere el bien al miserable o indigente".[37] El amor de la cruz inspira una prioridad por aquellos que son marginados en el mundo. Complementa el discurso en torno a la justicia activa, para que esta no se reduzca al amor humano.

Dios viene a hablarnos: La esperanza desde la palabra de Dios

Desde la antigüedad, la ansiedad que produce la futilidad de la muerte, de nuestro fin, ha motivado a distintas religiones a reflexionar acerca de la vida después de la muerte; o como diría Bentué, las ha movido a la búsqueda de pruebas de inmortalidad. De clave interés es la estructura que tal búsqueda revela en el pensamiento y la práctica de diversas religiones.

---

34 Ibíd., 46 (prueba de la conclusión 28).

35 Ibíd.

36 Ibíd.

37 Ibíd., 46.

Nos dice Bentué que algunas proponen mitos cruentos, o sea, de muerte y resurrección; otras, mitos incruentos, o sea, de descenso y ascenso. Es interesante observar que estos mitos tienen varios elementos que componen su *historia narrada* de lo que consideran la realidad: El autor (o los autores), la problemática (en este caso, la tragedia que es la muerte) y la resolución o clímax de la historia (a saber, la vida más allá de la muerte, o inmortalidad). También incluyen los mitos algún tipo de invitación ritual a participar de la narrativa o historia (p ej, ritos funerarios, o cultos de fertilidad). Nos percatamos de que cada religión tiene alguna forma de contar la historia de su esperanza, por decirlo así, y de reflexionar, discursar y vivir de acuerdo con esta historia.

Toda religión podría caracterizarse como una narración o historia que desea describir la realidad de las cosas, dando respuesta a las más profundas interrogantes del ser humano, cuestiones en torno a la vida y la muerte, el bien y el mal. Según el teólogo Paul J. Griffiths, ser religioso implica contar una "historia que incluye el entretejimiento de narraciones, la ejecución regular de ciertos tipos de acción, la posesión y promoción de ciertas creencias y reacciones afectivas, y mucho más".[38] Toda narración religiosa, por lo general, parece tener tres características, a saber, es "exhaustiva, insuperable, y central".[39] Una religión es *exhaustiva* cuando es abarcadora o universal, y esto implica que no hay tema importante que no cubra.[40] Una religión es *insuperable* cuando no puede ser reemplazada por o incorporada a otra narrativa religiosa que sea mejor o más abarcadora, y esto implica que sus aspectos fundamentales no son negociables.[41] Finalmente, una religión es *central* cuando muestra su relevancia para estructurar y guiar la vida de personas, y esto implica que esta da respuesta a preguntas centrales que luego promueven ciertas creencias, actitudes, y formas de actuar.[42]

Aunque de forma más implícita que explícita, la obra de Bentué nos invita a pensar acerca de la estructura de la esperanza cristiana como una *narrativa* o *historia* con su propio autor y respuesta única al escándalo de la muerte, una historia que además nos hace partícipes de tal historia en el

---

38 Griffiths, "The Properly Christian Response to Religious Plurality", 3 (traducción mía).

39 "This means that to say of someone that she is religious, or has a religion, is just to say that she gives an account that seems to her to have these three properties—to be comprehensive, unsurpassable, and central". ("Esto significa que decir de alguien que es religioso, o tiene una religión, es simplemente decir que esta persona ofrece una historia que a su parecer posee estas tres propiedades: ser exhaustiva, insuperable, y central". Ibíd., 5 (traducción mía).

40 Ibíd., 6-8.

41 Ibíd., 8-9.

42 Ibíd., 9-11.

culto y en el quehacer diario. Aunque el misterio de Cristo, según Bentué, comparte la estructura de muerte-resurrección o descenso-ascenso de los "cultos mistéricos", también tiene una *originalidad* que no solo supera, sino que es finalmente diferente a estos. En cuanto al autor o agente principal de la historia –Bentué– señala que Cristo es una persona histórica, de carne y hueso, y no un personaje mítico como en el caso de Osiris, Ishtar, Démeter (y Perséfone) o Dionisio. Si bien el misterio de Cristo comparte con otras religiones antiguas la problemática del escándalo de la muerte (es después de todo, un problema que comparten todos los seres humanos), sus respuestas a este mal y las formas de participación en tales respuestas son bien distintas. Argumenta el teólogo chileno, por ejemplo, que el practicante de los "cultos mistéricos" grecorromanos, celebra la vida de forma individualista, mientras que el practicante del misterio de Cristo participa de su muerte y resurrección de forma colectiva en la vida sacramental de la iglesia y por medio de su discipulado en el mundo. Esta colectividad es evidente también en el hecho de que el misterio de Cristo se ha manifestado no solo a Israel sino también a los gentiles, quienes por la fe en Cristo pasan a ser hijos e hijas de Abrahán y por ende herederos de las promesas de Dios de justificación y resurrección. A todo esto Bentué añade que el misterio de Cristo lleva consigo la originalidad de la gracia. No es algo que se gana o controla como por arte de magia, sino que es un don que se recibe gratuitamente por medio de la participación del iniciado en los misterios del Bautismo y la Cena instituidos por Cristo. Todos estos elementos hacen de la religión de Cristo, por su propia lógica, un misterio exhaustivo, insuperable, y central.

Lo que nos interesa más inmediatamente, sin embargo, es que la esperanza cristiana puede *narrarse* o contarse, como quien cuenta una gran historia. El misterio de Cristo es una historia que se basa en la palabra de Dios. Por medio de esta palabra, Dios viene a hablarnos y a adentrarnos en el misterio de su Hijo Jesucristo por la fe que recibe los beneficios de su muerte y resurrección, las bendiciones celestiales de aquel que descendió del cielo y ascendió al cielo, y que vendrá de nuevo en su parusía para poner a todos sus enemigos (la muerte también) por debajo de sus pies. En el capítulo tres, ofrecimos tres formas de contar la historia de la esperanza cristiana, enfocándonos en su autor principal, el Dios Trino. Allí hablamos del Padre que quiere reconciliarse con su creación, con su hijo pródigo a quien quiere de vuelta, pero ha sido corrompido por la injusticia de Adán. Lo hace confiriéndole a pecadores, a la raza de Adán, la justicia de Cristo quien es el último Adán y por ende el mediador de nuestro retorno a los brazos del Padre. Vimos cómo la historia de Israel y su éxodo llega a su plenitud en la persona de Cristo, quien como el Siervo de Yahvé nos ha librado del pecado mediante un nuevo éxodo escatológico y universal, que incluye no solo a Israel sino también a las naciones. Presentamos además cómo, por la acción del Espíritu Santo, el pueblo de Dios recibe anticipadamente en el presente las bendiciones del reino de Dios en Cristo que se manifestará plenamente al fin de los tiempos. El Espíritu Santo mora o habita en la iglesia y en cada cristiano desde ya como las primicias y la garantía de su resurrección a la imagen de Cristo, y desde ya la guía en el presente para vivir según el fruto del Espíritu tomando la forma de Cristo.

Bentué muestra que el misterio de Cristo no consiste en el conocimiento de verdades esotéricas que solo es accesible a una clase privilegiada de personas espirituales. La originalidad del misterio de Cristo yace en su historicidad y universalidad. Se puede narrar como la historia de Abrahán, quien es justificado por su fe en la promesa de Yahvé, y así pasa a ser el padre espiritual de los gentiles por la fe que estos han puesto en Cristo, la simiente de Abrahán. El misterio es histórico: se mueve de Abrahán a Cristo; y es universal: se mueve de Israel a los gentiles, o mejor dicho, incorpora a los gentiles a la nueva Israel por la fe en Cristo. Bentúe también encuentra el fundamento y la fuente de la estructura cruenta e incruenta del misterio de Cristo, no en cultos egipcios o mesopotámicos, ni en los "cultos mistéricos" grecorromanos, sino en la narrativa veterotestamentaria del Siervo de Yahvé en el libro de Isaías. Allí vemos cómo Yahvé revela su salvación a Israel y a todas las naciones por medio de su enigmático Siervo que desciende a la muerte por los pecados del pueblo y luego es exaltado, y cuya identidad es revelada por la voz del Padre y el descenso del Espíritu en el bautismo de su Hijo amado. Nuevamente, vemos cómo la esperanza en Cristo adquiere la forma de una historia o narrativa única, completa, irremplazable, y participativa.

En su estudio de la esperanza cristiana ante otras escatologías contemporáneas rivales, el teólogo luterano Michael Zeigler argumenta que "la *escatología* cristiana debe entenderse como la *resolución del conflicto* dentro de la totalidad de una trama".[43] Enfocándose en "la naturaleza narrada de la esperanza cristiana", el autor define este conflicto como uno "entre 'el bien' y 'el mal'" y su resolución como una "teodicea".[44] Haciendo uso de la teología narrativa, podemos hablar de la esperanza cristiana como una historia, con una secuencia de eventos que se organizan en el tiempo y el espacio, y cuya trama nos lleva a la resolución de algún conflicto.[45] Toda buena narrativa posee estas caracterís-

43 Zeigler, *Christian Hope among Rivals*, xv (traducción mía).
44 Ibíd., (traducción mía).
45 Ibíd., 36.

ticas. Pero la narrativa bíblica se diferencia de otras narrativas por su carácter como *palabra de Dios*. Por su Palabra, Dios crea, preserva y restaura su creación. Lo que Dios dice, no es solo información acerca de la realidad, sino que realiza su voluntad en el mundo. Es este sentido, la palabra de Dios no es solo –como dirían los filósofos del lenguaje– informativa, sino *performativa*. Es decir, la palabra hace lo que Dios dice.

Haciendo eco de esta intuición acerca de la función performativa de enunciados o declaraciones, Zeigler describe "la historia cristiana como una *promesa* narrada con una trayectoria que incorpora el mundo a la palabra".[46] En su calidad de promesa divina, la historia bíblica no es puro "cuento", si con esto queremos decir que es mentira o engaño, una "relación, de palabra o por escrito, de un suceso falso o de pura invención".[47] Su autor y orador es "el Dios de Abrahán a quien escuchamos definitivamente en la voz de Jesús de Nazaret".[48] Al declararnos su promesa de que todas las naciones serán bendecidas por medio de Abrahán (cf Gn 17:4-5), y en definitiva por medio de Jesús como simiente de Abrahán (cf Gl 3:16), la meta del autor (Dios) es adentrarnos en la realidad del mundo que describe en su Palabra (hacernos *partícipes* de su promesa). ¿Pero cómo hablar de tales bendiciones en un mundo lleno de muerte y de dolor? Aquí Zeigler nos recuerda que si bien la esperanza cristiana ofrece un cierto tipo de teodicea, es decir, una resolución del conflicto entre el bien y el mal en la parusía del Señor Jesús, cuando él juzgue en justicia y salve al mundo, el Dios de Jesús aún tiene que cumplir y vindicar tal promesa, probar que es fidedigno a su Palabra, digno de confianza.[49] Dios todavía tiene que llevar a cabo lo que prometió, haciendo que la realidad del "mundo corresponda a su palabra de promesa a Abrahán".[50] Dios ya empezó a cumplir su promesa al resucitar al "verdadero heredero de Abrahán" de los muertos, pero aún tiene que hacer lo mismo resucitando a los muertos en conformidad con Jesús.[51] En el intermedio entre el presente de la promesa y el futuro de su cumplimiento, el cristiano vive por la fe en esperanza.

En vez de teodicear o tratar de defender la justicia de Dios en un mundo injusto y lleno de maldad, o de tratar de superar este problema mediante alguna "certeza cognitiva, consolación religiosa, significado existencial o proclividad ética", Zeigler exhorta al cristiano a "mantenerse en la historia" y responder a la misma luchando contra el mal testificando por medio de la proclamación

46 Ibíd., 91.
47 DLE, 706.
48 Zeigler, *Christian Hope among Rivals*, 91.
49 Ibíd., 108, 116.
50 Ibíd., 164 (traducción mía).
51 Ibíd., 167 (traducción mía).

de las promesas de Dios, el lamento ante la aparente ausencia de Dios en un mundo lleno de sufrimiento y la espera con confianza de que Dios cumplirá su palabra.[52] De esta forma, la iglesia toma la forma de Jesús como "el *comunicador* y *receptor* de la promesa de Dios a Abrahán", ya que Jesús proclamó la promesa de Dios en su misión, lamentó el dolor de un mundo trágico, y en su Pasión puso su confianza en el Padre ante la experiencia del abandono divino para que lo salvara del mal.[53]

Comparten De la Torre y Zeigler la preocupación por la confección de teodiceas problemáticas ante el problema del mal, además de la importancia de la solidaridad con el sufriente en el lamento. Difieren en la respuesta al escándalo del mundo trágico. En fin, Zeigler propone luchar contra el mal por medio de la proclamación de la justicia pasiva, aunque parezca inútil hablar de una justa relación entre Dios y sus criaturas en un mundo injusto y quebrantado por el pecado, el mal, y la muerte. La esperanza cristiana consiste en la espera *esperanzada* del cumplimiento de la promesa divina. Dado su agnosticismo acerca de promesas divinas que todavía tienen que cumplirse en el futuro, De la Torre prefiere luchar contra el mal por medio de la práctica de la justicia activa en el mundo presente sin caer en una visión idealista de cambiar el mundo como solución al mal. Se conforma con sobrevivir en el mundo. Podríamos preguntarnos si debe la respuesta cristiana al problema del mal y la muerte solamente verse en términos de un solo tipo de justicia, a saber, proclamar la promesa de la justificación de la descendencia de Abrahán por la fe en su simiente, *o* vivir la justicia ante los seres humanos en el mundo.

La palabra de Dios a la que somos invitados a participar como oyentes y hacedores es, desde la teología luterana, una palabra divina que nos llega como ley o evangelio. Dios viene a hablarnos por medio de su Palabra. Por la ley nos dice lo que tenemos que hacer y dejar de hacer; por el evangelio nos dice lo que él ha hecho por nosotros en Cristo y por el poder de su Espíritu Santo.[54] La distinción entre la ley y el evangelio tiene que ver precisamente con la manera en que Dios nos habla, se comunica con nosotros, para sí darnos sus promesas (evangelio) o mandatos (ley). Así pues, la esperanza cristiana nos puede referir tanto a la fe en las promesas de Dios como a las obras que por la fe nos llevan a vivir según sus

52 Ibíd., 164-66 (traducción mía).

53 Ibíd., 167 (traducción mía).

54 Así distingue Lutero los Diez Mandamientos del Credo: "Hemos oído hasta ahora la primera parte de la doctrina cristiana y ya vimos todo lo que Dios quiere que hagamos y dejemos. Sigue ahora como debe ser, el Credo, que nos presenta todo lo que debemos esperar y recibir de Dios… Dicho conocimiento nos ha de servir para poder hacer las mismas cosas que los mandamientos nos ordenan". Lutero, *Cat. Mayor*, Credo, 1-2, en *LC*, 437.

promesas en amor al prójimo.[55] Podemos decir lo mismo en el formato de la palabra de Dios como historia narrada, tomando como ejemplo la narrativa de Abrahán.

En sus *Ponencias del libro de Génesis*, capítulo 18, Lutero habla de Abrahán no solo como el padre de la *fe* por la cual recibimos la promesa de la justificación (tanto Bentué como Zeigler enfatizan este aspecto de la historia), sino también como el padre de las *buenas obras* por su ejemplo de hospitalidad a los tres visitantes extranjeros en Mamre.[56] Lutero alaba al patriarca como "un bello ejemplo moral de hospitalidad".[57] Cuando la carta a los Hebreos exhorta a los cristianos, diciéndoles que "no se olviden de practicar la hospitalidad, pues gracias a ella algunos, sin saberlo, hospedaron ángeles" (Heb 13:2), el escritor alude a los gestos amables y la bienvenida de Abrahán a los tres visitantes.[58] Al decir que "hay hospitalidad dondequiera que hay iglesia" (*Est autem hospitalitas, ubicunque Ecclesia est*),[59] Lutero argumenta que la virtud de la hospitalidad es una marca de la iglesia, "de manera que aquellos que quieren ser miembros verdaderos de la iglesia" (*Qui igitur Ecclesia membra vera esse cupiunt*) recuerdan y son "invitados" a practicarla.[60] Ya que en su Sermón del Monte, el Señor mandó a sus discípulos diciendo "al que te pida, dale" (Mt 5:42), la iglesia posee "un tesoro en común" por el cual los miembros de la iglesia se ayudan entre sí espiritualmente "no solo mediante la enseñanza" sino también corporalmente "al ser bondadosos y dar asistencia".[61] Tal cuidado

55 En nuestra exposición nos enfocamos en lo que los confesores luteranos llaman el tercer uso de la ley como guía al creyente. "Si bien es cierto que los hombres verdaderamente creyentes en Cristo y convertidos a Dios han sido librados por Cristo de la maldición y opresión de la ley y están exentos de ella, no por eso están sin la ley, sino que han sido redimidos por el Hijo de Dios con el propósito de que se ejerciten en la ley de Dios día y noche (Sal 1:2; 119:1)". *FC, Epít.* VI, 2, en *LC*, 515-16.

56 Partes de la siguiente reflexión acerca de Abrahán como ejemplo de hospitalidad fueron originalmente publicadas en Sánchez, "The Church is the House of Abraham", *CJ*, 44, no. 1, 23-39. A continuación, todas las traducciones del latín y el inglés al español son mías.

57 LW 3:177; *"exemplum pulcherrimum morale de hospitalitate"* (*WA* 43:2.14-15).

58 LW 3:178.

59 Ibíd.; *WA* 43:2.29-30.

60 LW 3:178; *"Qui igitur Ecclesiae membra vera esse cupiunt, hi hospitalitatem meminerint praestandam, ad quam non solum exemplo sancti Patriarchae, sed scripturae gravissimis testimoniis invitamur"* (*WA* 43:3.5-8); Lutero habla de "siete marcas de la iglesia" (*notae ecclesiae*) en *On the Councils and the Church* (1539), donde además de estas (a saber, la palabra de Dios, los sacramentos del bautismo y del altar, el oficio de las llaves y el ministerio pastoral, la oración y el cargar de la cruz), podemos hablar de "otros signos externos de la identidad de la iglesia cristiana" que sus miembros llevan a cabo al cumplir la segunda tabla de los mandamientos. Estos incluyen los momentos "cuando no mostramos a otros enojo, odio, envidia, o venganza, sino que los perdonamos con gusto, le prestamos asistencia, los ayudamos y los aconsejamos". *LW* 41:166. Es en este último sentido que podemos hablar de la hospitalidad como una marca de la iglesia.

61 LW 3:178; "Aquellos que sufren aflicción por ataque espiritual deben ser consolados y fortalecidos con la palabra; pero aquellos que sufren aflicción por persecución temporal deben ser asistidos con pan y agua, es decir, con amor y hospitalidad, cada quién según su necesidad" (*LW* 3:184).

espiritual y temporal hace de la iglesia un lugar de "refrigerio" (*refectionem*) para los cansados.[62] Siguiendo el ejemplo de Abrahán, cuya "casa estaba a la orden de todos" y que "recibió a los extranjeros con gozo", Lutero exhorta a los cristianos con estas palabras: "Por lo tanto, si queremos ser cristianos (*Si igitur volumus Christiani esse*), abramos nuestras casas a los exiliados, ayudémosles y démosle refrigerio".[63] La iglesia es la casa (*domus*) de Abrahán en el mundo,[64] "porque donde no hay casa, no puede haber hospitalidad".[65]

La fe y el amor se toman de la mano en la descripción de Abrahán que Lutero nos presenta en su comentario. Lutero exhorta a la iglesia que vea a Abrahán como "un padre de la fe" (*patrem fidei*) y "un padre de las buenas obras (*patrem bonorum operum*)... un excelentísimo ejemplo de amor, gentileza, bondad, y todas las virtudes".[66] Aunque la sección de Génesis 18 sobre la que comenta Lutero presenta a Abrahán "no tanto como un padre de la fe sino como un padre de las buenas obras",[67] también observa que "es la fe... la que lo hace tan pronto y listo" a ser hospitalario.[68] Las implicaciones del comentario de Lutero para la práctica del amor y la justicia para con miembros de la sociedad a menudo despreciados, como los refugiados e inmigrantes de nuestros días, concuerdan con su descripción del "amor de la cruz" en la tesis (o conclusión) 28 en su *Disputación de Heidelberg*. Cuando vemos a extranjeros con los "ojos de la carne" (*oculi carnis*), su "aparencia física es un obstáculo para nosotros", pero cuando los vemos con los "ojos internos de la fe" (*internis oculi... fide*) nos damos cuenta de que nuestro "verdaderamente presente invitado" y "el Dios que está viniendo" a nosotros nos visita en sus santos.[69] Cuando actúan según la carne que todavía se ancla a ellos en esta vida, los cristianos a menudo son "lentos" en la hospitalidad "y se disgustan o se quejan cuando sus hermanos llegan; estos son signos de una fe que, si no está completamente muerta, está sin embargo dormida y muy floja".[70] Por esta

---

62 LW 3:178.

63 LW 3:180; *"Patuit igitur eius domus omnibus. Ac cum gaudio suscepit peregrinos, sicut videmus... Si igitur volumus Christiani esse, pateant exulibus domus nostrae, foveamus et recreemus eos"* (*WA* 43:4.14-19).

64 "Así que los santos no son recibidos con bondad y tratados con generosidad en ningún lugar excepto en las casas de Abrahán y Lot, es decir, en la iglesia, la cual reconoce que es la sierva de los siervos de Dios". *LW* 3:188.

65 LW 3:179; *"Ubi enim non est domus, ibi non potest esse hospitalitas"* (*WA* 43:3.36-37).

66 LW 3:185; *WA* 43:7.28-29.

67 LW 3:190.

68 LW 3:195.

69 WA 43:15.40-41 (traducción mía); cf *LW* 3:196.

70 LW 3:196.

razón, los "ejemplos" de Abrahán "deben ser expuestos a las iglesias y cuidadosamente recalcados" a los fieles.[71]

Lo que aprendemos de la historia de Abrahán, y nuestra participación en ella por la acción del Espíritu, es una forma concreta de vivir por la fe en un mundo lleno de exiliados que viven entre nosotros ya sea por causa de persecución religiosa u otros tipos de desgracia. Por medio de su palabra de promesa (evangelio), Dios nos justifica por la fe en Cristo. Esta justificación es una declaración presente que recibimos desde ya –como la recibió Abrahán en su tiempo por promesa anticipada– porque Cristo ha resucitado para nuestra justificación. Como Abrahán, esperamos también el pleno cumplimiento de la promesa de justificación cuando Dios resucite a todos sus santos con Cristo en la parusía. Por medio de su palabra de mandato (ley), Dios también nos anima a vivir justamente ante otros, animados por la fe de Abrahán, el padre de las buenas obras y la hospitalidad a los excluidos y rechazados del mundo. Este vivir por la fe se nutre (y es pequeña anticipación) de la promesa futura de un mundo venidero en el cual todos los seres humanos vivirán en perfecta comunión y justicia entre ellos y con el resto de la creación. Así pues, "mantenerse en la historia" (Zeigler) de la esperanza en Cristo implica ser oyentes y hacedores de la palabra de Dios (como promesa y mandato) y por ende ser partícipes tanto de la fe como de la hospitalidad de Abrahán.

Dios viene a reinar entre nosotros: La esperanza desde los dos reinos

En su tratado de escatología, el teólogo evangélico argentino Alberto Roldán orienta su exposición de la esperanza cristiana a la realidad del reino de Dios en la historia. Ya hemos resumido en capítulos anteriores las diversas posiciones que desde el siglo XIX se han propuesto en torno al reino de Dios. El consenso actual es que el reino se refiere al señorío de Dios sobre su creación, que este reino se ha revelado en la persona y obra de Cristo de manera proléptica, y que este también se manifestará en toda su plenitud al fin de los tiempos cuando Cristo vuelva en su parusía. También se observa un consenso en cuanto a la concepción del reino

71 Ibíd.; "Así pues, el ejemplo de Abrahán merece ser puesto ante nosotros como un espejo en el cual los verdaderos servicios y virtudes de todo tipo son vistos de manera clara, pero especialmente esa extraordinaria fe que se revela en el hecho de que él reconoce, reverencia, y adora a Dios que lo visita en estos invitados. Su fe es lo más importante, pero la carne en nosotros la obstaculiza de diversas maneras. Como un muro intermedio, esta obstruye nuestros ojos y nos previene reconocer a Dios en nuestros hermanos, como lo hizo Abrahán, y a adorarlo tan diligentemente... Nosotros también podríamos recibir tales invitados cada día si nuestra incredulidad no nos estorbara. Por lo tanto, estos eventos son escritos para que nos dé vergüenza y para nuestro reproche, ya que nosotros no hacemos lo mismo por la fe ni concluimos que cada vez que mostramos hospitalidad a hermanos exiliados y a aquellos que viven en peligro por su confesión, el mismo Hijo de Dios y sus ángeles –no carne y sangre– están haciendo posada con nosotros". *LW* 3:198-99.

como un don de Dios, pero a la vez vemos discrepancia en la manera que se habla de la actividad del ser humano en relación a tal don. Mientras algunos hablan de la construcción humana del reino directamente en la historia (en cooperación con Dios) mediante la acción política alimentada por la fe, otros prefieren hablar de la recepción del don del reino mediada por la Palabra en la iglesia y la respuesta de fe a este don mediante la misión de la iglesia y las diversas vocaciones de sus miembros en el mundo.

La cuestión de la relación entre el reino, la historia, y la iglesia sigue siendo debatida. En la TL se propone una causalidad relativa entre la liberación en Cristo y los movimientos de liberación política en la sociedad. Aunque de forma tentativa, penúltima y aun frágil, se nos dice que el reino de Dios puede discernirse en tales movimientos. Según Roldán, una causalidad similar ha sido acogida por algunos teólogos protestantes, como José Míguez Bonino, quienes ven una cierta afinidad entre el reino de Dios y los movimientos socialistas. Otros, como C. René Padilla y Roldán, prefieren hablar del reino de Dios en relación a la iglesia que lo anuncia y es un anticipo del mismo. Aunque el consenso acerca del reino no permite que este se reduzca a algún proyecto político de liberación, todos están de acuerdo que cualquier concepción bíblica del reino debe referirnos a sus implicaciones éticas en el presente. Así pues, en la teología del reino que Roldán representa dentro del evangelicalismo latinoamericano, se usa el lenguaje de salvación *integral* para señalar la importancia de una soteriología que no favorezca la salvación del alma sin el cuerpo o la salvación del individuo sin referencia a su comunidad.

¿Qué contribuye la teología luterana a la concepción del reino de Dios en relación con la misión de iglesia y las vocaciones de los cristianos en la sociedad? En el capítulo dos vimos cómo la Reforma luterana vio con mucha sospecha la idea de la construcción de un reino temporal de tipo cristiano en el presente, ya fuera por la vía interna de la perfección monástica o por la vía externa de la espada. A causa de estos intentos, los confesores luteranos distinguen entre los dos reinos, gobiernos, o poderes espiritual y temporal: el reino espiritual por el cual Dios justifica al pecador mediante la Palabra y el reino temporal por el cual Dios establece justicia en un mundo lleno de pecado mediante las leyes y el uso de la razón que se ejercen en diversas vocaciones en el plano familiar, civil, económico, educativo, etc. Dios reina el mundo de dos maneras que, aunque distintas en sus medios y objetivos, tienen en común el bienestar del prójimo.

> El evangelio no enseña una justicia externa ni temporal, sino un ser y justicia interiores y eternos del corazón. El evangelio no destruye el gobierno secular, el estado y el matrimonio. Al contrario, su intento es que todo esto se considere como verdadero orden divino y que cada uno, de acuerdo con su vocación, manifieste en estos estados el amor cristiano y verdaderas buenas obras.[72]

Cuando se confunde el reino de Dios con algún reino temporal se teme que esto, por un lado, oscurezca la misión de la iglesia de proclamar el evangelio de la justificación en Cristo al mundo (reino espiritual o del Espíritu) y, por otro lado, desprecie la riqueza de formas en que cada cristiano ha de vivir justa o rectamente ante otros en el mundo según su vocación (reino temporal o civil). Así pues, se critica al poder monástico cuando este se interpreta como más espiritual o cristiano que el estado matrimonial. No se valora entonces la igualdad que todo cristiano tiene ante Dios por la fe en Cristo, ni lo que el matrimonio y la familia contribuyen a la justicia en la sociedad. Se critica además el poder papal cuando este clama que posee por mandato divino no solo el poder espiritual de perdonar pecados sino también el poder sobre los reinos del mundo. Aquí tampoco se valora la función única de la iglesia de proclamar el evangelio, ni lo que el estado civil contribuye a la promoción de la justicia y la paz en el mundo. Por eso se ven estos intentos de construir un reino terrenal cristiano como tipos de confusión entre los dos reinos, que no dejan que ni el evangelio de la justificación ni las obras de justicia mediante las vocaciones reciban el peso que se merecen en el plan de Dios para preservar o cuidar de su mundo.

Ahora bien, debemos aclarar que la distinción entre los dos reinos no debe verse como una *separación* o un divorcio entre los dos reinos. Si bien al advertir contra el *idealismo* de una transformación cristiana o cristianización del mundo, la distinción teológica nos ayuda positivamente a apreciar lo que Dios contribuye al beneficio de su creación en cada reino, debemos también evitar el *quietismo*, la inacción, o la indiferencia del cristiano al mal en el mundo. Por eso, cuando el reino temporal no cumple su función según la voluntad de Dios o "si el mandato de la autoridad civil no puede acatarse sin pecado, se debe obedecer a Dios antes que a los hombres (Hch 5:29)".[73] Aunque no siempre esté claro si alguien está actuando en su vocación contra la voluntad de Dios, habrá situaciones en las que sin embargo las funciones del reino temporal no promoverán

72 CA, XVI, 4-6, en *LC*, 33.
73 CA, XVI, 7, en *LC*, 33.

el bienestar de prójimos de la forma más sabia, adecuada o apropiada. En tales casos, la iglesia corporativa en el mundo puede abogar por la promoción de la dignidad del prójimo en su comunidad y servirle en sus necesidades, conjuntamente con su función diaria de cuidado espiritual. Una cosa no tiene que negar la otra.[74] Así pues, no solo cada cristiano en su vocación, sino cada cristiano como miembro de la iglesia, sirve a su prójimo con el brazo del evangelio de la justificación (reino espiritual) y, animados por este evangelio, con el brazo de la misericordia y la justicia (reino temporal).

Sin confundir estos aspectos del reinado de Dios en el mundo, podemos asociarlos de forma *integral* para no caer en dicotomías que separan el alma del cuerpo, divorcian el evangelio de las buenas obras, o disocian el reino que ha de venir (escatología futura) del reino que ha llegado en Cristo (escatología inaugurada). En el capítulo dos, vimos cómo Lutero, en su comentario a la segunda petición del Padrenuestro, "Venga tu reino", nos invita a orar para que Dios establezca su reino entre nosotros. Este reino, por un lado, se establece "cuando el Padre celestial nos da su Espíritu Santo, para que, por su gracia creamos su santa palabra".[75] Se trata del reino del Espíritu que obra por medio de la palabra para redimirnos del poder del pecado, el diablo, y la muerte. En este reino se proclaman las promesas del evangelio a las conciencias atribuladas por sus pecados, los poderes del mal y la ansiedad de la muerte. Es el reino de la fe en las promesas de Dios en Cristo. Dicho de otra forma, en esta parte de la petición Lutero nos habla de la obra del Espíritu de establecer el reino de Dios por medio de la Palabra que proclama la iglesia y nos lleva a la fe en Cristo. Por otro lado, cuando oramos "venga tu reino", nos dice Lutero que también pedimos al Padre que nos dé su Espíritu para que "llevemos una vida de piedad... en el mundo temporal".[76] En esta parte de la petición, Lutero muestra cómo el Espíritu Santo, al establecer el reino por la Palabra en nuestros corazones (reino espiritual), también nos

74 Para un tratado evangélico-luterano de cristología desde una perspectiva integral del reino, véase García, *Cristología*, 19-59.

75 Cat. Menor, III, El Padrenuestro, Segunda Petición, 6-8, en *LC*, 361.

76 Ibíd.

mueve a vivir la santidad en el mundo de acuerdo con su Palabra.[77] Relaciona Lutero los dos reinos, así como relaciona la fe con las obras o los dos tipos de justicia.[78] Los frutos del reino de Dios se manifiestan entonces temporalmente en la familia y la sociedad (reino temporal).

Además, Lutero muestra que el reino de Dios que viene a nosotros por la Palabra y la fe, y por la vida piadosa en el mundo animada por la fe, es una realidad tanto presente como futura. Nótese que Dios establece su reino "tanto aquí en el mundo temporal como allá en el otro, eternamente".[79] No se reduce el reino al "todavía no" ni al "desde ya". Ambos aspectos se afirman. En el contexto de la escatología futura, Dios reinará en una sola creación por su Palabra, en los nuevos cielos y la nueva tierra. La distinción entre lo espiritual y lo temporal se asume en el *único* reinado de Cristo, bajo el cual todos los santos viven en perfecta justicia ante Dios, entre sí y con el resto de la creación. En el reino inaugurado, Dios reina por su Palabra en la iglesia y, por la iglesia, reina además en el mundo temporal, pero siempre en la lucha contra los poderes del anti-reino en nuestras vidas. En el reino inaugurado el Espíritu lucha contra las manifestaciones del pecado y el mal y usa a la iglesia como instrumento en el mundo que anuncia por la Palabra, manifiesta en su vida, y ora por la venida plena del reino de Dios en el mundo venidero. En fin, vemos cómo la teología luterana nos permite hablar de una escatología integral sin confundir el evangelio de la justificación con la justicia social, y sin divorciar el evangelio de la Palabra de sus frutos de justicia.[80] Nos permite

---

77 Observa Blank que los luteranos "no nos oponemos a la necesidad de identificarnos con los pobres y oprimidos, y de trabajar en pro del establecimiento de una sociedad más humanitaria, más igualitaria, y más justa. No estamos en contra de cambiar las estructuras injustas y de permitir que los pobres participen activamente en la construcción de una nueva sociedad. Todo esto está implícito en el mandato de Jesús que exige que amemos a nuestros prójimos como nos amamos a nosotros mismos... Pero según la Biblia y según las Confesiones Luteranas, el seguimiento de Jesús, una praxis libertadora y una vida cambiada no son medios para alcanzar el Reino de Dios, sino consecuencias de haber recibido el Reino de Dios como un don de gracia". *Teología y misión en América Latina*, 307.

78 "Nuestra relación y reconciliación con Jesús requiere un serio compromiso con nuestra comunidad y sociedad. Sí existe en el llamado del reino de Dios una dimensión personal muy importante, podríamos decir la de tener una relación vertical con Dios. Pero existe también un cruce afirmado por la cruz. En este cruce somos llamados a una relación horizontal, un compromiso de restablecer en el centro de nuestra comunidad a todos los pobres (los pobres de espíritu, los quebrantados, los desposeídos, los marginados por nuestro pecado). Lutero recalca esta realidad en su sermón sobre 'Las dos clases de justicia.'" García, *Cristología*, 45-46.

79 Cat. Menor, III, El Padrenuestro, Segunda Petición, 8, en *LC*, 361.

80 Para una crítica del milenarismo desde la perspectiva de la centralidad de la justificación por la fe (y de la Palabra y los sacramentos) para la interpretación de la venida inaugurada del reino de Dios en Cristo, véase Linden, "Por que luteranos não são pós-milenaristas", 22-29. En este artículo, Linden advierte contra el reemplazo de la justificación por el concepto del reino de Dios en la escatología y contra la propuesta de la construcción de un reino de Dios aparte de la iglesia en el mundo.

distinguir, pero a la vez relacionar, los dos aspectos del reinado de Dios en su creación.

Preguntas de reflexión

1. Defina los términos "justicia pasiva" y "justicia activa". ¿Cómo nos ayuda la distinción entre los dos tipos de justicia a definir la identidad del ser humano o a hablar acerca de la "humanización"? ¿Cómo se relacionan los dos tipos de justicia a la escatología?
2. Al enfrentar el problema del mal y el sufrimiento en el mundo, ¿en qué se diferencia el teólogo de la cruz del teólogo de la gloria?
3. Describa la distinción entre el "amor humano" y el "amor divino" (o "amor de la cruz") en la conclusión o tesis 28 de la *Disputación de Heidelberg* de Lutero. ¿Por qué es importante considerar el "amor de la cruz" en cualquiera discusión en torno a los dos tipos de justicia?
4. Pensemos en los elementos de una historia narrada. Toda narración tiene un autor, un conflicto, una resolución al conflicto, y alguna forma de invitar al oyente o lector a participar de la historia. Muestre cómo la historia de nuestra salvación en Cristo tiene todos estos elementos.
5. Una manera de contar la historia de la salvación es por medio de la narrativa de Abrahán. ¿En qué sentido somos llamados a ser y vivir como Abrahán? Lutero en particular habla de Abrahán como ejemplo de hospitalidad al extranjero. ¿Cómo puede la iglesia en su contexto ser "la casa de Abrahán en el mundo"?
6. Defina los términos "reino espiritual" y "reino temporal". ¿Por qué es importante distinguir los dos reinos?
7. ¿Cómo interpreta Lutero la segunda petición del Padrenuestro: "Venga tu reino"? ¿Qué pedimos en esta petición? ¿Cómo nos ayuda a pensar en la venida del reino de Dios de una forma integral que no divorcia el evangelio de las obras ni la orientación futura e inaugurada del reino?

Conclusión

¿En qué consiste la felicidad? En nuestra obra hemos visto que la felicidad del ser humano no consiste en una esperanza anclada en el "más allá" ni en el "aquí y ahora", sino en un "aquel", es decir, en Cristo. Evitamos así una escatología que oscila entre lo espiritual y lo material, y abrazamos una postura cristológica-trinitaria más encarnada y personalizada de la esperanza. En Cristo, el cielo y la tierra de Dios se han hecho una sola realidad redentora y renovadora en nuestras vidas por el poder de su Palabra y su Espíritu. "De modo que si alguno está en Cristo, nueva criatura es; las cosas viejas pasaron, he aquí todas son hechas nuevas" (2 Co 5:17, RV60). Cristo es nuestra feliz esperanza.

Este año, la publicación trimestral *Lapham* dedicó todo un ejemplar de más de 200 páginas al tema de la felicidad.[1] En la introducción, el historiador británico David Wootton argumenta que en el mundo grecorromano la felicidad consistía en una realidad externa y observable, a saber, la práctica de la virtud mediante algún oficio o alguna ocupación.[2] Más o menos a partir del siglo XVII, sin embargo, la felicidad pasa a redefinirse en términos de una serie de experiencias subjetivas que se espera produzcan algún estado emocional interno de placer o gratificación.[3] Dicho de otra forma, antes uno encontraba la felicidad en la estructura más o menos estática del estado que le daba a cada quien algo que hacer; ahora uno tiene que buscar la felicidad continuamente por sí mismo, y en una sociedad consumista, se piensa que los medios para hacerlo son el poder y el dinero.

Desde que el filósofo Friedrich Nietzche proclamó la "muerte de Dios", la escritora danesa de origen croata Dubravka Ugrešić observa que el occidente moderno ha tratado de buscar otro sustituto que le dé la felicidad.[4] Esto ha permitido que la felicidad se haya transformado en una industria global y que los medios masivos de comunicación y mercados más poderosos sean sus mayores definidores y proveedores.[5] En

1 "Happiness", *Lapham's Quarterly*, 12, no. 3 (Summer 2019).
2 "The Impossible Dream", en "Happiness", 15, 17.
3 Ibíd., 16-18.
4 "Trivial Pursuits", en "Happiness", 54.
5 Ibíd.

otras palabras, en una cultura nihilista en la que todos los valores se han devaluado y por ende ya no hay fundamento que defina la felicidad, cada quien tiene que comprar lo que lo haga feliz en un mercado de infinitas y cada vez más prometedoras opciones. En una sociedad individualista, nos hemos vuelto no solo clientes y consumidores de felicidad, sino también jueces de lo que esta constituye. Antes a la felicidad la definía la sociedad y sus costumbres; ahora el individuo decide lo que es. A pesar de sus diferencias, practicantes y compradores de la felicidad en la modernidad y posmodernidad tienen en común una visión de la felicidad como algo que se busca y encuentra en el mundo *material*, ya sea en la virtud, el placer o el mercado.

Otras voces del presente y el pasado hacen de la felicidad algo que tiene que ver más con ideas y aptitudes. Aunque la búsqueda de la felicidad incluye hábitos como el pasar tiempo con familia y amigos y hacer ejercicio, Laurie Santos, profesora de psicología de la Universidad de Yale, enseña que 40% de la felicidad de una persona es más que nada un estado mental que se cultiva con gratitud y optimismo y no tanto una condición que se impone desde afuera.[6] Resaltando la influencia de las ideas en nuestro comportamiento, el filósofo Platón decía que la felicidad se encuentra en la sabiduría, porque solo ella te permite hacer buen uso de las cosas de la vida, como lo son las riquezas, salud, belleza, justicia, y buena fortuna.[7] En el budismo –conjunto de creencias y prácticas cuya finalidad es librar al ser humano de sus pasiones y deseos– la felicidad viene por sí sola cuando uno no la busca o la mide, sino cuando uno simplemente vive sin ataduras a la socialización o a las cosas materiales.[8] No nos interesa por ahora estudiar los méritos particulares de estas propuestas, sino solo indicar como estas tienden a situar la felicidad en el mundo mental o *espiritual* de las ideas que transciende -aunque pueda animar- el mundo material y de los sentidos.

Según San Agustín, los paganos romanos creían que la felicidad era el regalo de alguna figura divina desconocida, a quien daban el nombre del don -en este caso, "Felicitas"- en vez del *dador* del don.[9] Explica el teólogo que la verdadera felicidad radica no en este u otro don, sino en el culto a Dios, quien es el único dador o la fuente de nuestra felicidad.[10] Pero como no puede haber culto a Dios (o cualquier dios) sin la *fe* en este, la felicidad

6 "Satisfaction", en "Happiness", 85.
7 "Goods and Services", en "Happiness", 88.
8 "Freedom from Want", en Happiness, 35-36; "Known Unknowns", en "Happiness", 40.
9 "The Star of Felicity", en "Happiness", 150-51.
10 Ibíd., 151.

sin la fe o la confianza en algo o alguien es imposible. Como bien lo dice Lutero en su explicación al primer mandamiento: "La confianza y la fe de corazón pueden hacer lo mismo a Dios que al ídolo... La fe y Dios son inseparables. En aquello que tengas tu corazón, digo, en aquello en que te confíes, eso será propiamente tu Dios".[11] Por su estrecha asociación con su objeto o fin, la fe en el Dios que nos justifica y vivifica en Cristo es considerada por los teólogos luteranos como don que "produce en el corazón paz, gozo, y vida eterna"[12] Hoy en día la felicidad se asocia con experiencias pasajeras -externas o internas, materiales o mentales, pero pasajeras al fin- mientras que el *gozo* de la fe o confianza en Cristo es duradero. Esta fe produce gozo no porque nos dirija al creyente, cuya fe y esperanza a veces flaquean,[13] sino porque está anclada en la persona de Cristo. Tal fe consiste en "conocer los beneficios de Cristo".[14] También produce *esperanza* porque la fe no es más que "creer que las promesas que ha hecho Dios por causa de Cristo las cumplirá con toda seguridad".[15] La fe y la esperanza son inseparables y nos dirigen a Cristo.[16]

Ahora bien, el gozo de la fe en las promesas del Dios que nos justifica en Cristo por medio del evangelio no solo nos orienta a la *futura* esperanza de la resurrección y la vida perdurable, sino que nos da "paz, gozo, y vida eterna" anticipadamente en el *presente*, aunque estos dones no siempre vengan acompañados de la felicidad como esta a menudo se concibe, a saber, como la ausencia de dolor o el placer de bienes materiales.[17] Por otro lado, la fe justificante nos libera de nuestros intentos de auto-justificación para así enfocar nuestras energías en el bienestar de nuestros prójimos en un mundo tan lleno de dolor y pobreza. Podríamos decir que, *animada por la esperanza*, la fe nos dirige a la confianza en Dios y sus promesas futuras e inauguradas; pero también nos impulsa a amar a nuestros semejantes con todas nuestras fuerzas.

Citando una célebre sección del Prefacio a la Epístola a los Romanos de Lutero, los confesores luteranos muestran la estrecha relación entre la fe que justifica ante Dios aparte de las obras y la fe que sirve al mundo y lo sufre todo por amor a él a través de las obras.

---

11 Cat. Mayor, Primer Mandamiento, 3, en *LC*, 382.

12 Apol. IV, 100, en *LC*, 95.

13 FC, *Decl. Sól.*, II, 68, en *LC*, 576.

14 Apol. IV, 101, en *LC*, 95.

15 Ibíd.

16 Véase *Apol.* IV, 312, en *LC*, 135.

17 Por ejemplo, el filósofo alemán Arthur Schopenhauer define la felicidad no en términos del placer sino de la ausencia de dolor y aburrimiento. Véase "Paradise Lost", en "Happiness", 56.

> La fe que justifica es una confianza viva e intrépida en la gracia de Dios, tan cierta que uno moriría mil veces por ella. Tal confianza y conocimiento de la gracia divina le infunde gozo, valor y ánimo en su relación con Dios y todas las criaturas, todo lo cual obra el Espíritu Santo mediante la fe. Y por esta razón, el hombre está gozosamente dispuesto, sin que sea obligado, a hacer el bien a todo el mundo, a servir a todo el mundo y a sufrirlo todo por amor y alabanza a Dios, quien le ha concedido esta gracia, de manera que es imposible separar las obras de la fe, así como es imposible separar del fuego la luz y el calor.[18]

Enérgica en el amor, la fe en Cristo se caracteriza por ser "viva e intrépida", siempre presta "a hacer el bien a todo el mundo, a servir a todo el mundo y a sufrirlo todo por amor y alabanza a Dios". ¿Pero cómo puede la fe amar de forma tan milagrosa, tan novedosa? En cierto modo, nos llama Lutero a vivir por la fe que hace todo lo posible por amar en el hoy por hoy como solo se amará en el mundo venidero. Por eso debe *luchar* la fe por amar hasta aquel día en que solo reine el amor sin obstáculo alguno. Podríamos hablar entonces de un amor *animado por la esperanza* del mundo venidero en el que el amor –aunque imperfecto en este mundo– triunfará de una vez por todas.

Acerca de este amor del mundo venidero que "jamás dejará de existir", de los nuevos cielos y la nueva tierra, de la nueva Jerusalén y el nuevo Edén, el apóstol Pablo nos dice que "no se alegra de la injusticia, sino que se une a la alegría de la verdad" (1 Co 13:6, 8a). Se trata de un amor alegre, feliz, gozoso; en otras palabras, del amor verdadero, del amor que se vive en justicia ante los demás. ¿Cómo describir esta felicidad, este gozo, en palabras terrenas? A través de los tiempos, poetas, músicos, y artistas latinoamericanos nos han ofrecido sus imágenes escatológicas de la felicidad, muchas veces inspiradas en imágenes bíblicas. En su canción Arayué, el cantautor panameño Rubén Blades pinta el nuevo paraíso, el "otro Edén", con imágenes que connotan la felicidad de vivir en la campiña interiorana, en algún lugar soñado de nuestra América Latina.[19] Nos dice que es un paraíso "de selvas doradas, y cielos plateados", que "sus nubes saben a papa y sus ríos a café", que posee "un mar de siete colores y llanos llenos de flores" –y con un tono de realismo mágico– añade que los indígenas lo llaman el lugar de la eterna "madrugada" y la "luna encantada". Canta Blades que "en el aire" de ese paraíso idílico "se respira solidaria

18 FC, *Decl. Sól.*, IV, 12, en *LC*, 597.

19 "Arayué", en *Rubén Blades Salsa Big Band. Roberto Delgado & Orquesta* (Ruben Blades Productions, 2017).

la confianza que produce una esperanza confirmada y compartida". Con estas palabras, al tono de salsa, nos describe a su manera la confirmación de la esperanza, la plenitud de la solidaridad entre los habitantes del nuevo Edén.

Ya hemos explorado en esta obra imágenes redentoras que, por la venida del reino de Dios en Cristo Jesús, nos introducen a la visión de un mundo sin pecado, maldad, y muerte que desde ya es nuestro y que a la vez ha de venir en las postrimerías. Si el fin o la meta de los seres humanos es su felicidad, y si esta solo es posible por la gracia divina que produce el gozo seguro y duradero de vivir en justicia y verdad ante Dios y su creación, dejo entonces al lector con otra imagen –esta vez, la de una ciudad– que recoge la alegría que por la fe en Cristo esperamos y vivimos. Son palabras de esperanza del profeta Zacarías que, en su visión de una Sión restaurada, nos habla de una nueva Jerusalén en la que "volverán a llenarse sus calles con niños y niñas que jugarán en ellas" (Zac 8:5). ¡Qué más gozo que el de los pequeñines jugando en las calles de la ciudad de Dios! Se trata del gozo de los hijos y las hijas de Dios que también canta el salmista (Sal 121) y anticipa la iglesia en su culto:

> ¡Qué alegría cuando me dijeron:
> "Vamos a la casa del Señor"!
> Ya están pisando nuestros pies
> tus umbrales Jerusalén.[20]

O como diría Juan en su Apocalipsis: "Bienaventurados los que lavan sus ropas... para entrar por las puertas de la ciudad" (Ap 22:14). En la visión de Juan, el lavado de la iniciación bautismal y el lavado de los mártires en la sangre de Cristo nos anticipa y nos pone en espera de la feliz entrada a esa ciudad que desciende a la tierra del cielo de Dios.

Que esta imagen esperanzadora de la ciudad de Dios que nos presentan los profetas y el salmista fortalezca y anime nuestra fe y nuestra amor mientras oramos por la venida del reino de Dios entre nosotros: hoy por la fuerza de su promesa y mañana por la revelación de su pleno cumplimiento. ¡Ven, Señor Jesús! Amén.

20 "¡Qué alegría cuando me dijeron!", en *Cantad al Señor*, 110.

Glosario

Amilenarismo: La idea de que el milenio de Apocalipsis 20:4 no se refiere a un período literal sino simbólico de mil años que empieza durante la primera venida de Cristo y durante el cual Cristo reina con su iglesia (véase *milenarismo inaugurado*).

Anticristo(s): Signo de oposición a Cristo. Manifestación humana del mal que se asocia con una sola persona (sentido estricto, singular) o con varias personas o instituciones (sentido amplio, plural) a través de los tiempos. El misterio del "anticristo" se discierne por su carácter de oposición a Cristo, su evangelio, y su iglesia.

Apocalíptica: Género literario judío que, utilizando lenguaje simbólico, interpreta la historia radicalmente en términos de su futuro final, según una visión pesimista del mundo –por el dolor y la maldad que lo aquejan– que tiende a no ver continuidad entre su pasado y su futuro. En el Apocalipsis de Juan, sin embargo, el uso del simbolismo está orientado a la esperanza que la iglesia perseguida tiene en Cristo y se refiere a realidades tanto futuras como inauguradas (véase *escatología*).

Cielo, los cielos: Término con distintas connotaciones que afirman tanto la trascendencia y el señorío de Dios sobre su creación como su presencia personal y acción constante en su creación. Como afirmación de su señorío sobre todas las cosas, el cielo, lo celestial o las bendiciones del cielo se asocian con el reinado de Cristo con sus santos, el favor de Dios en pro de los seres humanos, la protección divina del mal y el maligno, la victoria de la vida eterna y la resurrección sobre la muerte, el juicio divino sobre el diablo y las naciones, el descanso y gozo de estar en Cristo o en comunión con Dios, o la morada de Dios con su pueblo en un nuevo cielo y una nueva tierra.

Comunismo: Sistema político asociado con la construcción de un mundo mejor o una utopía socioeconómica en la que no existen distinciones de clases.

Cristología: La enseñanza acerca de la persona y obra de Cristo.

Desmitificación: Método hermenéutico adoptado por Rudolf Bultmann, según el cual la importancia de elementos míticos de los evangelios (p ej, los milagros y la resurrección de Cristo) no radica en su historicidad –descartada por la mentalidad científica moderna– sino en la reinterpretación de los mismos según su impacto existencial al oyente del kerigma (véase *Heilsgechichte*).

Dispensacionalismo: La idea de que la historia está dividida en distintas dispensaciones o épocas en las que Dios lleva a cabo ciertos planes para distintos individuos o grupos (véase *premilenarismo dispensacionalista*).

Dualismo: Dios y el mundo son dos esencias distintas (véase *monismo*).

Dualismo antropológico: La enseñanza de que el ser humano está compuesto de alma (espíritu) y cuerpo. En algunos casos, la idea de que el alma (espíritu) es superior al cuerpo o está más cercana a las cosas de Dios que el cuerpo.

Escatología: Derivado de los términos griegos *esjatos* (último) y *logia* (de *logos*, palabra), que trata la enseñanza cristiana acerca de los últimos días. Muestra cómo la esperanza cristiana se orienta a la manifestación de las cosas últimas en el plan de Dios para su pueblo y creación (véase *apocalíptica*).

Escatología bíblica (del "desde ya" y el "todavía no"): La enseñanza acerca de los últimos días (o las cosas últimas) cuyas bendiciones recibimos "desde ya" por promesa, pero "todavía no" plenamente sino hasta su futuro cumplimiento en el plan de Dios.

Escatología futura: Se refiere a los eventos que ocurrirán al fin de la era presente, a saber, la venida o parusía de Cristo, la resurrección de los muertos, el juicio final, y los nuevos cielos y la nueva tierra (véase *escatología bíblica*, *escatología inaugurada*).

Escatología horizontal (del "aquí y ahora"): La esperanza cristiana se construye (o al menos se manifiesta) "aquí y ahora" en el mundo presente por medio del progreso político o moral o la praxis liberadora (véase *escatología vertical*, *teología de la liberación*).

Escatología inaugurada: La esperanza cristiana tiene una dimensión proléptica o anticipada de tal forma que las promesas futuras de Dios se manifiestan parcialmente en el presente (véase *escatología bíblica*; *escatología realizada*; *milenarismo inaugurado*; *prolepsis, proléptica/o*).

Escatología integral: Propuesta de la esperanza cristiana que trata de superar el dualismo y el individualismo de la escatología vertical, enfatizando no solo la salvación del alma del individuo sino también la de *toda* la persona y las implicaciones *éticas* para la sociedad del reino de Dios que ya se ha inaugurado en Cristo (véase *dualismo antropológico*, *escatología vertical*, *reino de Dios*, *teología de la liberación*).

Escatología realizada: La esperanza cristiana consiste en la manifestación del reino de Dios no en el futuro, sino en el presente (véase *escatología inaugurada*).

Escatología vertical (del "más allá"): La esperanza cristiana se busca en el "más allá" de la inmortalidad del alma (o espíritu) después de la muerte (véase *escatología horizontal*).

Estado intermedio: El período entre la muerte y la resurrección durante el cual las almas de aquellos que mueren en Cristo están con él a la espera de la resurrección corporal al fin de los tiempos. En las teologías católica romana y ortodoxa, este período se asocia de distintas maneras interpretativas, con un período de purgación y purificación del alma para entrar a la presencia de Dios en el día postrero. En el protestantismo, se enfatiza la comunión en o con Cristo del alma en espera de la parusía de Cristo y su juicio final.

Espiritualismo: Tendencia a enfatizar la identidad espiritual del ser humano. Se dice entonces que, aunque el ser humano es criatura corporal, su esencia es espiritual (véase *secularización*).

Evangelio de la prosperidad: La creencia de que la posesión de bienes materiales comprueba la bendición y el favor de Dios para con la persona.

Fatalismo: La idea de que el destino del ser humano se fija de antemano por procesos cósmicos sobre los cuales no se tiene control. El fatalismo puede llevar a la negligencia, el conformismo moral o el desinterés en buscar solución a problemas como la pobreza.

Gnosticismo: Conjunto de creencias que enfatiza el dualismo del espíritu y la materia y por ende la importancia del conocimiento (*gnosis*) acerca de verdades espirituales por medio del escape del mundo malo e ignorante. Opta por una salvación "espiritual" que no incluye la creación, la encarnación o la resurrección del cuerpo.

Heilsgeschichte (historia de la salvación): Concepto bíblico del tiempo y de la historia según el cual Cristo, por su muerte y resurrección, pasa a ser el centro y significado de la historia. Oscar Cullmann es un representante prominente de este concepto en el siglo XX (véase *desmitificación*, *escatología bíblica*).

Inmortalidad: Se refiere a la permanencia o existencia constante de la persona (o su alma, espíritu), aun después de la muerte. A diferencia de la filosofía griega, el judaísmo y el cristianismo entienden la inmortalidad no como un atributo natural del alma sino como el resultado de la obra creadora de Dios. Respuesta religiosa común al problema de la muerte física (véase *resurrección*).

Joaquinismo: Inspirada en el teólogo medieval Joaquín de Fiore, esta visión progresiva de la historia en tres períodos que corresponden a las tres personas de la Trinidad culmina con la edad del Espíritu en la que la clase monástica ha de representar el mundo ideal (véase *milenarismo*).

Juicio: Se refiere a la ira de Dios contra el pecado que lo mueve a castigar al pecador mediante la muerte física, espiritual, y eterna. Se puede referir al favor de Dios contra el pecador que lo mueve a perdonarlo por causa de la muerte y resurrección de Cristo. Finalmente, se refiere al juicio final en la parusía de Cristo que culminará con la resurrección para condenación de los injustos y la resurrección para vida eterna de los justos (véase *muerte*, *resurrección*).

Justicia activa: Define la identidad del ser humano en términos de su actividad en el mundo en pro de la promoción de la justicia o las relaciones justas entre los seres humanos (véase *justicia pasiva*).

Justicia pasiva: Define la identidad del ser humano en términos de su pasividad ante Dios entendida como su recepción por la fe de la justicia de Dios en Cristo (véase *justicia activa*).

Justificación: La imputación de la justicia (obediencia) de Cristo al injusto (pecador) que lo hace justo (o libre de culpa) ante Dios y se recibe por la fe en el evangelio del perdón de los pecados (véase *justicia pasiva*).

Milenarismo: En general, se asocia con intentos de establecer un reino cristiano en el mundo. En particular, se refiere al conjunto de interpretaciones acerca de los mil años de Apocalipsis 20:4, un período durante el cual Cristo reina con su iglesia por mil años.

Milenarismo inaugurado: Los mil años de Apocalipsis 20:4 no se refieren a un período literal en el futuro, sino a un período simbólico que ya se ha inaugurado con la primera venida de Cristo (véase *amilenarismo*; *escatología inaugurada*; *prolepsis, proléptica/o*).

Milenialismo (véase *milenarismo*).

Milenio: Del latín *mille*, se refiere a un período de mil años (véase *milenarismo*).

Monismo: La idea de que Dios y el mundo son una sola esencia (véase *dualismo*).

Muerte: En el sentido *físico*, la separación del alma (espíritu) y el cuerpo. En el sentido *espiritual*, la separación de toda la persona de la presencia de Dios o de tener comunión con él. La muerte *eterna* es la separación de la presencia de Dios para siempre (véase *primera muerte*, *segunda muerte*).

Neo-platonismo: Filosofía que se deriva del platonismo y, en una de sus expresiones, presenta una cosmología en la que el mundo espiritual de las ideas y el mundo material interactúan mediante la interacción de niveles o grados de entidades (véase *platonismo*).

Ontología: Enseñanza acerca de la *esencia* (del griego *ontos*) de Dios o de las cosas creadas (véase *dualismo*, *monismo*).

Ontología escatológica: La idea de que el futuro determina toda la realidad. Se asocia a menudo con la escatología histórica-futurista de teólogos como Wolfhart Pannenberg (1928-2014) y Jürgen Moltmann (nació en 1926), para quienes, por ejemplo, el señorío de Cristo o la unidad de la Trinidad dependen en cierto modo de su demostración en el futuro (véase *teología de la esperanza*).

Parusía: Término griego que se refiere a la llegada, el retorno, o la segunda venida de Cristo al fin de los tiempos.

Pequeña temporada (de Satanás): Período que precede a la parusía de Cristo, durante el cual Satanás es puesto en libertad por un tiempo y trata de engañar a las naciones (véase Ap 20:7-8).

Período intermedio (véase *estado intermedio*).

Platonismo: Filosofía que distingue entre el mundo material y el mundo ideal, notando que el mundo de las ideas es más real que el mundo de los sentidos o superior a este (véase *neo-platonismo*).

Posmilenarismo: El retorno de Cristo ocurre después ("pos") del milenio. Los mil años de Apocalipsis 20:4 no se refieren a un período literal en el futuro, sino a un período simbólico de mil años. Este período dorado se caracteriza por el progresivo mejoramiento o cristianización del mundo mediante la predicación del evangelio como antesala al retorno de Cristo (véase *amilenarismo*, *milenarismo inaugurado*, *premilenarismo dispensacionalista*).

Premilenarismo dispensacionalista: El retorno de Cristo ocurre antes ("pre") del milenio. Los mil años de Apocalipsis 20:4 se refieren a un período literal o extenso en el futuro durante el cual Cristo reina con su iglesia en la tierra. Sus características incluyen la interpretación literal o literalista (y por ende, no tipológica) de las promesas de Dios a Israel, la división entre Israel y la iglesia en el plan de Dios, la idea de un futuro milenio literal durante el cual Cristo reinará con sus santos en la ciudad de Jerusalén y desde su templo reconstruido, y la enseñanza acerca de al menos dos venidas de Cristo (una invisible en el rapto y otra visible antes del milenio) (véase *dispensacionalismo*, *amilenarismo*, *milenarismo inaugurado*, *posmilenarismo*, *premilenarismo histórico*).

Premilenarismo histórico: El retorno de Cristo ocurre antes ("pre") del milenio. Los mil años de Apocalipsis 20:4 se refieren a un período literal o extenso en el futuro durante el cual Cristo reina con su iglesia en la tierra. Pero se trata de no especular mucho más acerca de la naturaleza de este reino. A diferencia del premilenarismo dispensacionalista, la versión histórica se opone a la división entre Israel y los gentiles en el plan de Dios, y a la idea de dos o más venidas de Cristo al mundo (véase *amilenarismo*, *premilenarismo dispensacionalista*, *posmilenarismo*).

Primera muerte: Otra forma de referirse a la muerte espiritual, es decir, al vivir sin fe en Cristo (cf Ef 2:5) (véase *primera resurrección*, *segunda muerte*, *muerte espiritual*).

Primera resurrección: Otra forma de referirse a la conversión o paso de la muerte a la vida por la fe en Cristo (véase Ap 20:5-6; cf Jn 5:24) (véase *segunda resurrección*, *primera muerte*).

Prolepsis, proléptica/o: Anticipación de un evento posterior. La escatología proléptica se refiere a la recepción de bendiciones escatológicas en el presente que se recibirán de forma más plena en el futuro (véase *escatología inaugurada*, *milenarismo inaugurado*).

Promesa: Palabra de Dios que proclama su voluntad para su creación, se recibe por fe, y espera su cumplimiento según el plan de Dios.

Purgatorio: Según la teología católica, lugar o proceso de purificación de las almas imperfectas por su pecado que ocurre en el período entre la muerte y la resurrección (véase *estado intermedio*).

Reino de Dios: El señorío o reinado de Dios sobre la creación que ya se ha inaugurado en la primera venida de Cristo con su misión, muerte, y resurrección, y llegará a su plenitud en su retorno o parusía (véase *escatología inaugurada*, *escatología integral*, *escatología futura*).

Regla de la fe (regula fidei): Sumario de la tradición o enseñanza de la iglesia a través de los tiempos, particularmente en la forma de confesiones o credos de estructura trinitaria.

Reino espiritual: Se refiere a la esfera en la que Dios, por medio del Espíritu y su Palabra, justifica a los seres humanos ante su presencia por la fe en Cristo. En este contexto, el término "espiritual" no se entiende en oposición al mundo material, sino a la obra del "Espíritu Santo" en el mundo por la Palabra, particularmente, mediante la iglesia (véase *reino de Dios*, *reino temporal*).

Reino temporal: Se refiere a la esfera en la que Dios, por medio de las vocaciones, oficios o profesiones de personas en el orden familiar y civil, lleva a cabo justicia entre los seres humanos (véase *reino de Dios*, *reino espiritual*).

Resurrección: Enseñanza de que los cuerpos de los justos que han muerto físicamente volverán a la vida o serán transformados a la imagen de Cristo resucitado. Puede referirse también a una resurrección de los injustos para condenación (véase *inmortalidad*, *juicio*, *segunda resurrección*, *segunda muerte*).

Secularización: La idea de que el mundo, su esencia y finalidad, ha de entenderse sin referencia a realidades espirituales, trascendentales o divinas (véase *espiritualismo*).

Segunda muerte: Otra forma de referirse a la resurrección para condenación (Ap 20:6, 14; Jn 5:29b) que ocurrirá cuando Cristo retorne en su parusía (véase *primera muerte*, *segunda resurrección*, *muerte eterna*).

Segunda resurrección: Otra forma de referirse a la resurrección física o corporal (véase Ap 20:13; Jn 5:28-29a) que ocurrirá cuando Cristo retorne en su parusía (véase *primera resurrección*, *resurrección*, *segunda muerte*).

Soteriología: La enseñanza acerca de la salvación en Cristo.

Teología de la esperanza: Propuesta de escatología asociada con la obra de J. Moltmann que se enfoca en la esperanza del ser humano en el cumplimiento futuro de las promesas de Dios en la historia. Asume una visión progresiva de la historia en la que el futuro determina el presente (véase *ontología escatológica*).

Teología de la liberación: Conjunto de enseñanzas que, en su aspecto escatológico, se caracteriza por la crítica de escatologías verticales y futuras que no toman en serio la opción preferencial por los pobres en el presente como prioridad en la construcción del reino de Dios ante un mundo lleno de dolor e injusticia (véase *escatología integral*, *escatología futura*, *escatología vertical*).

Teodicea: Derivado de los términos *zeós* (Dios) y *díkē* (justicia), que se refiere a todo intento de justificar (o defender) la bondad o el poder de Dios ante el problema del mal y el sufrimiento.

Vocación: Oficio o profesión de toda persona en el orden familiar, educativo, económico, civil, etc. que Dios utiliza para beneficio de su creación. Entiende que el llamado divino a servir en el mundo no se limita a las vocaciones religiosas, sino que incluye vocaciones como el ser madre, hijo, panadero, maestro, doctor, contador, músico, abogado, etc.

Bibliografía

Agustín, San. *La dimensión del alma*. Biblioteca de Autores Cristianos. Disponible en World Wide Web: https://www.augustinus.it/spagnolo/grandezza_anima/index2.htm

Aland, Kurt et al. *Novum Testamentum Graece*. 28th Edition. Stuttgart: Deutsche Bibelgesellschaft, 2012.

Allen Jr., John L. *The Catholic Church: What Everyone Needs to Know*. Updated edition. New York: Oxford University Press, 2014.

Alves, Rubem. *A Theology of Human Hope*. Washington: Corpus Books, 1969.

Arand, Charles P. "Antichrist?: The Lutheran Confessions on the Papacy", *CJ* 29, no. 4 (2003): 392-406.

Basilio de Cesarea, San. *El Espíritu Santo*. Traducido por Argimiro Velasco Delgado. Biblioteca de patrística 32. Madrid: Editorial Ciudad Nueva, 1996.

Bauckham, Richard. *Dios Crucificado: Monoteísmo y Cristología en el Nuevo Testamento*. Traducido por Ismael López Medel. Barcelona: Editorial CLIE, 2003.

Bentué, Antonio. *Muerte y búsquedas de inmortalidad*. Segunda edición. Santiago: Ediciones Universidad Católica de Chile, 2003.

Blank, Rodolfo. *Teología y misión en América Latina*. St. Louis, Missouri: Editorial Concordia, 1996.

Boettner, Loraine. *The Millennium*. Grand Rapids, Michigan: Baker, 1975.

Boman, Thorleif. *Hebrew Thought Compared with Greek*. New York: Norton, 1960.

Brigham, Kay. *Cristóbal Colón—Su vida y descubrimiento a la luz de sus profecías*. Barcelona: Editorial CLIE, 1990.

Brighton, Louis A. *Revelation*. St. Louis, Missouri: Concordia, 1999.

Bultmann, Rudolf. *Jesucristo y mitología*. Barcelona: Ediciones Ariel, 1970.

Burreson, Kent y Beth Hoeltke. *Death, Heaven, Resurrection, and the New Creation*. St. Louis, Missouri: Concordia, 2019.

Cabezas, Berta María. *Narraciones panameñas (Tradiciones, leyendas, cuentos, relatos)*. Colombia: Multiletras Editores Ltda, 2003.

Cabodevilla, José María. *El cielo en palabras terrenas*. 2ª edición. Madrid: Ediciones Paulinas, 1990.

¡Cantad al Señor! St. Louis, Missouri: Editorial Concordia, 1991.

Cantalamessa, Raniero. *Hermana muerte*. Traducido por Ricardo M. Lázaro Barceló. Valencia: EDICEP, 2007.

Carrillo Alday, Salvador. *El Padre en la revelación bíblica*. Estudios bíblicos 22. México: Ediciones Dabar, 1999.

Cassese, Giacomo. *¿Qué quiso decir Lutero? Conceptos esenciales*. St. Louis, Missouri: Editorial Concordia, 2014.

Cervantes, Miguel de. *Don Quijote de La Mancha*. Madrid: Edimat Libros, 2004.

Clouse, Robert G., editor. *The Meaning of the Millennium: Four Views*. Downers Grove, Illinois: InterVarsity Press, 1977.

Comisión en Teología y Relaciones Eclesiásticas de La Iglesia Luterana—Sínodo de Missouri. *Los "Últimos Días": Un estudio sobre escatología y milenialismo*. Septiembre 1989.

Commission on Theology and Church Relations of The Lutheran Church—Missouri Synod. *A Statement on Death, Resurrection, and Immortality*, 1969.

Congar, Yves M.-J. *El Espíritu Santo*. Traducido por Abelardo Martínez de Lapera. Biblioteca Herder 172. Barcelona: Editorial Herder, 1991.

Cox, William E. *Amillennialism Today*. Phillipsburg. New Jersey: Presbyterian and Reformed Publishing Co., 1966.

Cullmann, Oscar. *Cristo y el tiempo.* Traducido por Juan Estruch. Barcelona: Edición Estela, 1968.

Davis, John J. *Christ's Victorious Kingdom: Postmillennialism Reconsidered.* Grand Rapids: Baker, 1986.

De la Torre, Miguel A. *Embracing Hopelessness.* Minneapolis: Fortress, 2017.

Diccionario de la Lengua Española. Vigésima segunda edición. Madrid: Real Academia Española, 2001.

Dodd, C.H. *Las parábolas del reino.* Traducido por Alfonso de la Fuente. Madrid: Ediciones Cristiandad, 1974.

Fitzmyer, Joseph A. *El Evangelio según Lucas II. Traducción y comentarios. Capítulos 1–8, 21.* Madrid: Ediciones Cristiandad, 1987.

García, Alberto L. *Cristología. Cristo Jesús: Centro y Praxis del Pueblo de Dios.* St. Louis, Missouri: Editorial Concordia, 2006.

Gibbs, Jeffrey A. "Five Things You Should *Not* Say at Funerals", *CJ* 29, no. 4 (2003): 363-66.

_______. *Matthew 21:1—28:20.* St. Louis, Missouri: Concordia, 2018.

Gieschen, Charles A. "Antichrist in the Scriptures and the Lutheran Confessions: The Relevance of Reformation Exegesis of 2 Thessalonians 2:1–12 for the Church Today". *CTQ* 81, no. 3-4 (2017): 263-79.

González, Justo L. *Breve historia del domingo. Descubre el gozo de la celebración del día del Señor.* El Paso, Texas: Editorial Mundo Hispano, 2016.

_______. *La era de los conquistadores.* En *Y hasta lo último de la tierra: Una historia ilustrada del cristianismo*, Tomo 7. Miami: Editorial Caribe, 1980.

_______. *Mañana: Christian Theology from a Hispanic Perspective.* Nashville: Abingdon Press, 1990.

Gregory of Nyssa, St. *On the Soul and the Resurrection.* Traducido con introducción por Catharine P. Roth. Crestwood, New York: St. Vladimir's Press, 2002.

Griffiths, Paul J. "The Properly Christian Response to Religious Plurality." *Anglican Theology Review* 79, no. 1 (1997): 3-26.

Gutiérrez, Gustavo. *Teología de la liberación. Perspectivas.* 3ra edición. Salamanca: Ediciones Sígueme, 1973.

_______. *A Theology of Liberation: History, Politics, and Salvation.* Editado y traducido por Sister Caridad Inda y John Eagleson. Edición revisada en inglés. Maryknoll, New York: Orbis, 1973.

"Happiness". *Lapham's Quarterly* 12, no. 3 (Summer 2019).

La Hipóstasis de los Arcontes. Disponible en World Wide Web: https://www.bibliotecapleyades.net/vida_alien/alien_archons21.htm

Hoekema, Anthony A. *La Biblia y el futuro.* Grand Rapids, Michigan: Libros Desafío, 2008.

Ireneo de Lyon, San. *Contra los herejes.* Cortesía de la Conferencia del Episcopado Mexicano para la Biblioteca Católica Digital. Disponible en World Wide Web: http://www.mercaba.org/TESORO/IRENEO/00_Sumario.htm

Jenson, Robert W. *The Triune God.* En *Systematic Theology,* vol 1. New York: Oxford, 1997.

Just Jr., Arthur A. *Luke 9:51–24:53.* St. Louis, Missouri: Concordia, 1997.

Kittel, Gerhard, Geoffrey W. Bromiley y Gerhard Friedrich, editores. *Theological Dictionary of the New Testament (TDNT).* Grand Rapids, Michigan: Eerdmans, 1964-.

Ladaria, Luis F. *El Dios vivo y verdadero. El misterio de la Trinidad.* Salamanca: Secretariado Trinitario, 1998.

Ladd, George Eldon. *The Presence of the Future: The Eschatology of Biblical Realism.* Grand Rapids, Michigan: Eerdmans, 1974.

Léon-Dufour, Xavier. *Jesús y Pablo ante la muerte.* Traducido por Teodoro Larriba. Madrid: Ediciones Cristiandad, 1982.

Lessing, R. Reed. "Isaiah's Servants in Chapters 40–55: Clearing up the Confusion". *CJ* 37, no. 2 (2011): 130-34.

Linden, Gerson L. "Por que luteranos não são pós-milenaristas?". *Igreja Luterana* 67, no. 1 (2008): 7-31.

Lockward, Alfonso. *Algunas cruces altas. Con El Libro de Profecías de Cristóbal Colón*. Miami: Editorial Unilit, 1991.

Lutero, Martín. *A la nobleza de la nación alemana acerca del mejoramiento del estado cristiano*. En *Obras de Martín Lutero*, Tomo I. Editado por Calos Witthaus. Buenos Aires: Editorial Paidós, 1967.

_______. *Cristo nos quita nuestros pecados y nos da su justicia*. En *Obras de Martín Lutero*, Tomo IX. Traducido por Erich Sexauer. Buenos Aires: Ediciones La Aurora, 1983.

_______. *Dios manifiesta a los cristianos su divina gloria*. En *Obras de Martín Lutero*, Tomo IX. Traducido por Erich Sexauer. Buenos Aires: Ediciones La Aurora, 1983.

_______. *La disputación de Heidelberg*. En *Obras de Martín Lutero*, Tomo I. Editado por Calos Witthaus. Buenos Aires: Editorial Paidós, 1967.

_______. *First Sermon at the Baptism of Bernard of Anhalt Matthew 3:1-17*. En *Luther's Works: Sermons V*, vol 58. Editado por C. B. Brown y traducido por J. S. Bruss. St. Louis, Missouri: Concordia, 2010.

_______. *Fourteen Consolations*. En *Luther's Works*: *Devotional Writings I*, vol 42. Editado por Jaroslav Jan Pelikan, Hilton C. Oswald y Helmut T. Lehmann. Philadelphia: Fortress Press, 1999.

_______. *The Gospel for the Festival of the Epiphany, Matthew 2[:1-12]*. En *Luther's Works: Sermons II*, vol 52. Editado por Jaroslav Jan Pelikan, Hilton C. Oswald y Helmut T. Lehmann. Philadelphia: Fortress, 1999.

_______. *Prefacio al Profeta Isaías*. En *Obras de Martín Lutero*, Tomo VI. Traducido por Carlos Witthaus. Buenos Aires: Publicaciones El Escudo/ Asociación Ediciones La Aurora, 1979.

_______. *La promesa de Dios para la creación que gime*. En *Obras de Martín Lutero*, Tomo IX. Traducido por Erich Sexauer. Buenos Aires: Ediciones La Aurora, 1983.

_______. *Lo que se debe buscar en los evangelios*. En *Obras de Martín Lutero*, Tomo VI. Traducido por Carlos Witthaus. Buenos Aires: Ediciones La Aurora, 1979.

_______. *Two Kinds of Righteousness*. En *Luther's Works: Career of the Reformer I*, vol 31. Editado por Jaroslav Jan Pelikan, Hilton C. Oswald y Helmut T. Lehmann. Philadelphia: Fortress Press, 1999.

Mateo Seco, Lucas Francisco. "La muerte y su más allá en el 'Diálogo sobre el alma y la resurrección de Gregorio de Nisa'". *Scripta theologica* 3, no. 1 (1971): 75-107.

McGinn, Bernard. *El anticristo. Dos milenios de fascinación humana por el mal*. Traducción de Ramón A. Díez Aragón y María del Carmen Blanco Moreno. Barcelona: Paidós, 1997.

Meléndez, Andrés A., editor. *Libro de Concordia: Las Confesiones de la Iglesia Evangélica Luterana*. St. Louis, Missouri: Editorial Concordia, 1989.

Miller, Ed. L., y Stanley J. Grenz. *Fortress Introduction to Contemporary Theologies*. Minneapolis: Fortress, 1998.

Moltmann, Jürgen. *Teología de la esperanza*. 2da edición. Salamanca: Ediciones Sígueme, 1972.

———. "The Trinitarian History of God". *Theology* 78 (1975): 632-46.

Mueller, Juan T. *Doctrina Cristiana*. 3ra. ed. St. Louis, Missouri: Editorial Concordia, 1973.

Noemí, Juan C. *Esperanza en busca de Inteligencia: Atisbos teológicos*. Santiago, Chile: Ediciones Universidad Católica de Chile, 2005.

O'Donnell, John. "Pannenberg's Doctrine of God". *Gregorianum* 72, no. 1 (1991): 73-98.

Padilla, René C. *Misión integral. Ensayos sobre el Reino y la iglesia*. Buenos Aires: Nueva Creación/Grand Rapids, Michigan: Eerdmans, 1986.

Pannenberg, Wolfhart. *Systematic Theology*. 3 vols. Traducido por Geoffrey W. Bromiley. Grand Rapids: Eerdmans, 1991-98.

Pieper, Francis. *Christian Dogmatics*. 3 vols St. Louis, Missouri: Concordia, 1950-53.

Prenter, Regin. *Spiritus Creator*. Minneapolis: Augsburg Fortress, 1953.

Raj, A.R. Victor. *The Hindu Connection: Roots of the New Age*. St. Louis, Missouri: Concordia, 1995.

Roldán, Alberto Fernando. *Escatología. Una visión integral desde América Latina*. Buenos Aires: Ediciones Kairós, 2002.

Sánchez M., Leopoldo A. "The Church is the House of Abraham: Reflections on Martin Luther's Teaching on Hospitality Toward Exiles". *CJ* 44, no. 1 (2018): 23-39.

_______. "The Human Face of Justice: Reclaiming the Neighbor in Law, Vocation, and Justice Talk". *CJ* 39, no. 2 (2013): 117-32.

_______. *Pneumatología. Un estudio del Espíritu Santo y la espiritualidad del pueblo de Dios*. St. Louis, Missouri: Editorial Concordia, 2005.

_______. "The Struggle to Express Our Hope". *LOGIA* 19, no. 1 (Epiphany 2010): 25-31.

_______. *Teología de la santificación. La espiritualidad del cristiano*. St. Louis, Missouri: Editorial Concordia, 2013.

Sasse, Hermann. "Last Things: Church and Antichrist". En *We Confess Anthology*, vol 3. St. Louis, Missouri: Concordia, 1999.

Sauter, Gerhard. *What Dare We Hope?: Reconsidering Eschatology*. Harrisburg, Pennsylvania: Trinity Press International, 1999.

Scaer, David P. "*Homo Factus Est* as the Revelation of God". *CTQ* 65, no. 2 (2001): 111-26.

Schmithals, Walter. *La apocalíptica. Introducción e interpretación.* Traducido por Víctor Morla. Bilbao: Ediciones EGA, 1994.

Schuchard, Bruce G. *1–3 John.* St. Louis, Missouri: Concordia, 2012.

Stephenson, John R. *Eschatology.* En *Confessional Lutheran Dogmatics*, vol 13. Editado por Robert D. Preus. St. Louis, Missouri: Luther Academy, 1993.

Tamayo Acosta, Juan José. *Para comprender la escatología cristiana.* España: Editorial Verbo Divino, 1993.

Weinrich, William C., editor. *Apocalipsis.* En *La Biblia Comentada por los Padres de la Iglesia*, vol 12. Traducido por Marcelo Merino Rodríguez. Madrid: Ciudad Nueva, 2010.

Wright, N.T. *The Lord and His Prayer.* Grand Rapids, Michigan: Eerdmans, 1996.

Zaldívar, Raúl. *Apocalipticismo: Creencia, duda, fascinación y temor al fin del mundo.* Barcelona: Editorial CLIE, 2012.

Zapata, René C. *San Lucas.* En *Comentario Bíblico del Continente Nuevo*, Tomo 16. Editado por Jaime Mirón. Editorial Unilit, 1986.

Zeigler, Michael W. *Christian Hope among Rivals: How Life-Organizing Stories Anticipate the End of Evil.* Eugene, Oregon: Pickwick, 2017.